유교문화권 전통마을 ③

예천 금당실·맛질 마을
― 정감록이 꼽은 길지

동양문화산책 21

유교문화권 전통마을 ③
예천 금당실 · 맛질 마을
— 정감록이 꼽은 길지

지은이 안동대학교 안동문화연구소
펴낸이 오정혜
펴낸곳 예문서원

편집 · 교정 김병훈 · 명지연 · 김정신
인쇄 및 제책 상지사

초판 1쇄 2004년 2월 20일

주　　소 서울시 동대문구 용두 2동 764-1 송현빌딩 302호
출판등록 1993. 1. 7. 제5-343호
전화번호 925-5914 · 929-2284 / 팩시밀리 929-2285
Home page http://www.yemoon.com
E-mail yemoonsw@unitel.co.kr

ISBN 89-7646-179-7　03150

YEMOONSEOWON 764-1 Yongdu 2-Dong, Dongdaemun-Gu Seoul KOREA 130-824
Tel) 02-925-5914, 02-929-2284　Fax) 02-929-2285

값 10,000원

※ 이 책은 예천군청의 재정지원에 의하여 발간되었습니다.

| 동양문화산책 21 |

유교문화권 전통마을 ③

예천 금당실·맛질 마을
― 정감록이 꼽은 길지

안동대학교 안동문화연구소 지음

예문서원

책머리에

　예천은 영남 퇴계 학맥의 중요한 거점 가운데 한 곳이다. 예로부터 산 좋고 물 좋은 곳으로 알려진 예천은, 인걸人傑은 지령地靈이라고 했듯이 많은 인재를 배출한 고장이다. 그 가운데서도 금당실과 맛질, 두 마을은 서로 이웃해 있으면서 예천을 대표하는 양반 마을인 동시에 인재의 보고였다. 소백산의 국사봉國師峯 줄기가 뻗어 내려오다가 야트막한 야산 줄기로 변한 양지 쪽에 금곡천金谷川과 한천漢川을 끼고 이웃해 있는 곳이 이 두 마을이다.
　안동대학교의 안동문화연구소는 영남 퇴계학 문화권의 대표적인 동성同姓마을을 소개하는 시리즈를 기획하여 그 첫째 권으로 안동의 검재 마을을, 둘째 권으로 영양의 주실 마을을 선정하여 단행본으로 간행한 바 있다. 이제 그 셋째 권으로 영남 퇴계학 문화권의 서쪽 거점인 예천을 대상으로 하면서 한 마을이 아닌 두 마을을 선정한 것은 이 두 마을이 서로 이웃해 있으면서 여러 면에서 문자 그대로 난형난제難兄難弟, 막상막하莫上莫下라고 할 수밖에 없기 때문이다. 마을의 경관이나 인재의 배출, 학문적·문학적 위상에 이르기까지 모든 면에서 예천을 대표하는 마을이 바로 금당실과 맛질이다. 남사고南師古가 십승지지十勝之地 가운데 한 곳으로 꼽은 금당실은 예천을 대표하는 양반 마을로 전국적으로 알려져 있으며, 근래 학계에서는 맛질 또한 집중적인 조명을 받고 있다. 이를 통하여 예천이라는 고을이 얼마나 만만치 않은 고장인가를 실감할 수 있다.

　이 책은 학술 서적이 아니다. 그래서 각주나 참고 문헌을 달지 않았고, 일반 독자에게 생소한 학술 용어를 쓰지 않도록 주의를 기울였다. 그렇다고 해서 심심풀이로 읽을 수 있는 책도 아니다. 영남의 양반 문화나 퇴계학파에 대하여 사전 지식이 없는 독자들에게는 다소 어렵고 생경한 내용의 책이 될 수도 있을 것이다.

　근대화라는 단층斷層 때문에 조선 시대의 양반문화에 대하여 지금의 독자들이 쉽게 접근하거나 친근해지기가 어려워진 것이 현실이다. 그러나 한국 전통문화의 본류本流는 어디까지나 양반문화나 선비문화이며, 중인이나 천민들의 문화는 의미 있는 지류支流라는 사실을 우리는 망각하는 경우가 많다. 즉 예천의 농요農謠나 풍물도 한국문화의 자랑거리 가운데 하나이지만 예천의 참모습은 고려 중엽의 임춘林椿, 조선 초기의 조용趙庸과 윤상尹祥으로 이어지는 선비문화에서 찾을 수 있는 것이다. 그런 뜻에서 이 책이 예천의 참모습을 전국적으로 알리는 데 조금이나마 기여했으면 하는 것이 이 책을 기획한 사람들의 바람이다.

　이 책의 내용 가운데 상당 부분은 농사를 지으면서 고향 마을을 지키고 있는 예천의 여러 어른들로부터 들은 이야기나 얻은 자료를 바탕으로 하여 씌어진 글들이다. 한창 바쁠 때에도 농사일을 제쳐 놓고 협조해 주신 각 문중의 여러 어른들께 필자들을 대표하여 존경과 감사를 드린다. 특히 예천의 대표적인 향토 사학자인 정양수 선생님의 해박한 지식과 열성적인 도움이 이 책의 구석구석에 배어 있다는 사실을 밝히면서 이 자리를 빌려 감사를 드린다. 또한 가장 품이 많이 드는 고건축 분야의 원고 집필을 위하여 여러 차례 현장을 답사하고 실측에 참여해 준 밀양대학교 대학원 건축학부의 이정자·임진열 두 석사와 권순강·최규철·송인만 세 대학원생의 노고에 대해서도 연구소를 대표하여 감사를 드린다.

한편, 이 책은 예천군청의 전폭적인 지원에 힘입어 간행되었다. 김수남 군수님, 문화관광과에 근무하는 여러분의 도움과 격려에 대하여 이 자리를 빌려 감사를 드린다. 별로 상업성도 없는 이 시리즈를 맡아서 묵묵히 출판해 주신 예문서원의 오정혜 사장님과 편집·제작진 여러분, 나아가 원고 정리를 맡아 준 안동대 대학원 구태자 양에게도 감사를 드린다.

2004년 2월
안동대학교 안동문화연구소장
주승택

| 유교문화권 전통마을 ③ |

예천 금당실·맛질 마을
— 정감록이 꼽은 길지

책머리에 · 5

1장 금당실의 자연 환경과 풍수 · 11

2장 금당·맛질의 성씨와 종가 · 33

3장 금당·맛질 종가의 생활규범 · 63

4장 권문해의 삶과 학문 · 89

5장 박손경의 삶과 학문 · 109

6장 금당·맛질 문인들의 삶과 문학 · 131

7장 금당실 사람들의 민족운동 · 165

8장 금당실의 축제 문화 · 185

9장 금당·맛질의 언어 생활 · 207

10장 금당·맛질의 반가와 건축 · 247

1장

금당실의 자연 환경과 풍수

1. 금당·맛질 반半 서울

예천 사람들 사이에서는 언제부터인가 "금당·맛질 반半 서울"이라는 말이 전해오고 있다. 이 말의 유래와 정확한 의미에 대해서는 아무도 자신 있게 설명하는 사람이 없지만 예천 사람들의 의식 속에 금당실과 맛질이라는 마을이 특별한 의미를 갖고 있다는 사실을 부인할 사람은 없을 것이다. '반半 서울'이란 서울의 절반 정도는 된다는 뜻인데 그 절반의 의미가 마을의 번화함을 말하는 것인지, 마을의 위세나 권세를 말하는 것인지, 아니면 또 다른 어떤 무엇을 가리키는 것인지에 대해서는 사람마다 해석이 다를 수 있을 것이다. '반 서울'이란 말이 갖는 모호성이나 다의성多意性이 오히려 금당·맛질의 위상을 더욱 높여 주고 있는 듯한 느낌이 드는 것도 사실이다. 흔히 8종가宗家가 있다는 영해寧海의 인량리仁良里(속칭 나라골)를 "소小 안동"이라고 하는데, 이 말 속에는 안동보다 작다는 의미보다는 학맥과 혼반婚班으로 얽힌 안동과의 끈끈한 유대감을 강조한다는 측면이 훨씬 강하다. 그렇다고 한다면 금당실과 맛질은 서울과의 어떤 유대감을 갖고 있다는 말인가? 이 문제에 대해서는 이 책의 뒷부분에서 다른 필자들이 나름대로의 해석을 시도하리라고 본다. 이 책의 서론격인 이 자리에서는 경상도의 한 산골마을인 금당실과 맛질에 대하여 예천 사람들이 느끼고 있는 자긍심自矜心이 이 '반 서울'이라는 표현 속에 내포되어 있다는 사실을 확인하는 것으로 그치기로 한다. 예천의 대표적인 명문가名門家들의 세거지世居地로서 예천을 대표할 만한 인물들이 이 두 마을에서 두루 배출되었기 때문이다.

퇴계학파의 영역에 해당하는 경상북도 북부 일대의 대표적인 양반 마을을 소개하는 이 기획에서 세 번째로 예천의 금당실과 맛질 마을을 함께 선정한 것은 예천 사람들의 의식 속에 금당실과 맛질은 두 마을이면서도 한 마을처럼 인식되고 있다는 점을 고려한 것이다. 거리는 한 십 리쯤 서로 떨어져 있지만 금당실이 안고 있는 배날들과 맛질(작은맛질)이 자리 잡고 있는 제곡들은 서로 연결되어 있으며, 중간에 방두들이나 능내 같은 작은 마을이 끼어 있기는 하지만 사실상 이웃마을이라고 해도 크게 잘못된 점은 없을 것이다.

그런데 금당실은 배날들을 사이에 두고 북서쪽의 상금당실(행정적으로는 上金谷里)과 남동쪽의 하금당실(행정적으로는 下金谷里)로 나뉘며 맛질은 한천漢川을 경계로 하여 동쪽의 큰맛질(행정적으로는 大渚里와 下鶴里)과 서쪽의 작은맛질(행정적으로는 渚谷里)로 나뉜다. 맛질을 한문으로 제곡(渚谷)이라고 쓰는 것은 훈차訓借로 보이는데 물가 저渚 자를 예천 사람들은 꼭 '제'로 읽기에 필자도 이를 존중하여 제곡(渚谷), 대제(大渚) 등으로 읽기로 하겠다. 큰맛질은 마을 뒷산에서 흘러내리는 문계천文溪川을 경계로 하여 그 위쪽(북쪽) 마을을 제상(渚上), 그 아래쪽 마을을 제하(渚下)라고 다시 구분하기도 한다. 이처럼 금당실과 맛질을 예천의 대표적인 양반마을(양반마을은 같은 성씨들이 한 마을에 모여 사는 同姓마을이기도 하다)이라고 할 때 한 가지 미진한 문제가 대두된다. 곧 상금당실에서 냇물 하나 건너편에 있는 죽림리竹林里 대수마을의 예천권씨醴泉權氏들을 제외해도 좋은가 하는 점이다. 예천권씨와 함양박씨咸陽朴氏, 원주변씨原州邊氏 가문이 금당실의 대표적인 명문 거족이라는 사실을 누구도 부인할 수 없을 것이다. 그런데 하금당실 마을의 예천권씨들과 냇물 하나를 사이에 두고 있는 대수마을의 예천권씨를 억지로 분리하는 것도 무리일 뿐만 아니라 예천권씨의 종가宗家가 대수마을에 자리 잡고 있다는 사실도 고려하지 않을 수 없다.

그리하여 금당실의 범위를 넓게 잡아 야당野塘과 대수마을의 예천권씨들까지도 부분적으로 포함시키기로 하였다. 실제로 상금당실과 야당은 중간에 금곡천金谷川이 가로 막혀 있기는 하나 직선 거리로 500여 미터밖에 떨어져 있지 않아 배날들을 사이에 두고 1킬로미터 이상 떨어져 있는 상금당실과 하금당실의 거리보다 훨씬 가깝다. 더구나 야당野塘이란 명칭 자체도 들에 있는 금당실이란 뜻으로 두 마을의 밀접한 관계를 잘 말해 주고 있으며, 대수·야당·하금당실은 실질적으로 예천권씨의 동성마을이 넓게 분포한 것으로 보아야 할 것이다.

결과적으로 이 책에서 다루고자 하는 마을은 금당실(상금당실, 하금당실)과 맛질(큰맛질, 작은맛질)이지만 대수의 예천권씨가 일부 포함될 것이며 이곳에 터를 잡고 세거하는 예천권씨, 함양박씨, 원주변씨, 안동권씨安東權氏 등을 중심으로 기술될 것이다. 물론 예천에는 이들 성씨 이외에도 명문가가 많이 있으며, 지금은 예천군에 통합된 용궁현龍宮縣(지금의 용궁면)과 감천현甘泉縣(조선 시대는 안동부의 속현으로 지금의 감천면)까지 따지면 그 수는 더욱 늘어나겠지만, 이 책이 예천군 전체의 양반마을을 대상으로 하는 것이 아닌 만큼 다음 기회로 미루기로 하겠다.

2. 병화불입지지兵火不入之地

예천의 금당실 하면 전국에서 풍수風水에 약간이라도 관심이 있는 사람이면 모르는 사람이 없을 정도로 이름난 명당터이다. 조선 시대 민중들의 삶에 상당한 영향을 끼친 예언서인 정감록鄭鑑錄에서도 금당실은 남사고南師古가 꼽은 십승지지十勝之地 가운데 한 곳으로 거론되고 있다.

예천의 금당동 북쪽이니 이 땅은 비록 지세가 깊지 못하여 밖으로 드러나 있으나 전쟁의 영향이 미치지 않아 여러 대에 걸쳐 편안함을 누릴 것이다. 그러나 임금의 수레가 이곳까지 온다면 그렇게 되지 아니할 것이다.(醴泉金堂洞北, 此地雖淺露, 兵戈不入, 累代安享, 然王駕臨之則否.)

이 비결秘訣을 작성한 남사고는 조선 중기의 학자로서 역학易學, 풍수風水, 천문天文, 복서卜筮(점치기), 관상觀相에 두루 통하여 예언을 하면 꼭 들어맞았다고 하는 신비로운 인물이다. 호를 격암格菴 또는 경암敬菴이라고 하며 토정土亭 이지함李之菡과 더불어 민중들에 의하여 신비화된 인물이다. 이 십승지지론은 정감록의 원본原本이라고도 할 수 있는 감결鑑訣에서도 거의 그대로 되풀이되고 있다.

예로부터 북로남왜北虜南倭라고 하여 북방의 기마족騎馬族과 남방의 왜구倭寇들로부터 끊임없이 침략을 당해 온 우리 민족은 이 같이 침략전쟁을 피할 수 있는 피장처避藏處(난리를 피해 숨어 살 수 있는 곳)를 명당으로 꼽았는데, 그 가운데 전국에서 다섯 번째로 예천의 금당실 북쪽이 꼽힌 것이다. 그런데 남사고가 말한 금당동 북쪽이란 실제로는 오미봉五美峰에서 어림성지御臨城址에 이르는 선리仙里와 절골 일대를 가리킨다고 보아야 할 것이다. 곧 금당실은 전쟁이나 난리가 났을 때 마을 뒤의 계곡을 따라 쉽게 피난 갈 수 있고, 마을 주변에는 넓은 들이 펼쳐져 있어 평소에는 풍족한 생활을 누릴 수 있는 복 받은 땅인 것이다. 역사상 이민족의 침략을 가장 많이 받은 나라라는 별로 달갑지 않은 기록을 보유하고 있는 우리 민족은 금당실처럼 평소에는 풍족한 생활을 누리다가 난리가 나면 쉽게 피난할 수 있는 땅을 길지吉地로 여겼다. 남사고가 꼽은 십승지지도 대부분 금당실처럼 외부와 차단된 산간 지대 사이에 냇물에 의하여 넓은 충적 평야가 조성되어 있는 곳이다. 이런 측면에서는 맛질과 대수도 금당실 못지않은 복 받은 마을이라고 할 수 있다. 비록 전문적인 풍수들이 보는 마을의 형국形局이 금당실에 미치지 못하여 정감록이 꼽는 명당터에는 들지 못했을 지라도 마을이 처해 있는 역사·지리적 환경에 있어서는 금당실에 비해 크게 뒤질 것이 없는 것이다. 곧 금당실이 배날들과 이문들(일명 이사들)에 둘러싸여 있다면, 맛질은 한천漢川의 충적 평야인 제곡들과 붉은댕이들이 마을 앞에 펼쳐져 있고 대수는 금곡천金谷川을 따라 내려가며 야당들과 복천들이 시야를 훤히 틔워 주고 있다. 대수마을의 높은 곳에 올라가 앞을 내다보면 야당들, 복천들, 배날들, 이문들이 소백산 자락에 둘러싸여 광활하게 펼쳐져 있는 모습을 볼 수 있는데, 안동 일대에서는 가장 넓다는 하회마을 뒷편의 풍산들과 비교해도 조금도 뒤지지 않는다는 사실을 알 수 있다. 이렇듯 마을 앞에는 넓은 들이 펼쳐져 있고 마을 뒷편은 소백산맥의 첩첩산중에 자리 잡고 있기에, 난리가 나면 마을 뒤의 산길을 따라 피난 갈 수 있다는 점에서 금당실과 맛질, 대수는 크게 차이날 것 없는 환경 조건을 갖추고 있다. 단지 장풍藏風, 득수得水, 형국形局을 따지는 전문적 풍수가의 입장에서 금당실은 명당으로서의 조건을 거의 완벽하게 갖추었으므로 한국인들의 은둔적 이상향理想鄕을 대표하는 십대길지十大吉地 가운데 하나로 꼽힌 것이다.

필자는 풍수에 대해서는 전혀 문외한이어서 좌청룡 우백호가 어떻게 뻗어 나가야 명당인지는 몰라도, 우리의 전통적인 풍수 사상이 그 미신적·신비적 요소만 제외하면 선인들의 지혜가 담겨 있는 수준 높은 인문지리학이라는 것 정도는 알고 있다. 풍수적 관점에서 금당실과 맛질을 하나로 합쳐 보면 그 형국이 서울과 흡사하나 큰 냇물이 없는 것이 아쉽다고 해서 '금당·맛질 반 서울'이라는 말이 생겼다고 전해지는데, 이러한 평가를 내린 인물은 바로 명풍名風 남사고라고 한다.

맑은 날 성현리省峴里에 있는 병암정屛巖亭에 올라 북쪽을 조망하면(병암정은 좀 특이하게도 북향으로 자리 잡은 정자이다) 마치 높다란 담장을 두른 듯이 금당실과 대수를 감싸 안은 소백산맥의 연봉 너머로 문경 주흘산主屹山의 뾰족한 봉우리가 하늘을 찌를 것처럼 솟아 있는 것이 보인다. 시선을 낮추면 금곡천을 경계로 하여 왼쪽으로는 복천福泉(일명 복전이라고도 한다)들, 야당들이 펼쳐지고, 오른쪽으로는 하금곡리의 버들밭 3동네와 용문면에서는 제일 번화한 상금곡리의 용문초등학교와 면사무소 건물, 그리고

▲ 병암정에서 바라본 금당실 마을

그 너머에 금곡서원金谷書院이 숨바꼭질을 하듯 반쯤 자태를 가린 모습이 내려다보인다.

  병암정이 자리 잡은 정자산亭子山은 예천읍과 용문면의 경계를 가르는 백마산白馬山 자락의 야트막한 야산이지만 그 끝자락이 우람한 바위 절벽을 이루면서 야산답지 않은 기세를 자랑한다. 폭 40미터, 높이 30미터에 이르는 이 바위절벽을 병풍바위라 하는데 오래 전부터 그 위에 조그만 정자가 있어 산 이름도 정자산이라고 하였다 한다. 그런데 구한말舊韓末에 법부대신法部大臣을 지낸 이유인李裕寅이 상금당실의 사괴정四槐亭 인근에 아흔아홉 칸 집을 짓고 위세를 부릴 때 이곳의 경관에 취하여 작은 정자를 헐어 버리고 정면 5칸, 측면 2칸의 큰 정자를 짓고 옥소정玉蕭亭이라고 이름하였다. 병풍바위 아래로는 원래 금곡천이 소沼를 이루며 감돌아 흐르고 있었는데 지금은 제방을 쌓아 들을 넓히는 바람에 연못으로 변해 버렸다. 이 연못에는 연꽃을 심어 초여름이 되면 연꽃이 만개하여 볼 만한 경관을 이루었으나 지금은 마을 사람들이 양어養魚를 하느라고 연꽃을 걷어 내어 아쉬움이 남는다.

 고종高宗과 명성황후明成皇后의 심복으로 벼락출세를 하여 법부대신(관제 개편 전의 형조판서에 해당된다)까지 지낸 이유인이 무엇 때문에 금당실에 들어와서 아흔아홉 칸 집을 짓고 옥소정까지 세웠는지에 대해서는 명확하게 밝혀진 것이 없다. 그러나 이유인의 행적으로 보아 고종이나 명성황후의 뜻이 전혀 개입되어 있지 않다고 보기는 어려운데, 일설에는 신변이 위태로울 때 황제와 황후의 안전한 피난처를 마련하기 위하여 이유인이 금당실에 무리를 해 가며 아흔아홉 칸 집을 지었다고도 한다. 현재 사괴정 뒤뜰에는 네모나게 다듬어진 커다란 돌 하나가 놓여 있는데, 이 돌의 이름이 탯돌이라고 전해지고 있다. 곧 이유인이 큰 역사力事를 일으키면서 마을 사람들을 강제노역에 동원했는데, 말을 듣지 않는 사람들을 잡아다가 태질하던 돌이라고 한다. 이처럼 강제 노역과 사형私刑에 시달리던 예천 사람들은 70리 정도 떨어져 있는 대곡사라는 절을 뜯어서 그 재목을 목도질로 운반해 올 때 목도질 소리 대신 상여 나가는 소리를 하며 운반해 왔다고 한다. 또 기둥을 세울 때도 일부러 거꾸로 세우기도 했다고 하는데, 속설에 의하면 나무의 굵은 밑동이 위로 가게 거꾸로 세워 받치면 그 집이 곧 망한다고 전해진다. 이 같은 저주가 주효했던지 이유인의 죽음과 함께 그의 자손들은 이 집을 유지하지 못하고 몇 채씩 조각내어 팔았는데, 현재는 거의 다 사라지고 뒷담 일부와 소나무 두 그루만이 겨우 남아 있다. 옥소정도 1920년 무렵 예천권씨 문중이 사들여서 이름을 병암정으로 고치고 그 옆에 별묘別廟를 건립하여 예천권씨의 선현 네 분(權孟孫, 權五紀, 權五福, 權墡)을 봉안奉安하여 제향祭享해 오고 있다.

▲ 이유인 집터의 돌담

　결국 정감록의 예언이 어김없이 적중한 셈인데 금당실이 병과불입지지 兵戈不入之地이나 왕가임지즉부王駕臨之則否라 하였으니 양주대감楊州大監(이유인이 양주목사를 지냈으므로 양주대감이라 부른다)을 통하여 왕실이 이곳에 관심을 갖기 시작하자 금당실도 십승지지로서의 위상을 상실하게 된 것이다. 임금의 수레가 직접 금당실을 찾지는 않았지만 양주대감 이유인이 그 가능성을 열어 준 것만으로도 금당실의 지기地氣는 쇠약해졌다고 할 수 있으니 금당실을 보호해 주던 금당실 '쑤'(한자로는 '藪'라고 쓰고 '쑤'라고 읽는다. 주로 인공적으로 조림한 숲을 가리킨다)가 양주대감에 의하여 잘려 나간 사실이 이를 상징적으로 보여 주고 있는 것이다.

　금당실은 임진왜란 때도 왜적이 접근하지 않은 곳으로 가까운 용궁현에는 일본군의 대부대가 주둔하여 동래정씨東萊鄭氏 종가를 본부로 사용하기까지 했으나 금당실은 왜적의 노략질조차도 당하지 않았다. 그러나 양주대감이 금당실에 자리 잡기 이전에도 이미 금당실의 지기가 다했다는 조짐

이 있었으니 1890년대 중반에 일어난 동학란 때에는 동학의 북접北接이 금당실에 본부를 두고 안동부사와 예천군수가 거느린 관군을 공격하여 격파하기도 하였던 것이다.

마지막으로 금당실이 병과불입지라는 남사고의 예언에 결정적 타격을 가한 것은 6·25 사변인데 금당실과 맛질 일대의 능선에서 치열한 전투가 벌어짐으로써 지금의 금당실은 병과기입지지兵戈旣入之地로 변해 버렸던 것이다.

3. 금당실의 풍수적 환경

금당실은 북쪽의 매봉, 서쪽의 국사봉國師峰, 동쪽의 옥녀봉玉女峰(지도상에는 六女峰으로 표기되어 있다), 남쪽의 백마산白馬山으로 둘러싸인 분지형 지형이다.

풍수들이 쓰는 용어를 빌리면 북쪽의 매봉이 조산祖山이 되고 그 뒤로 길게 뻗은 소백산 줄기가 내룡來龍이 되는 셈이다. 또한 상금당실의 마을 뒷산인 오미봉五美峰이 명당혈明堂穴로 입수入首(용이 머리를 들이민다는 뜻)하는 현무정玄武頂이 되는 셈인데 오미란 다섯 가지 아름다움을 갖춘 봉우리라는 뜻이다. 곧 아미반월雅美半月(아미봉에 걸린 반달), 유전모연柳田暮煙(하금당실의 다른 이름인 버들밭에서 오르는 저녁밥 짓는 연기), 선동귀운仙洞歸雲(선동으로 흘러가는 구름), 용사효종龍寺曉鍾(용문사의 새벽 종소리), 죽림청풍竹林淸風(죽림리 쪽에서 불어오는 맑은 바람)의 다섯 가지 경관을 갖추었다고 하여 오미봉이라 했다고 한다. 그런데 병암정에서 오미봉을 조망해 보면 매봉에서 오미봉으로 내려오는 산줄기가 범상하지 않음을 한눈에 알 수 있다. 곧 매봉에서 차례차례 낮아지며 두 개의 봉우리가 솟아오른 뒤 마지막으로 오미봉이 문자 그대로 아담하게 솟아 있는 것이 풍수 책에서 그려 놓은 명당의 형국과 정확하게 일치한다.(여기서 말하는 풍수 책이란 崔昌祚의 『韓國의 風水思想』을 말하는데 이 책의 60~61쪽에 실려 있는 명당의 개념도와 병암정에서 바라본 상금당실 마을의 형국은 필자와 같은 문외한이 보더라도 딱 들어맞는다고 무릎을 칠 수 있을 정도이다.) 몇백 리 때로는 몇천 리 밖에서 이어내려 오는 용맥龍脈이 두 갈래로 갈라지며 겹겹으로 명당터를 감싸 안는 듯한 모습이 명당의 기본 개념인데, 동양의 전통적인 방위신方位神 숭배에 따라 조산祖山으로부터 내려오는 북쪽 산줄기를 현무玄武, 왼쪽 산줄기를 청룡靑龍, 오른쪽 산줄기를 백호白虎라 하고 마을 남쪽을 가려 주는 산을 주작朱雀이라 한다. 현무는 다시 마을 뒤의 비교적 높은 산인 주산主山과 마을 바로 뒤편의 야트막한 산인 현무정玄武頂으로 나뉘고, 청룡과 백호는 마을과 가까운 쪽의 내청룡, 내백호와 멀리서 마을을 감싸 안은 높은 산줄기인 외청룡과 외백호로 나뉜다. 주작도 냇물 건너편의 야트막한 산인 안산案山과 마을을 멀리서 가려 주는 조산朝山으로 나뉘는데, 금당실 마을이 이런 조건들을 잘 갖추고 있다는 사실은 전문적인 풍수가가 아니라도 쉽게 확인할 수 있다.

또한 풍수는 산의 형국을 보는 간룡看龍과 함께 물의 형세를 보는 득수得水도 중요시하는데, 용맥으로부터 흘러내리는 두 줄기 물길이 마을 앞에서 합수合水하여 마을 밖으로 빠져나가야 명당이라고 한다. 금당실은 마을 앞 들 가운데를 흐르는 금곡천과 큰맛질과 작은맛질을 가르고 흐르는 한천漢川이 마을을 감싸듯이 흐르다가 마을 동남쪽의 생천리生川里에서 합류하여 예천읍으로 빠져나간다. 이렇게 마을 윗쪽에서 흘러내린 물이 마을 아랫쪽으로 흘러나가는 것을 수구水口 혹은 파구破口라고 한다. 이중환李重煥은 『택리지擇里志』의 「복거총론卜居總論」에서 사람이 살 곳을 정하는 데는 지리地理, 생리生利(생업의 이점을 말함), 인심人心, 산수山水의 네 가지가 꼭 갖추어져야 한다고 하면서 특히 지리를 살피는 데는 수구를 가장 먼저 보고 그 다음으로 들의 형세와 산의 모양, 토지의 색깔 등을 보아야 한다고 하였다.

무릇 수구水口가 이가 빠진 것처럼 넓게 열려 있는 곳은 비록 좋은 밭이 만 이랑이나 펼쳐져 있고 넓은 집이 천 칸이나 된다 한들 거의가 다음 세대로 전해지지 못하고 저절로 흩어져 없어지거나 낭비되어 패가敗家할 것이다. 그러므로 집터를 선택해 잡는 데는 반드시 수구가 문이 닫힌 것처럼 외부와 차단되어 있어야 하고 그 안에 들판이 열려 있는 곳에 착안해야 한다.

수구란 분지형 지형에서 유일하게 외부로 열려 있는 공간으로, 양쪽에 산이 문기둥처럼 솟아서 외부로부터 마을을 가려 주고 보호해 주는 것을 말하는데, 마을의 입지 조건으로 산세 못지않게 중요하다고 보는 것이 이러한 풍수적 관점이다. 그런데 금당·맛질은 이 수구가 이중으로 닫혀서 마을 안의 넓은 들을 외부로부터 가려 주고 있다. 생천리에서 합수한 물이 예천읍으로 빠져나갈 때는 냉정산冷井山과 흑안산黑雁山 사이의 여울을 거치게 되어 수구를 막아 준다. 또한 합수하기 이전의 한천은 정산鼎山과 옥녀봉이 수구를 막아 맛질을 가려 주고 있으며 금곡천은 계명현鷄鳴峴과 견폐현犬吠峴의 고갯마루가 수구를 지키며 금당실을 보호해 주고 있다.(예천사람들은 계명현을 달구리재, 견폐현을 개구리재라고 속칭하고 있다.) 임진왜란 때 명나라 장수가 이곳을 지나다가 계명현과 견폐현을 보고는 금계金鷄가 앞에 있고 옥견玉犬이 뒤에 있으니 중국 양양襄陽(지금의 중국 湖北省 양양현으로 역사가 오래된 古都이다)의 금곡金谷과 비슷한 형국이라고 했다고 한다. 정유년丁酉年에 명장 마귀麻貴가 예천에 군대를 주둔시키면서 무례하게도 공자孔子의 위패를 모신 향교의 대성전大成殿에서 장졸들을 거느리고 잠을 자다가 벼락 치는 소리가 나면서 대들보가 뒤틀리는 바람에 혼비백산해

▲ 금당실쑤

서 도망쳤다는 설화가 전해지는 것으로 미루어, 이 명나라 장수는 마귀를 따라왔던 장수 가운데 한 사람으로 풍수에 능했거나 양양현 출신일 가능성이 높다고 생각된다.

  금당실의 풍수를 논할 때 빼놓을 수 없는 것이 금당실쑤이다. 오미봉에서 시작하여 금곡천 냇물을 따라 성현리省峴里의 정자산 건너편까지 장장 2킬로미터를 이어지며 상금당실과 하금당실을 완전히 감싸 안고 있었다는 소나무 숲은 금당실의 자랑거리 가운데 하나였으나 지금은 그 4분의 1 정도가 남아 있어 겨우 옛 모습을 추정해 볼 수 있을 뿐이다.

  금당실쑤처럼 마을 앞에 인공적인 숲을 조성하는 것을 수구막이 또는 수구맥이라고 하는데 마을 앞쪽의 개방되어 있는 부분(주로 냇물이나 강물이 흐르는 저지대이다)을 은폐하기 위하여 가로로 길게 심은 인공숲을 말한다. 이 수구막이는 훤하게 열려 있는 부분을 막아 줌으로써 마을 사람들을 심리적으로 안정시켜 주는 심리적 효과를 얻기 위한 풍수적 의미의 구조물이다.

풍수 이론을 잠시 빌리면 풍수적으로 모든 조건을 완벽하게 갖춘 길격吉格은 극히 드물며 마을이 자리 잡을 넓은 터전이 이런 길격을 갖춘다는 것은 실제로 거의 불가능하다. 그래서 지형의 일정한 부분이 풍수적 관점에서 부족하거나 지나칠 때 이를 보허補虛하거나 방살防煞(煞은 殺과 같은 글자인데 극악한 기운을 뜻한다)하는 수단으로 마을 숲을 조성하게 되는 것이다. 이처럼 풍수적으로 부족한 부분을 인위적으로 보안하는 것을 비보裨補라 하며 반대로 불길한 기운을 막거나 제압하기 위하여 어떠한 시설이나 장치를 하는 것을 염승厭勝이라 한다. 염승의 대표적 실례로는 한양의 조산朝山인 관악산의 화기火氣를 막기 위하여 광화문 앞에 수신水神인 해태상을 조각해 세운 것을 들 수 있으며, 전라북도 진안의 마이산馬耳山은 불길한 형국의 석산石山이기 때문에 주변 마을에서는 염승림을 조성하여 마이산의 살기煞氣를 차단하고 있다. 한편 비보를 하는 방법은 탑이나 인공산을 조성하는 경우도 있지만 비보림을 조성하는 것이 가장 일반적인 방법이다. 전국적으로 남아 있는 당숲과 수구막이를 조경학적 관점에서 연구한 『마을숲』(김학범·장동수 공저, 열화당, 1994)이라는 책에 의하면 현재도 전국적으로 300개소가 넘는 마을 숲이 남아 있으며 최근까지 남아 있다가 사라져 버린 마을 숲도 100여 개소가 넘는 것으로 조사, 보고되고 있다. 만약 금당실쑤가 원 모습 그대로 남아 있었다면 아마도 이 책에서 가장 두드러진 연구 대상이 되었을 것이다. 그러나 현재 남아 있는 금당실쑤에 대하여 이 책에서는 사진 한 장과 단 세 줄의 언급으로 그치고 있으며, 안동 하회마을의 만송정萬松亭 숲은 말할 것도 없고 예천의 호명면 백송리에 있는 선몽대仙夢臺 숲보다도 작은 비중으로 다루고 있다.

  예천 사람들의 자랑거리 가운데 하나였던 금당실쑤가 이런 대접을 받게 된 것은, 장장 2킬로미터나 울창하게 뻗어 있던 원래의 소나무숲은 모두 베어지고 그때 남겨 두었던 어린 나무나 뒤에 보식補植한 나무들이 다시 자라서 지금의 금당실쑤가 되었기 때문이다.

1892년(이해는 공교롭게도 壬辰年이다) 7월 금당실 사람들이 주축이 된 예천 군민들이 오미봉 일대에서 금을 잠채潛採하던 광부들과 충돌하여 덕대德大(광산의 현장 책임자) 두 사람을 살해하는 사건이 발생하였다. 오미봉을 파헤치는 것은 금당실 마을의 지기地氣를 끊는 일이기 때문에 마을 사람들로서는 도저히 묵과할 수가 없었고, 그리하여 살인 사건까지 벌어지게 된 것이다. 그런데 이 덕대들은 러시아의 광산회사에 고용된 하수인들이었기 때문에 이 건은 조선과 러시아 사이의 외교 문제로까지 비화되었다. 1884년 한아수호조규韓俄修好條規를 맺은 이래로 러시아는 우리나라의 금광 채굴에 눈독을 들여 함경도 일대의 금광을 개발하여 막대한 이득을 취하였으며 조선 정부와 합작이라는 형식으로 전국적인 금광 개발을 시도하였다. 요 근래 지명에 온溫자가 들어가는 곳에서 온천 개발의 열풍이 일듯, 이 당시 지명에 금金자가 들어가는 곳은 일단 금이 날 가능성이 높은 곳으로 보고 광맥을 찾는다는 명목 아래 마구잡이로 파헤쳐지기 시작하였다. 노다지라는 말이 생긴 것도 이 무렵으로 추정되는데 노다지의 꿈에 부푼 무리배들까지 가세하여 심지어는 사찰 경내의 채굴을 막는다고 전북 금산사金山寺의 승려를 살해하는 일까지 벌어지기도 하였다.

결국 덕대 살해 사건의 가해자로 마을 사람 둘이 구속되었다. 만일 사건이 확대되면 마을 사람들이 줄줄이 구속되어 마을의 존립 자체가 위태로워지는 상황으로 발전할 수도 있었다. 또한 가해자나 주동자는 사형까지도 당할 수 있었는데 마을을 지키려다가 죄를 지은 사람을 사형당하도록 내버려 둘 수도 없는 사정이었다. 이에 마을에서는 친로파親露派인 양주대감 이유인에게 사건 해결을 부탁하게 되는데, 문제는 배상금과 로비 활동에 들어갈 막대한 자금을 어떻게 염출하느냐에 있었다. 임술민란壬戌民亂(진주민란이라고도 하며 三政의 문란으로 발생한 농민항쟁)이나 동학란東學亂의 발생 원인을 보면 알 수 있듯이 피폐해질 대로 피폐해진 당시의 농촌 실정에서 막대한 자금을 염출할 뾰족한 방법이 있을 리가 없었다. 결국 마을의 공동재산인 소나무를 베어서 팔기로 하였는데 아름드리 소나무는 모두 베어져 재목으로 팔려 나가고 말았다. 그래서 당시 재목이 못 되고 남은 어린 나무와 새로 심은 소나무들이 자라서 지금의 금당실쑤를 이루고 있는 것이다. 풍수설을 믿고 금당실에 들어왔던 양주대감 이유인은 자신도 나무를 베어 내는 것이 안타까웠는지 이 마을은 풍수 형국으로 보아 나무를 잘 가꾸어야 한다고 당부하였다고 하는데, 이에 마을 사람들은 마을을 둘러싸고 있는 사방산의 소나무를 보호하기 위한 사산송계四山松契를 결성하였고, 그것은 지금까지 내려오고 있다. 그런 만큼 금당실쑤와 사산송계는 모두 1890년대 초에 조성되거나 결성되어 지금까지 내려오는 것이니 그 역사가 110년을 넘는다고 할 수 있다.

  그럼에도 불구하고 아쉬움이 남는 것은 금당실쑤가 원형대로 복원되지 못하고 지금처럼 일부분만이 복원되었다는 점이다. 사실 풍수 사상 속에는 선인들의 생활의 지혜나 생활과학이 숨어 있는데, 금당실쑤는 풍수적 비보림으로서의 역할만이 아니라 방품림이나 방재림防災林의 역할도 함께 수행하였다고 보아야 할 것이다. 금곡천의 둑을 따라 소나무 숲을 조성함으로써 금곡천 너머의 산과 들에서 마을을 향해 불어오는 세찬 바람을 막아 주고 여름에 홍수가 날 때는 금곡천 물이 마을로 넘치는 것을 막아 주는 역할도 수행했을 것이기 때문이다.

  금당실은 안동의 하회마을과 같이 연화부수형蓮花浮水型 명당터라고 하는데 물 위에 연꽃이 피어 있는 듯한 형국이라는 뜻이다. 이 연화부수형에서는 하회마을처럼 물길이 마을 앞을 감돌아 흐르게 되어 있는데 이 경우 수구水口가 개방되어 주변의 지세가 연꽃이 핀 것처럼 동그랗게 마을을 에워싸지 못하게 되는 약점을 지니게 되어 있다. 따라서 연화부수형 명당은 열려 있는 전면을 수구막이로 가려 주어야만 풍수적 형국을 완성할 수 있는 것이다. 이처럼 마을 숲의 조성이 필요한 형국으로는 연화부수형 이외에도 궁형弓形, 연적형硯滴形, 와우형臥牛形, 키형, 샘형, 연못형, 주형舟形 등이 있다고 한다.

십승지지十勝之地라는 옛 명성은 많이 바랬지만 금당실을 금당실답게 하기 위해서는 지금이라도 금당실숲를 옛 모습대로 되살리려는 노력이 있어야 하지 않을까 생각된다. 옛 모습대로 복원된 금당실숲는 방풍림이나 방재림으로서의 역할뿐만 아니라 면소재지가 됨으로써 몰골이 사나워진 마을의 경관을 되살리는 데도 크게 기여하리라고 생각되기 때문이다.

풍수적 관점에서 보면 금당실은 복 받은 땅이다. 그리하여 세상이 어지러워질 때마다 많은 사람들이 금당실을 찾아들어 왔다. 구한말에서 일제 시대에 이르는 혼란기에도 양주대감 이유인뿐만 아니라 인근의 안동이나 상주 등지에서 금당실로 이주하는 사람이 많았다. 그러나 함양박씨나 예천권씨, 원주변씨처럼 금당실에 뿌리를 내리고 번성한 집안은 찾아보기 어렵다. 아흔아홉 칸 집을 짓고 기세 좋게 금당실로 들어왔던 양주대감도 100여 년이 지난 지금 그가 지었던 고대광실만이 아니라 그의 후손들조차도 금당실에서는 찾아볼 수 없는 형편이다. 권력을 이용하여 양주대감이 차지했던 집터조차 이제는 원주변씨의 사괴정고택四槐亭古宅으로 원래 이름을 되찾게 되었다. 이는 명당이란 명당을 차지할 만한 공덕이나 인연을 가진 사람에게만 발복發福한다는 사실을 말해 주고 있는 것이다.

4. 금당실의 사회 경제적 환경

한국의 대표적 명당 마을로 꼽히는 금당실뿐만 아니라 이웃마을인 맛질이나 죽림竹林까지도 사회 경제적 관점에서 보면 매우 복 받은 땅이라는 사실을 알 수 있다. 금당실이 명당의 혈穴에 해당하는 자리를 차지했기에 풍수적 관점에서는 금당실이 우위에 있을지 몰라도 서로 이웃해 있는 이 세 마을은 사회 경제적 관점에서는 비슷한 조건을 구비하고 있으며 실제로 마을의 형세나 인재의 배출, 가문의 반격斑格 등이 크게 차이가 나는 것은 아니다. 일찍이 이수건 교수가 밝혔듯이 영남의 양반마을은 태백·소백산맥의 산기슭(안동·상주·영주·순흥·풍기·예천·예안·의성·영해·경주·영천), 가야산伽倻山의 산기슭(선산·성주·금산·고령·인동), 지리산의 산기슭(함양·진주·합천·함안)에 주로 분포하고 있다. 역사에서 재지사족在地士族으로 일컬어지는 영남의 양반 집거촌集居村이 이렇게 산간 지대에 집중되어 있는 이유는 무엇 때문일까? 김해 평야와 같은 넓은 들을 내어 놓고 왜 양반들은 군색한 산골짜기에 동성同姓마을을 이루며 살았을까? 이 같은 의문에 대하여 이수건 교수와 이태진李泰鎭 교수는 그것이 농업 생산력과 밀접한 관계가 있다는 사실을 실증적으로 밝혀 놓은 바 있다.

　우리나라의 농업 기술은 14세기경부터 중국 강남의 선진 농법 기술을 도입하여 휴한법休閑法(지력이 다한 농토를 묵히는 법. 한 번 경작한 땅은 다음 해에 묵히도록 고려 시대에는 법으로 정해져 있었다)의 제약을 극복하고 연작상경連作常耕(같은 땅에서 매년 곡식을 심어 걷는 것)이 가능한 단계로 발전하였다. 뿐만 아니라 『농사직설農事直說』(세종 때 편찬한 우리나라의 대표적 농서. 당시의 새로운 농업 기술을 집대성한 책)이 편찬된 조선 초기에는 경상도 일대에 이앙법(모내기)까지 널리 보급되어 있었음이 확인된다. 이 이앙법의 장점은 직파법直播法(논에 직접 볍씨를 뿌리는 법)에 비하여 잡초를 제거하는 노력을 크게 경감시킨 것으로 소규모의 자연가호도 독립적으로 농사를 지을 수 있는 획기적인 농업 기술이었다. 그러나 이앙법은 제때에 물을 대어 주지 못하면 모가 모두 말라죽어 한 해 농사 자체를 망칠 수 있는 위험이 있었다. 특히 봄 가뭄이 심한 우리나라의 기후 여건상 천수답天水畓에서는 농사를 망치는 일이 빈번하여 나라에서는 자주 금령을 내려 위반자를 처벌하기까지 하였다. 그러나 이앙법은 일손을 크게 줄일 뿐만 아니라 밀식密植으로 단위 생산량을 크게 증가시켰으며 더구나 기후가 온난한 남부 지방에서는 보리—쌀의 이모작二毛作도 가능한, 당시로서는 획기적인 기술적 진보였다.

이앙법을 활용하여 가을에 보리를 심고 봄에 벼를 심는 수전이모작水田二毛作은 영英·정조正祖 연간까지도 경상도 일원에만 보급되어 있었음이 각종 농서農書를 비롯하여 농업과 관련된 선인들의 기록을 통하여 확인되고 있다. 경상도는 고려 시대의 이암李嵒·백문보白文寶를 비롯하여 조선 중엽의 유진柳袗·고상안高尙顔에 이르기까지 독자적인 농서 편찬과 농법 개발 등에 있어서 항상 전국에서 가장 선진적인 위치에 있었다. 경상도의 사대부들이 유독 농서 편찬이나 영농 기술의 개발에 관심이 많았던 것은 그들이 농장을 직접 경영하는 재지사족在地士族인데다 그들이 거주하는 산간 계곡의 충적 평야 지대가 새로운 영농 기술을 개발하는 데 최적의 조건을 갖추고 있었기 때문이다. 곧 산간 계곡의 충적 평야는 농토는 넓지 않지만 수리안전답水利安田畓이기 때문에 집약농법集約農法으로 높은 농업 생산성을 올리기에 적합한 땅인 것이다. 그리하여 퇴계학파에 속하는 선비들이 동성마을을 이루고 살아가는 경상북도 북부 일대에는 만석군 소리를 듣는 큰 부자는 별로 없어도 안정적인 생활 기반을 바탕으로 한 마을에서 4~500년씩 가문을 유지하며 살 수 있었던 것이다. 금당실 역시 감천문씨甘泉文氏에 의하여 개척된 이후로 함양박씨, 예천권씨, 원주변씨 등이 400년 이상 세거世居하여 오고 있다. 20세기 후반기에 들어서 한국의 모든 농촌이 그렇듯이 급속한 인구 감소로 쇠퇴의 길에 접어들기는 하였지만 20세기 전반기까지만 해도 금당실의 반가들은 명문세족으로서의 위상을 굳건하게 유지하여 왔다.

금당실을 둘러싸고 있는 산간 계곡의 충적 평야는 앞에서도 언급했듯이 경상북도 일원에서는 가장 넓은 편인데다가 금당실을 둘러싸고 있는 야산의 계곡에 설치되어 있는 저수지와 보洑들이 수전이모작을 가능케 하는 요건인 동시에 전국적으로 가뭄이 들어도 금당실만은 가뭄의 피해를 비켜 갈 수 있게 해주는 금당실의 보배인 것이다. 이에 비하여 경상남도나 전라도의 대규모 평야 지대는 일제 시대 식량 공출을 위하여 대대적인 수리 시설이 건설되기 전에는 대부분 천수답으로, 주기적으로 풍년과 흉년이 교차되어 안정적인 생활 기반을 유지하기가 힘들었기 때문에, 양반들은 이런 곳에 자리 잡고 살기를 꺼린 것이다.

농업경제 사회에서는 농사의 성패를 좌우하는 물길이 마을의 위상과 쇠퇴를 좌우하는 요인이었다. 그런 점에서 주변의 산간 계곡에서 숱한 물길이 흘러 모이는 금당실과 맛질은 흉년을 걱정할 필요가 없는 복 받은 땅이었을 것이다. 그러나 1960년대 경제개발 5개년 계획과 함께 도래한 산업경제 사회에서는 도로가 물길을 대신하여 마을의 성쇠를 좌우하게 되었다. 경부선 철도가 추풍령을 지나가도록 설계됨으로써 경상도의 대읍大邑이었던 상주와 안동이 몰락하였고 한적한 어촌이었던 부산은 물론이고 구미, 김천 같은 도시들이 경부선 철도를 따라 새로 형성되었다. 예천 역시 철도는 물론 고속도로로부터도 외면당하여 날로 인구가 줄어드는 전형적인 농촌도시로 남게 되었다. 금당실을 지켜 주던 수구를 통하여 928번 국도가 뚫리기는 하였지만 금당실도 철도와 도로로써 상징되는 근대화·산업화의 혜택을 거의 입지 못하였다.

16세기부터 20세기 전반기까지 400년이 넘는 세월 동안 예천을 대표하는 마을로서 전국적인 명성을 자부하던 금당실이 이제는 몰락의 길에서 헤어나지 못할 것인가? 우리 것을 소중히 여기는 사람이라면 어느 누구도 금당실 마을 앞으로 고속도로가 뚫리고 그리하여 금당실이 번화한 도회지로 발전하는 것을 바라지는 아니할 것이다. 그렇다면 금당실은 무엇으로 쇠퇴의 길을 벗어나 다시 부활할 수 있을 것인가? 다행스럽게도 21세기는 산업의 시대가 아닌 문화의 시대가 될 것이라고 많은 식자識者들이 예언하고 있다. 한적한 어촌이던 부산이나 포항이 순식간에 대도시로 변모하였듯이 산업은 뿌리가 없는 곳에서도 얼마든지 번성할 수 있다. 그러나 문화는 뿌리가 없는 곳에서는 결코 꽃을 피울 수 없다는 사실을 알 만한 사람은 다 알고 있다. IT산업의 발달과 더불어 문화 콘텐츠의 중요성이 날로 강조되고 있는 이때에 금당실의 400년 역사는 한국이 보유한 중요한 문화자산 가운데 하나이다. 조상들이 남긴 것이라면 숟가락 하나라도 버리지 않고 보존하려는 마음가짐만 갖는다면 금당실은 다시금 전국을 대표하는 복 받은 땅으로 부활하는 날이 도래할 것이다. (주승택)

2장
금당·맛질의 성씨와 종가

1. 고와古瓦들이 즐비한 금당·맛질

예천읍에서 두어 고개 넘으면 드넓은 들판이 눈앞에 펼쳐지면서 그 뒤편으로 고색창연한 마을, 금당실이 자리하고 있는데, 예천군은 물론 경북 전체에서도 면 단위로 금당실만큼 넓은 곳은 없다고 한다. 이름난 풍수 남사고南師古가 말하기를 "금당실과 맛질을 하나로 보면 서울과 흡사하나 큰 내(川)가 없는 것이 아쉽다"고 하여, 그 후부터 '금당·맛질 반半 서울'이란 말이 생겨났다고 전해진다.

예천 지역에는 "금당실 가서 옷자랑 하지 말고, 구례 가서 집자랑 하지 말라"는 말이 전해지고 있는데, 사실 옷을 맵시 있게 갖추어 입기 위해서는 예를 올바르게 익혀야 하고 이를 뒷받침해 줄 재력도 든든해야 한다. 이런 점에서 위의 언설은, 유명 인물을 다수 배출하여 선비로서의 예를 대대로 익혀 오고 또 넓은 들을 기반으로 비옥한 농경지를 확보하고 있는 금당실을 가장 잘 드러내 주는 것이라 할 수 있다.

금당실은 행정구역상 예천군 용문면 상금곡리에 속한다. 15세기 초 문헌文獻(甘泉)이 개척한 것으로 알려져 있으며, 이후 손자 문류경文柳馨의 맏사위 박종린朴從鱗(1496~1553, 咸陽)과 둘째 사위 변응녕邊應寧(1518~1586, 原州)이 각각 정착하게 된다. 박종린은 16세기 무렵 김안로가 정권을 장악한 후 횡포가 날로 심해지자 벼슬을 그만두고 낙향할 때 처가 터전인 금당실로 들어왔으며, 변응녕 역시 처향과의 인연으로 금당실에 발을 들여놓으면서 이들 후손들의 세거지가 되었다. 전하는 말에 따르면 당시 박종린과 변응녕이 마을의 지형을 살펴보니 연화부수형이라 하여 연못을 상징하는 뜻에서 '금당金塘'이라 이름 지었다고 한다. 또한 『예천군지』에 의하면 임진왜란 때 명나라 장수가 지나가면서 "학고개(鶴峴)가 입구에 있고 개고개(犬峴)가 오른편에 있으니 중국 양양 마을의 금곡과 지형이 같다"고 하여

▲ 금당실 전경

'금곡金谷'이라는 이름이 생겼다고도 전해진다. 지금은 금당실金塘室 · 금당金塘 · 금곡金谷 · 금당곡金塘谷 등으로 불리고 있다.

원래는 예천군 제곡면 상금곡동으로서, 금당실 위쪽에 자리하는 까닭에 웃금당실 혹은 상금곡이라 하였는데 1914년 행정구역 통폐합에 따라 본류동 일부를 병합하여 용문면 상금곡동이라 하고 행정구역상 동촌을 1동, 서촌을 2동, 남촌을 3동, 북촌을 4동으로 나누었다. 이후 1988년에 상금곡리로 개칭하였다. 대표적 성씨로는 함양박씨와 원주변씨가 있으며 북촌에는 함양박씨 큰종가 곧 입향조 박종린朴從鱗(1496~1553)을 파조로 삼고 있는 정랑공 종가, 동촌에는 함양박씨 작은종가 곧 박손경朴孫慶(1713~1782, 호는 南野)의 남야 종가, 원주변씨 변웅녕의 사괴당四槐堂 종가가 자리하고 있다.

맛질은 큰맛질로 불리는 대제(大渚)와 하학下鶴 그리고 작은맛질인 제곡(渚谷)으로 구분된다. 맛질이라는 지명의 유래는 예로부터 이곳 산에서 마

▲ 큰맛질 전경

(藷: 산약)가 대량 생산되었기 때문이라고도 하며, 또 미도味道라는 한자에서 유래하여 맛길(味道)이 되었는데 경상도 지역의 사투리로 '길'을 '질'이라고 하기 때문에 '맛질'이 되었다는 이야기도 있다. 작은맛질 제곡리에 전하는 말에 따르면, 1545년 안동 서후면 도촌리 출신으로 작은맛질에 정착한 권의權檥(1475~1558, 權士彬의 장남)가 4형제 중 맏이였기 때문에 맏길(맛질)이라 하였으며, 또한 높은 산이 사방으로 에워싼 가운데 큰 들이 펼쳐져 있어 맏일이라 불렀다고 한다.

　큰맛질로 불리는 '대제'는 작은맛질과 내를 사이에 두고 동쪽에 위치하고 있는 마을이다. 예전에 마(藷)가 많이 생산되었기 때문에 저곡藷谷이라 하였는데 관아에서 오기하여 저곡渚谷이라 하다가 1914년 대제(大渚)로 바꾸었다는 이야기가 전해진다. 원래 예천군 제곡면의 지역으로서, 맛질 중에서 큰 마을에 해당되므로 큰맛질 혹은 대제곡, 그리고 이를 줄여서 대제라 하였는데, 1914년 행정구역 통폐합에 따라 상리와 하리 일부를 병합하여 용

▲ 작은맛질 전경

문면 대제동이 되었고, 이후 1988년에 대제리로 개칭되었다. 전하는 말에 따르면 14세기 중엽 천씨千氏와 여씨呂氏가 개척한 후, 17세기 중엽 금당실의 박세주朴世柱(1652~1727, 咸陽)가 작은맛질의 안동권씨 처향과의 인연으로 정착하여 세거지로 삼았다고 한다. 대표적 성씨로 함양박씨가 있으며, 박지朴芝(?~1593, 금당실 입향조 박종린의 차남)를 파조로 삼고 있는 주부공主簿公 종가가 자리하고 있다.

작은맛질 제곡은 큰맛질의 서쪽에 위치한 마을로서, 문경송씨가 개척하였으나 후손이 없어 밀양손씨 사위에게 외손봉사를 당부하며 터전을 물려주었다고 한다. 그 후 1545년 안동 서후면 도촌리에 살고 있던 권의가 처가인 밀양손씨와의 인연을 따라 정착한 것으로 전한다. 맛질 중에서 작은 마을이라 하여 소제(小渚)라고 하였는데, 1914년 행정구역 통폐합에 따라 소제동과 백학동(일부)을 병합하여 용문면 제곡동이라 하였다. 그 후 1988년에 제곡리로 개칭되었다. 대표적 성씨로 안동권씨가 있으며, 권의의 손자

22세 권욱權旭(1556~1612)의 매당梅堂 종가, 권담權曇(1558~1631)의 함계咸溪 종가, 권진權晉(1568~1620)의 춘우재春雨齋 종가가 자리하고 있다.

이렇듯 금당실과 맛질의 대표적 성씨로 함양박씨, 원주변씨, 안동권씨를 들 수 있겠으나, 금당실과 맛질을 보다 넓은 범위, 곧 금당·맛질 권역으로 설정하여 이웃한 주변 마을까지 모두 포함시키면 예천권씨, 경주이씨, 전주이씨, 평산신씨, 의성김씨 등의 성씨들도 다수 세거하고 있다. 그러나 아쉽게도 지면 관계상 이들 성씨를 일일이 다루지는 못하였다.

2. 금당·맛질의 함양박씨

금당·맛질에 세거하고 있는 함양박씨는 입향조 16세 박종린朴從鱗(1496~1553)의 후손들로 정랑공파에 속한다. 금당실에는 큰종가로 불리는 정랑공 종가와 20세 박정시朴廷蓍를 파조로 삼고 있는 남야 종가가 자리하고 있으며, 큰맛질에는 17세 박지朴芝에서 분파된 주부공 종가가 있다. 한편 함양박씨의 문과 급제자는 입향조 박종린(1532년에 급제, 이하 급제한 연도를 나타낸다), 박수서朴守緒(1609년), 박정시朴廷蓍(1639년), 박정설朴廷薛(1651년), 박거화朴居華(1654년), 박세신朴世臣(1684년), 박희민朴希閔(1687년), 박성옥朴成玉(1725년), 박중경朴重慶(1754년), 박지경朴址慶(1762년), 박주운朴周雲(1850년) 등 모두 11명에 이른다.

1. 금당실 북촌의 정랑공 종가

함양박씨의 경우, 신라 경명왕의 아홉 왕자 중에서 8형제가 팔대군八大君으로 각 고을에 분봉되었는데(이들 후손을 '8朴'이라 한다), 셋째 아들 박언신朴彦信이 함양의 옛 이름 속함으로 분봉되어 속함대군이 되었다. 이후 속함이 함양으로 개칭됨에 따라 관향을 함양으로 삼게 되었다고 한다. 이에 따라 함양박씨는 언신을 득관조得貫祖로, 그의 후손인 고려 예부상서 박선 朴善을 중시조 곧 1세로 삼고 있다. 금당·맛질에 살고 있는 함양박씨들은 금당실 입향조 16세 박종린에서 갈라진 정랑공파에 속하며 금당실 북촌에 자리하고 있는 정랑공 종가가 큰종가이다.

〈표 1〉 금당실 함양박씨 정랑공 종가의 세계도

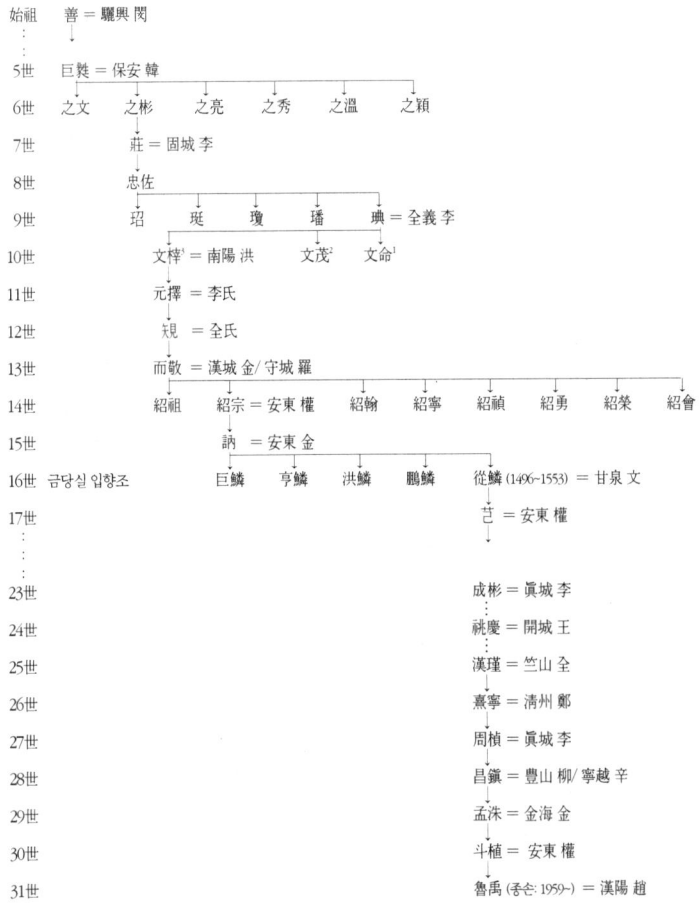

시조 박선朴善에서 8세 박충좌朴忠佐까지의 행적은 누락되어 있는 부분이 많은 탓에 정확한 내용을 알 수 없다. 다만 시조 박선의 묘소가 경남 함양에 있었으나 실전하였으며, 2세 박인정朴仁挺과 5세 박거유朴巨𩑸의 묘소는 경남 안의安義, 7세 박장朴莊의 묘소는 경남 안음安陰에 있고, 또 8세 박충좌의 경우 묘소의 위치는 알 수 없지만 남해에 위치한 난곡서원(예안 역동서원에도 배향되어 있었음)에 배향되어 있는 점으로 보아 시조에서 8세까지는 경남 함양을 중심으로 세거하고 있었음을 짐작할 수 있다.

함양박씨는 6세 박지문朴之文의 형제에 이르러 최초의 분파를 하게 되는데, 이들을 6형제파 혹은 형제들의 첫 이름자를 따서 육지파六之派라고도 한다. 금당·맛질의 함양박씨는 차남 박지빈朴之彬의 후손들로 문원공파文元公派에 속한다. 한편 『함양박씨세보咸陽朴氏世譜』에 따르면 9세 박전朴琠에 이르러 성주군 선남면 오도리로 이주한 것으로 전하는데, 이를 입증이라도 하듯이 9세에서 13세 박이경朴而敬까지의 묘소가 성주에 자리하고 있다.

8세 박충좌(1287~1349, 호는 恥庵)는 충숙왕 때 문과에 급제하고 나서 여러 관직을 두루 거친 후 함양부원군에 봉해졌으며, 금당실에 자리한 금곡서원(1984년 건립, 9월 중정에 향사)에 배향되어 있다. 금당·맛질의 함양박씨는 박충좌의 아들 5형제 중에서 다섯째 아들 9세 박전, 그리고 박전의 아들 3형제 중에서 셋째 아들 10세 박문재朴文梓의 후손들이며, 이후 14세에 이르러서는 8형제 가운데 차남 박소종朴紹宗의 혈통을 잇게 된다. 그런데 13세 박이경과 달리 14세 박소종의 묘소는 상주 함창에 있는 것으로 되어 있는데, 이로 보아 박소종에 이르러 성주에서 함창으로 이주한 듯하다. 박소종의 장남 15세 박눌朴訥(1448~1528, 호는 杏亭)은 금당실에 자리하고 있는 금곡서원에 배향되어 있으며(상주 공검면 청암서원에도 배향되어 있음), 길안면 묵계리 안동김씨 입향조인 보백당寶白堂 김계행金系行의 사위이

▲ 금곡서원의 사당인 숭덕사와 그 내부. 좌측 하단은 사당 내부로, 중앙에 놓인 박충좌의 영정과 위패를 마주한 상태에서 왼쪽에 박눌의 위패가, 그 건너편인 오른쪽에 박손경의 위패가 자리하고 있다. 우측 하단은 왼쪽에서부터 박충좌, 박눌, 박손경의 위패이다.

기도 하다.

한편 박눌의 아들 5형제가 일제히 문과에 급제함으로써 '향오린鄕五鱗'이라 불리기도 하는데, 이들 5형제 중에서 다섯째 아들 16세 박종린朴從鱗(1496~1553)은 금당실 입향조로서 감천문씨 문류경文柳罄의 사위이다. 박종린은 경북 상주 함창에서 출생하여 21세에 진사시 합격을 하고 중종 27년(1532) 37세의 나이로 문과에 급제하였다. 이후 이조정랑이 되었으나 김안로가 정권을 잡고 나서 횡포가 심해지자 1538년에 벼슬을 버리고 낙향을 결심하는데, 이때 처가 감천문씨가 세거하고 있던 금당실에 정착하게 된다. 이를 계기로 함양박씨 문중에서는 감천문씨 둘째 사위인 원주변씨와 함께 문류경 내외의 묘소를 관리해 오고 있다. 입향조 박종린의 묘소는 용문면 원류동(허릿골) 형제봉 아래에 있다.

이렇듯 현재 금당·맛질에 살고 있는 함양박씨는 박종린의 후손들로서

▲ 입향조 정랑공 박종린의 신주를 모셔둔 사당. 좌측 하단은 사당 내부이고, 우측 하단은 박종린과 배위 감천문씨의 신주이다.

정랑공파에 속한다. 현재 박종린은 정랑공 종택 옆에 자리한 사당에 배위 감천문씨와 배향되어 있고 3월 초정, 10월 초정에 향사를 지낸다. 사당은 재실인 추원재와 함께 경상북도 민속자료 제82호로 지정되어 있으며, 안내판에는 1656년 증손 박영朴瑛이 박종린을 제향하기 위해 건립한 것으로 되어 있다. 한 가지 의문스러운 점은『함양박씨세보』에 따르면 박영은 1564년에 출생하여 1628년에 사망한 것으로 되어 있다는 사실이다. 그럼에도 안내판에는 1656년에 박영이 건립하였다고 하니, 아마도 기록 과정에서 연대 착오가 생긴 듯하다.

정랑공 박종린을 파조로 삼고 있는 금당·맛질의 함양박씨들은 23세 박성빈朴成彬에 이르러 후손을 두지 못해 양자를 들이게 된다. 그러나 박성빈의 아우 박성시朴成始가 무후인 채로 세상을 뜨고, 부친 박희안朴希顔 역시 독자였던 탓에 종질 중에서도 적임자를 찾지 못한다. 또한 공교롭게도 조부 박세혁朴世赫의 형제들 아랫대 모두 무후 또는 독자였기 때문에 결국 재종질 내에서도 들이지 못하였으며, 이런 식으로 양자를 물색하다가 결국에는 입향조 박종린의 셋째 아들 17세 박운朴藄의 후손인 23세 박성수朴成琇의 차남 박조경朴祧慶을 양자로 맞는다. 그런데 양자로 들어온 박조경에게도 후손이 없어 생가의 종형제 박기경朴起慶의 셋째 아들 박한근朴漢瑾을 양자로 삼게 된다. 이후 정랑공 종가는 현 종손 박노우朴魯禹에 이르기까지 적장자로만 이어져 내려오고 있다.

  종택은 금당실 북촌에 위치하고 있으며, 2000년 종손 박두식朴斗植(1934~2000)이 세상을 뜨고 나서 종부 권종열權宗烈(1935~)이 홀로 지키고 있다. 원래는 동촌의 윗동네에 자리한 고택이었으나, 살림이 궁색해진 종부의 시조부가 의성김씨에게 팔았다고 한다. 종부 권종열은 큰맛질 안동권씨 집안에서 스무 살 되던 해에 시집왔는데, 종손 박두식과 함께 큰맛질 친정에서 한 달 동안 머무는 달신행을 치른 후 정랑공 종가로 들어왔다. 당시 고택을 처분하고 새로 이사 간 동촌의 초가에는 시부모와 3명의 시동생들이 살고 있었다. 종부가 시집왔을 당시 시아버지는 한학에 열중하였고, 종손 역시 특별한 직업 없이 평생을 한학 공부만 하다가 눈을 감았다고 한다. 그러다 보니 기울어진 가세를 좀처럼 회복할 길이 없어, 2남 1녀의 자녀들 중 현 종손 박노우는 대학을 가지 못했고, 차남과 딸은 장학금 등 순전히 고학으로 대학을 졸업하였다. 현재 박노우는 서울에서 직장 생활을 하고 있으며 공학박사인 차남은 대기업 연구소의 연구원, 딸은 교직에 종사하고 있다.

  동촌에 자리하고 있던 정랑공 종가는 1976년 지금의 종택으로 이사 왔다. 당시 운 좋게도 정랑공 박종린을 모신 사당 옆에 자리한 가옥에 살던 사람들이 이사를 가게 되어 서둘러 구입하여 옮겨 온 것이다. 종택 대문을 들어서면 오른편에 'ㅡ자형' 안채가 자리하고, 왼편으로 대문채가 배치되는 'ㄱ자형' 가옥 형태를 이루고 있다. 사랑채는 없으며 안채 끝자락에 사랑방이 마련되어 있다. 이사를 오면서 감실에 모시고 있던 4대 조상들의 신주를 조매한 후 지방으로 제사를 지내 왔으며, 종손 박두식이 세상을 떠나고 나서 서울에 있는 현 종손 박노우가 제사를 모셔 갔다. 종택은 구입 당시에는 기와집이었으나 몇 해 전 비가 새는 탓에 집수리를 하면서 함석으로 교체하였다고 한다. 이야기가 끝나 갈 무렵, 종부 권종열은 "큰종가이면서도 집이 볼품없어 창피하네요. 그런데 여기가 함양박씨 큰종가인 줄 용케도 알고 찾아왔네"라는 말로 인사를 대신하였다.

한편 박지의 아우, 곧 금당실 입향조 박종린의 셋째 아들 박운朴蕓(1535~1596, 호는 病栢堂)의 후손들도 금당실에 살고 있다. 현재 병백당 종택 건물은 남아 있지 않고 종손은 오래 전에 예천읍으로 이주하였다. 박운은 퇴계 이황의 제자로 알려져 있으며, 아들 3형제 중 셋째 아들 박수근朴守謹이 임진왜란 때 임금을 모셨다는 공을 인정받아 이조참판에 증직되었다. 박운의 위패는 1800년대에 세워진 금당실 북촌에 자리한 유계소儒契所에 모셔져 있었으나 동학혁명으로 인해 소실되었다. 이후 1923년 유림과 후손들에 의해 중건되었으며 재실 경담재鏡潭齋와 사당 경담사鏡潭祠로 이루어져 있다.

2. 금당실 동촌의 남야 종가

금당실 동촌에는 남야南野 종가가 자리하고 있다. 입향조 16세 정랑공 박종린의 현손 20세 박정시朴廷蓍(1601~1672, 朴廷英의 아우)의 혈통을 잇고 있는 집인데, 아랫대 24세 박손경朴孫慶(1713~1782, 호는 南野)이 불천위로 지정받을 정도로 뛰어난 인물이었기 때문에 남야 종가로 널리 알려져 있다. 박정시는 금당실에서 출생하였으며 19세 박영朴瑛의 아들 6형제 가운데 차남으로서, 1623년 형 박정영과 함께 생원이 되고 1639년 문과에 을과 2위로 급제하였다. 박정시는 태안 군수를 마지막으로 벼슬에서 물러날 때 거문고

한 개와 책 한 권을 가지고 귀향했을 정도로 청렴결백했다고 한다.

〈표 2〉 금당실 함양박씨 남야 종가의 세계도

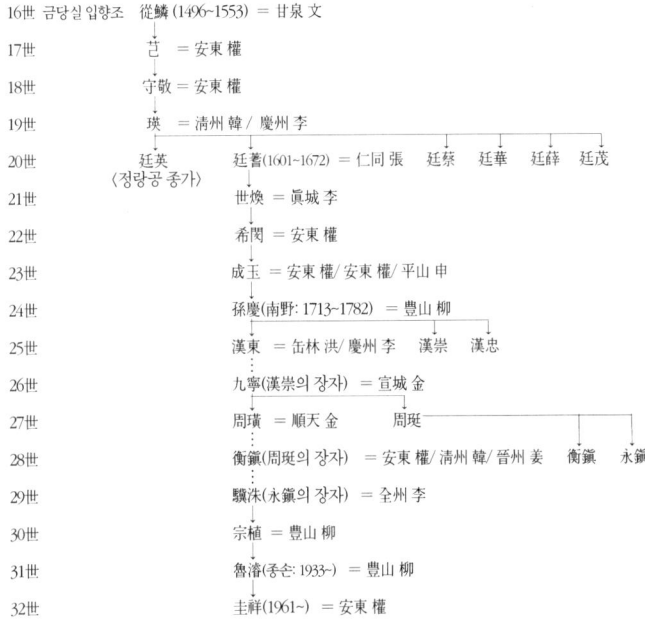

박정시는 자명금自鳴琴 혹은 태랑금泰娘琴이라는 거문고 전설의 주인공으로도 유명하다. 이에 얽힌 이야기가 예천 박약회에서 발간한 『예향禮鄕 예천醴泉』이라는 책에 전해지고 있는데, 그 내용은 아래와 같다.

1671년(현종 12) 공공(박정시)이 서산 군수로 부임하게 되었는데, 부임 첫날밤 동헌 마루에 불을 밝히고 방안에 앉아 있었는데, 자정이 조금 지나자 방문이 열리고 머리를 산발한 여인이 목에 피를 흘리며 들어와서는 "저는 이 고을에 살던 관원의 딸인데, 관가의 아전이 저를 겁탈하려고 하여 말을 듣지 않자 이렇게 참혹하게 죽인 후 동헌 뜰 옆에 있는 오동나무 밑에 묻었습니다. 저는 그 한을 풀어 달라고 호소하기 위해 원님을 찾으면 모두들 놀라서 하룻밤을 지내지 못하고 죽어 버렸습니다"고 했다. 날이 밝자 동헌 뜰에서는 관속들이 원님의 장례를 치르려고 준비를 하고 있었다. 지금까지 고을 원으로 부임만 하면 하룻밤을 지내지 못하고 죽었기 때문이다. 공은 관속들을 불러 모아 지난밤 여인에게 들은 사실을 물어 죄를 지은 아전을 처벌하고 오동나무 밑을 파게 하니, 지난밤에 보았던 여인이 목에 칼을 꽂은 채 피를 흘리며 누워 있었다. 이에 여인의 시체를 양지바른 곳에 묻어 주었다. 그날 밤 자정이 되자 다시 나타난 여인이 자신의 한을 풀어 주어 고맙다는 인사를 한 뒤, 오동나무로 거문고를 만들라는 당부와 함께 물러갔다.

여인의 지시에 따라 길이 163센티미터의 6현으로 된 거문고 세 장帳을 만들어 공이 태안 현감에서 물러날 때 한 장은 나라에 바치고 한 장은 태안 고을에 두고 한 장만 가지고 돌아왔다. 이 거문고는 공의 가정이나 국가의 길흉사가 있을 때마다 스스로 울어 큰 도움을 주었기에 공은 자명금自鳴琴이라 이름하였다. 이후 현손 손경공孫慶公은 여인의 이름을 따서 태랑금泰娘琴이라 하며 가보로 여겨 소중히 보관해 왔다. 그러나 고종 시절 양주대감 이유인이 빌려가 잘못 다루어 현이 끊어지고 말았는데, 이후 아무리 현을 갈아 끼워도 다시는 거문고가 스스로 울지 않게 되었다고 한다. 현재 거문고는 공의 11대 주손인 노준가魯俊家에서 보관하고 있다.

박손경朴孫慶(1713~1782)은 박성옥朴成玉(1690~1743)의 장남으로서, 이상정(호는 大山)·최홍원(호는 百弗巖)과 함께 영남삼로嶺南三老로 일컬어지고 있다. 박손경은 학문적 명성뿐만 아니라 효행이 지극하기로도 유명하다. 1777년 경상도 관찰사의 추천으로 영릉 참봉에 임명되었으나 늙은 부모를 모셔야 한다는 이유로 거절하였으며 1779년에는 암행어사 황승원이 박손경의 학문이 선비들의 스승이 될 만하다고 임금께 글을 올려 동몽교관童蒙敎官을 임명받았으나 역시 거절하였다고 한다. 박손경의 효행을 엿볼 수 있는 것으로 다음의 이야기가 전해 온다.

▲ 금당실 함양박씨 남야 종택. 앞쪽의 사랑채 뒤편으로 안채가 자리하며, 그 뒤편에 사당이 있다.

박손경의 효행에 대한 소문을 전해 들은 예천 군수가 박손경의 집으로 찾아왔는데, 갑작스런 방문에 박손경은 평소 부모님께 드리던 소박한 음식으로 정성껏 대접하였다. 이에 군수가 "도대체 무슨 음식이기에 이렇게 맛이 좋습니까?"라고 묻자, 박손경은 "가난하여 부모님을 제대로 모시지 못한 죄책감으로 매년 이른 봄 논에서 우렁이를 주워 말려서 가루로 만들어 음식을 마련하는 것뿐입니다"라고 하였다. 그 후 예천 군수는 부모를 위하는 정성에 감탄한 나머지 박손경을 도와줄 생각으로, 관리들에게 느닷없이 우렁이 가루를 급히 구해 오라는 명령을 내렸다. 그러나 우렁이 가루는 빠른 시일에 마련할 수 없는 것이었기 때문에 관리들은 수소문 끝에 박손경의 집을 방문하여 얻어 왔다. 이러한 결과를 미리 짐작하고 있던 군수는, 박손경으로부터 우렁이 가루를 얻어 왔다는 말을 듣고 감사의 뜻으로 박손경에게 금일봉을 보냈으나, 박손경은 받기를 사양했다고 한다.

또한 박손경은 1743년 31세가 되던 해에 부친 박성옥이 세상을 떠나자 삼

▲ 박손경의 신주를 모셔둔 사당. 종택 뒤편에 자리하고 있으며, 좌측 하단은 사당 내부이고 우측 하단은 박손경과 배위 풍산류씨의 신주이다.

년상을 마칠 때까지 상복을 벗지 않았을 뿐만 아니라, 추운 겨울에도 아우 박민경朴民慶과 함께 홑이불을 덮고 지냈을 정도로 효심이 각별했다고 한다. 현재 박손경은 8세 박충좌, 15세 박눌과 함께 금당실에 자리한 금곡서원에 배향되어 있다.

20세 박정시에서 시작되는 남야 종가의 경우, 24세 박손경의 장남 박한동朴漢東에게 후손이 없어 아우 박한숭의 장남 박구령朴九寧을 양자로 들인다. 이후 박구령의 장남 박주황朴周璜 역시 후손을 두지 못하여 아우 박주정의 장남 박형진朴衡鎭을 양자로 삼았다. 그런데 양자로 들어온 박형진에게도 후손이 없어 생가의 둘째 아우 박영진의 장남 박기수朴驥洙(현 종손 박노준의 조부)를 양자로 맞아들였다.

현재 종택에는 종손 박노준(1933~)과 종부 풍산류씨(1931~)가 살고 있으나 얼마 전 종손이 교통사고를 당하는 바람에 병원과 집을 오가며 치료를 받고 있는 중이다. 정랑공 종가와 마찬가지로 남야 종가도 이사를 많이 다닌 편인데, 약 45년 전 지금의 종택으로 옮겨 왔다. 종택 대문을 들어서면 가장 앞쪽에 '一자형' 사랑채가 자리하고 그 뒤로 '一자형' 안채가 배치되어 있으며, 안채 뒤편으로 불천위 사당이 있다. 남야 종가에는 70년 전에 유림에서 추대받은 박손경의 불천위가 모셔져 있는데, 이곳으로 옮겨 오기 전에는 사당이 없어 벽감에 모시고 있었다. 그러다가 마침 사당을 갖추고 있는 지금의 종택을 구입하게 되어 불천위 사당을 마련하게 된 것이다. 4대 조상의 제사는 지방으로 지내고 있다.

3. 큰맛질 주부공 종가

큰맛질 곧 대제리(大渚里)에는 함양박씨 주부공主簿公 종가가 자리하고 있으며, 금당·맛질의 함양박씨들 사이에서는 '맛질종가'로 불린다. 이들은 입향조 16세 박종린의 아들 4형제 중 차남 17세 박지朴芝(?~1593)의 후손들이다. 전하는 말에 따르면 21세 박세주朴世柱(1652~1727, 호는 獨處齋)가 큰맛질에 살고 있던 안동권씨의 사위가 됨에 따라 이곳에 정착하게 되었다고 한다.

파조 17세 박지의 출생년도는 알 수 없고 1593년에 사망한 것으로만 기록되어 있다. 주부공 종가는 박지의 아들 4형제 중에서 차남 18세 박수선朴守先의 혈통을 잇고 있는데, 장남 박수성朴守成이 혼인을 하기 전에 사망했기 때문에 형망제급의 원칙에 따라 아우 박수선이 형을 대신하여 가계를 이었다. 박지의 둘째 딸은 이웃마을 죽림의 예천권씨 권문해(호는 草澗)에게 출가하였다. 한편 큰맛질 입향조로 알려져 있는 박세주는 모두 3명의 배위를 두고 있는데, 그 중 2명이 안동권씨이다. 또한 17세 박지에서 20세 박의화朴宜華까지의 묘소가 금당실 허릿골에 있으며, 21세 박세주를 비롯한 아랫

▲ 큰맛질 함양박씨 주부공 종택

대 후손들의 묘소가 큰맛질에 자리하고 있다는 기록을 통해서도 박세주가 처향과의 인연으로 큰맛질에 정착하였다는 사실을 엿볼 수 있다. 이렇듯 주부공 박지를 파조로 삼고 있는 주부공 종가는 종손 32세 박재묵朴在默(1950~)에 이르기까지 양자를 들이는 일 없이 적자로만 이어져 내려왔다.

종택 대문을 중심으로 오른편에 사랑채, 왼편으로 대문채가 배치되어 있으며 대문을 들어서면 'ㄱ자형'의 안채가 자리하고 있다. 현재 종택에는 종손의 숙부인 박태희(1936~) 가족들이 살고 있으며, 종손 박재묵은 대전에 위치한 충남대학교 교수로 재직 중이다. 사당은 없으며 대전에 살고 있는 종손이 4대 조상들의 제사를 모시고 있다.

큰맛질에는 『저상일월渚上日月』로 유명한 미산고택이 자리하고 있다. 『저상일월』은 25세 박한광朴漢光에서 시작하여 30세 박영래朴榮來에 이르기까지 6대에 걸친 약 140년 간의 일기책이다. 당시 일기를 소장하고 있던 미산고택은 박한광의 차남 26세 박득녕朴得寧(1808~1886, 호는 味山)의 집으로서, 주부공 종가의 작은집에 해당하는 셈이다. 현재 미산고택은 경상북도 문화재 자료 제137호로 지정되어 있는데, 안내문에는 '박세주가 1650년 금당실에서 큰맛질로 이거해 오면서 지은 것을 5대손인 박득영이 1825년 지금의 자리로 옮겨 지었다'고 한다. 그런데『함양박씨세보』에 따르면 박세주는 1652년에 출생한 것으로 기록되어 있는데, 미산고택의 안내문에서는 1650년에 큰맛질로 이거하였다고 하니, 아마도 기록 과정에서 발생한 연대 착오인 듯하다.

〈표 3〉 큰맛질 함양박씨 주부공 종가의 세계도

16世 금당실 입향조	從麟(正郞公: 1496-1553) = 甘泉 文	
17世	훈 〈정랑공 종가〉　芝(?-1593) = 密陽 朴　薑(病栢堂 종가: 금당실)　荀	
18世	守成　守先 = 商山 金　守訓　守盈　守緖	
19世	瓊 = 順天 金	
20世	宜華 = 平山 申	
21世	世柱(1652-1727) = 安東 權/安東 權/冶城 宋	
22世	東初 = 醴泉 權/開城 高	
23世	成性 = 宣城 金	
24世	師慶 = 安東 權	
25世	漢光 = 碧珍 李/醴泉 尹	
26世	顯寧 = 宣城 金　得寧(味山: 渚上日月) = 仁川 蔡/眞城 李	
27世	周琮 = 咸昌 金	
28世	義哲 = 豊山 柳	
29世	尋洙 = 豊山 柳/宣城 李	
30世	榮根 = 眞城 李	
31世	聖熙 = 安東 權	
32世	在默(종손: 1950-) = 慶州 李	

3. 금당실 동촌의 원주변씨 사괴당 종가

변씨는 원래 황주를 본관으로 하고 있었다. 변안렬邊安烈(1334~1390)의 조부 변순邊順이 1268년 원나라에 들어가 천호후天戶候에 봉해졌으며, 둘째 손자 변안렬이 공민왕과 노국공주를 배종하여 환국하였다고 한다. 이후 공민왕은 변안렬을 원주원씨原州元氏 원의元顗의 딸과 혼인시키고 나서 원주를 관향으로 내려 주었다고 전해진다. 한편 금당실 원주변씨의 경우 입향조 변웅녕의 후손들 가운데 문과 급제자는 변득룡邊得龍(1765년에 급제), 변진국邊鎭國(1756년), 변시섬邊始暹(1801년), 변상훈邊相勳(1853년), 변규창邊奎昌(1893년) 등 모두 5명이다.

금당실 원주변씨는 시조 변안렬의 아들 3형제 중 차남 변이邊頤의 후손들로서 첨추공파僉樞公派에 속하는데, 변이의 장남 3세 변차희邊次熹가 수직壽職으로 첨추(첨지중추부사)를 내려받았기 때문에 첨추공파가 되었다. 그런데 변차희의 아들 4형제 중 장남 변굉邊宏은 혼인을 하기 전에 사망했으며, 금당실 원주변씨는 차남 변정邊定의 자손들이다. 그리고 셋째 아들 변녕邊寧의 손자 변광邊廣(邊希乂의 넷째 아들)은 안동 서후면 검제(金溪)에 살고 있던 안동권씨의 사위가 됨으로써 영천에서 검제로 옮겨 가서 원주변씨 검제 입향조가 된다.

변정의 아들 4형제 중에서 장남 변희철邊希哲과 셋째 아들 변희영邊希穎은 이른 나이에 사망한 것으로 되어 있고, 금당실 원주변씨는 차남 5세 변희리邊希李(1435~1506, 호는 歸溪)의 혈통을 잇고 있다.『원주변씨예천파보原州邊氏醴泉派譜』에 따르면, 변희리는 무오사화 때 벼슬을 버리고 예천 귀래곡歸來谷(지금의 九溪里)에 정착하였는데, 그곳 이름을 따서 자신의 호를 '귀계'로 지었다고 한다. 이러한 사실은 시조 변안렬에서 4세까지의 묘소는 경기도 양주에 있으나 변희리의 묘소만이 용문면 구계리에 있다는 점을 통해서도 뒷받침되고 있다.

〈표 4〉 금당실 원주변씨 사괴당 종가의 세계도

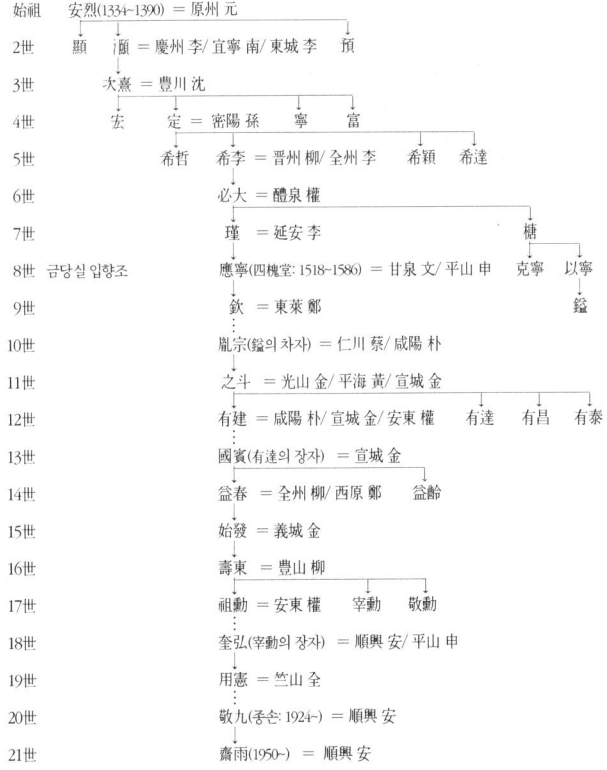

　변희리의 증손자 8세 변응녕邊應寧(1518~1586, 호는 四槐堂)은 변관邊瓘의 외아들로서, 을사사화로 인해 처가인 감천문씨의 터전 금당실로 들어오게 된다. 이로써 원주변씨 금당실 입향조는 변응녕이 되는 셈이다. 당시 금당실에 살고 있던 감천문씨에게는 딸만 둘 있었는데, 함양박씨가 맏사위로 들어왔고 원주변씨는 둘째 사위였다. 따라서 아들을 두지 못한 감천문씨가 이들 사위에게 훗날을 당부한 후 일정 재산을 물려주면서 금당실 정착 기반

▲ 금당실 원주변씨 사괴당 종택

을 마련해 준 것으로 추측된다.

　금당실 원주변씨의 경우 종손 변경구邊敬九(1924~)에 이르기까지 4번에 걸쳐 양자를 들이는데, 입향조 변응녕의 장남 9세 변흠邊欽이 후손을 두지 못해 재종질 변윤종邊胤宗을 양자로 맞아들인다. 이후 12세 변유건邊有建은 부인 함양박씨로부터 후손을 얻지 못해 2명의 배위를 맞이하지만 결국 아우 변유달의 장남 변국빈邊國賓을 양자로 들였다. 17세 변조훈邊祖勳은 후손을 두지 못하고 눈을 감은 탓에, 그의 사망 후 아우 변재훈의 장남 변규홍邊奎弘을 사후양자로 삼게 된다. 그리고 19세 변용헌邊用憲 역시 후손을 두지 못해 양자를 물색하게 되는데, 예전과 달리 양자를 들이는 일이 수월하지 않아 무척 고생을 했다고 한다. 그러다가 결국 14세 변익춘邊益春의 아우 변익령의 후손인 변경구를 양자로 맞이하였다.

　금당실 동촌에 자리하고 있는 경상북도 문화재 자료 제337호 사괴당 종택은 금당실 입향조 변응녕이 터를 잡은 후 18세기 후반 후손들에 의해 건립된 것으로 추정되고 있다. 종택은 북쪽에 자리한 'ㄷ자형' 안채와 맞은편 남쪽의 'ㄴ자형' 사랑채, 그리고 초가 대문채로 구성되어 있었으나 현재 사랑채는 남아 있지 않다. 사당은 없으며, 상주에 살고 있는 종손 변경구가 4대 조상의 지방 제사를 모시고 있다. 금당실 원주변씨의 유적으로 면사무소 앞에 자리한 느티나무가 있다. 이 나무는 면사무소 자리에 있던 사괴정이라는 정자 앞에 서 있던 것으로서 예전에는 느티나무 앞에 연못이 있었다고 한다.

4. 작은맛질 안동권씨 춘우재 종가

안동권씨를 대표하는 상대파上代派는 총 15개로서, 9세世 6형제들의 자손 15명을 중심으로 형성되었다. 작은맛질 안동권씨는 9세 권중시權仲時의 차남 권수홍權守洪의 후손들로서, 권수홍이 고려 시대 상서좌복야 상장군을 지냈기 때문에 복야공파僕射公派라고 하며, 흔히 '저곡권씨' 또는 '맛질권씨'로 불린다. 맛질 안동권씨의 경우 입향조 권의의 후손 가운데 문과 급제자는 권장權檣(1513년에 급제, 이하 급제한 연도를 나타낸다), 권수붕權壽朋(1660년), 권만추權萬樞(1705년), 권만원權萬元(1733년), 권박연權博淵(1855년) 등 모두 5명이다.

권수홍에서 비롯된 복야공파의 작은맛질 안동권씨는 11세 권자여權子輿의 차남 권윤평權允平의 혈통을 잇게 된다. 이후 적장자 혈통으로 내려오다가 18세에서 차남 권곤權琨으로 이어진다. 권곤에게는 아들 4형제가 있었는데, 차남 권사빈權士彬(1449~1535)이 외가 서원정씨西原鄭氏의 별서別墅가 자리하고 있던 안동 북후면 도촌리에 정착하며, 이후 둘째 아들 권벌을 따라 봉화 닭실로 옮겨 간다. 권사빈의 장남 권의權檥(1475~1558, 호는

▲ 권진의 춘우재 종택

野翁)가 바로 작은맛질 입향조이다. 원래 작은맛질은 문경송씨가 개척하여 살고 있었으나 후손을 두지 못해 사위인 밀양손씨에게 터전을 물려주었다. 그런데 밀양손씨에게도 후손이 없어 사위 권의가 외손봉사를 하며 들어오게 된 것이다. 현재 문경송씨와 밀양손씨의 후손들은 살고 있지 않으며, 안동권씨 문중에서 밀양손씨 외손봉사를 하고 있다. 이처럼 권사빈의 아들 4형제는 북후면 도촌리에서 출생하여 장남 권의는 작은맛질로, 차남 권벌權橃은 처가 파평윤씨의 터전인 봉화 닭실(酉谷)로 옮겨 갔고, 셋째 아들 권예權輗도 닭실에 자리를 잡았으나 현재 후손이 남아 있지 않고, 넷째 아들 권장權檣은 맛질에 정착하여 살았으나 후손들은 전라도로 이주해 갔다고 한다.

작은맛질 입향조 권의에게는 아들 7형제가 있었는데, 장남 권심기權審己는 부친 권의가 태어난 안동 도촌리에 자리를 잡았고 차남 21세 권심언權審言이 작은맛질을 세거지로 삼았다. 따라서 작은맛질 안동권씨는 차남 권심언의 후손들인 셈이다. 권심언은 1566년 부친 권의의 덕을 기리기 위하여 야옹정野翁亭을 세워 후학 양성에 힘쓰기도 하였는데, 야옹정은 경상북도 유형문화재 제230호로 지정되어 있다.

〈표 5〉 작은맛질 안동권씨 춘우재 종가의 세계도

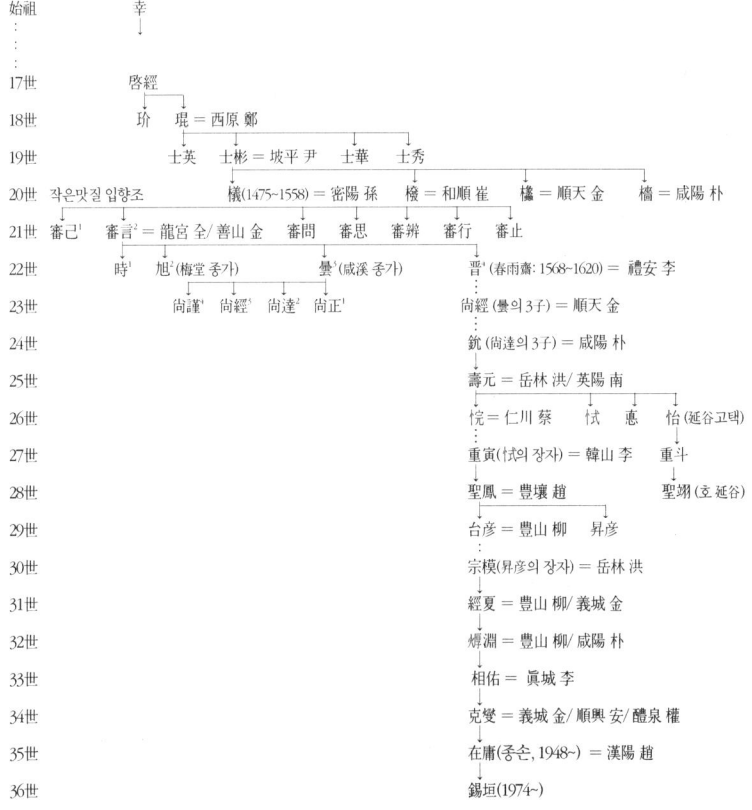

권심언의 아들 4형제 중 장남 22세 권시權時(1552~1612)는 용궁전씨龍宮 全氏 부인을 얻어 작은맛질에 살면서 첨정공僉正公 종가를 이루고 있었으 나, 이미 오래 전에 후손들이 뿔뿔이 흩어졌고 종택도 남아 있지 않다. 차남

2장 금당·맛질의 성씨와 종가 57

▲ 권욱의 매당 종택

권욱權旭(1556~1612, 호는 梅堂)은 안동 임하면 신덕리의 의성김씨 입향조 운암 김명일의 사위이기도 하다. 그러나 작은맛질에 살고 있는 권욱의 후손들은 크게 번창하지 못한 듯하며, 종손과 종부는 오래전에 대구로 옮겨 갔다고 한다. 마을에 남아 있는 매당梅堂 종가는 고택은 없고 신축 양옥에 노종부가 혼자 살고 있으며, 권욱이 세웠다는 함취정은 연곡고택 뒤편에 자리하고 있다. 권욱은 예천에 자리한 봉산서원(예천권씨 권오복을 위해 건립한 서원)에 배향되어 있다. 셋째 아들 권담權曇(1558~1631, 호는 咸溪)은 영순태씨永順太氏 부인을 얻어 작은맛질에 살았으나, 후손은 크게 번창하지 못했다. 현재 함계 종가의 종손과 종부는 예천읍에 살고 있으며 마을에는 종택 건물만이 덩그러니 남아 있다. 이에 비해 넷째 아들 권진權晉(1568~1620, 호는 春雨齋)의 춘우재 종가는, 그야말로 작은맛질 안동권씨를 대표하는 종가로 자리매김되고 있다. 한편 권심언의 딸은 안동 임하면 내앞(川前) 출신 의성김씨 김복일(호는 南嶽)의 둘째 배위로 출가하였다. 김복일의 경

▲ 춘우재 종택 사당과 그 내부

우 예천 죽림면의 예천권씨를 첫째 배위로 맞이하여 이들의 세거지였던 죽림면에 정착하였다가, 이후 안동권씨 둘째 배위와의 인연에 의해 금당실에 터전을 마련하게 되었다.

춘우재 종가 역시 적자로만 이어 오지 못하고 몇 번에 걸쳐 양자를 들이고 있는데, 22세 권진에게 후손이 없어 아우 권담의 셋째 아들 권상경權尙經을 양자로 맞아들였다. 그런데 양자로 들어온 권상경 역시 후손을 두지 못하자 이번에는 권상달(권상경의 아우)의 셋째 아들 권윤權銃을 양자로 삼았다. 그 후 26세 권완權悗에게도 후손이 없어 아우 권식의 장남 권중인權重寅을 양자로 들였으며, 29세 권태언權台彦 역시 후손을 두지 못해 아우 권승언의 장남 권종모權宗模를 양자로 맞아들였다.

춘우재 종택은 권진이 세운 것으로 알려져 있다. 그런데 경상북도 민속자료 제102호로 지정되어 있는 춘우재 종택 입구에 서 있는 안내판을 보면 '이 고택은……춘우재 권진權晋(1568~1620)이 1800년대 초에 세웠다. ……

기둥을 다룬 고급 기법이 19세기까지 전승되고 있음을 보여 주는 실제적 자료라는 점에서 가치가 있다'고 적혀 있다. 1568년에 출생하여 1620년에 사망한 권진의 생몰년은 정확히 기재되어 있는데, 1800년대 초에 권진이 춘우재를 세웠다니 납득하기 힘든 부분이다.

춘우재 종택의 당호는 '광영당光影堂'이다. 약 90년 전에 안채만 제외한 나머지 건물을 모두 소실한 탓에 신축하였다. 종택은 'ㄷ자형'의 안채 건물에 '一자형' 사랑채가 세로로 배치되어 있는 'ㅁ자형'의 가옥 형태를 취하고 있다. 종택 서북쪽에는 4대 조상들의 신주를 모셔 둔 사당이 자리하고 있으며, 예전에는 종택 우측 뒤편에 체천遞遷 신주를 모셔 두는 별묘도 있었다고 한다. 현재 종택에는 종손 권창용(1948~)과 종부 한양조씨, 아들 권석환이 함께 살고 있으며, 종손 권창용의 누이는 안동 임동면 무실(水谷)의 전주류씨 수곡종택의 종부로 출가하였다.

작은맛질에는 경상북도 민속자료 제103호로 지정받은 안동권씨 연곡고택延谷古宅이 자리하고 있기도 하다. 권진의 현손 곧 25세 권수원의 아들 4형제 중 셋째 아들 권이權怡(1689~1777)의 집으로서 권이의 손자 권성익權聖翊(1735~1821)의 호가 연곡延谷이다. 권이는 금당실의 남야 박손경의 문인으로 과거에 여러 번 응시하였으나 등과는 하지 못했다.

5. 금당·맛질의 종가를 돌아보며

'뿌리내린 터전은 달라도, 사는 모양은 한결같다'는 말이 있듯이, 금당·맛질에 세거하는 각 성씨의 내력을 살펴보고 이들 성씨들의 구심점이 되고 있는 종가를 둘러보면서 한국 문중과 동성마을의 특징을 새삼 떠올리게 되었다.

특히 여느 지역과 마찬가지로 금당·맛질에 세거하는 성씨들 역시 처향과의 인연으로 정착하게 되었다는 점이 눈길을 끈다. 앞서 살펴보았듯이 금당실 함양박씨 입향조 박종린과 원주변씨 입향조 변응녕은 당시 금당실에 살고 있던 감천문씨의 사위가 됨에 따라 금당실에 정착하게 되었다. 또한 큰맛질 함양박씨의 경우에도 21세 박세주가 큰맛질 안동권씨의 사위가 됨으로써 큰맛질로 들어왔으며, 작은맛질 안동권씨 입향조 권의는 밀양손씨 처향과의 인연으로 작은맛질에 터전을 마련하였다.

그런데 이들 입향조 대부분이 16세기의 인물이라는 점도 무척 흥미롭다. 유교가 도입되고 나서 적어도 17세기 중엽까지는 유교 이념에 따른 가족·친족 제도가 확립되지 않았다는 일반적 견해와 같이, 부계 친족 제도가 깊이 뿌리내리지 않은 16세기에는 처가살이와 외손봉사가 매우 흔한 관행이었다. 이처럼 처향과의 인연을 계기로 처가의 세거지에 정착하였으나, 이후 유교 이념에 따른 부계 친족 제도가 점차 강화됨에 따라 처가의 터전을 기반으로 부계혈통 중심의 동성 마을을 형성해 갔던 것이다. 이러한 경향은 금당·맛질뿐만 아니라 동성마을이 많기로 유명한 안동 지역에서도 흔히 볼 수 있다. 이를테면 풍산류씨와 함께 하회로 들어간 흥해배씨 배상공은 부친 배전을 따라 외가 터전인 안동 지역에 이주하게 된 것을 계기로 하회에 정착하게 되었다. 또한 하회와 이웃하고 있는 가일(佳谷)의 안동권씨는, 권항이 그곳에 터전을 잡고 있던 풍산류씨의 사위가 됨으로써 안동권씨의 세거지를 형성하였다. 뿐만 아니라 처가 해주오씨의 터전 임하면 내앞(川前)에 정착한 의성김씨 김만근, 서후면 검제(金溪)에 살고 있던 안동권씨의 사위가 되면서 터전을 마련한 의성김씨 김성일 등도 있다.

'종자종손宗子宗孫 찾아보기 힘들다'라는 말이 있듯이 금당·맛질의 종가를 둘러보면서 종법 제도에서 강조하는 종자의 혈통만으로는 종가의 지속적 유지를 기대하기 어렵다는 사실을 새삼 확인하였다. 즉, 종가의 지속적 유지는 이론적 조건이 아니라 현실적 조건을 더욱 필요로 한다는 뜻이다. 이러한 사실은 금당·맛질의 세거 성씨들, 특히 함양박씨와 안동권씨의 세계도를 통해서도 쉽게 확인할 수 있다. 종법 제도라는 이론에 따르면, 문중 조직 및 동성 마을의 형성은 적장자 중심의 부계 혈통 집단의 결속력을 강화시키려는 목적에서 비롯된 것이다. 이에 따라 유교의 도입 이전에 실시되었던 자녀 균등의 재산 상속이 적장자 우대 상속으로, 딸 아들 구별 없이 행하던 제사윤회 습속이 적장자 단독 상속으로, 처가살이와 같이 자유로이 선택할 수 있었던 혼인 후 거주 방식이 시집살이혼으로 바뀌게 되었다.

그럼에도 혈통의 정통성을 굳건히 확보하고 있는 적장자의 집이 가문을 대표하는 종가로 자리매김되지 못하는 까닭은 과연 무엇일까? 이런 의문을 품고 있는 조사자에게 금당·맛질 사람들은 "아무리 큰집이라도 인물 나지 않고 사는 것이 궁하면 행세를 못하게 된다", "자손 못나고 먹을 것 없으면 상놈 된다", "문호를 차리고 행세하는 집만 살아남을 수 있다"고 조심스레 일러 준다. 사실 금당·맛질에서 제자리를 지키지 못하는 적장자 계통의 종가들을 둘러봐도, 대부분이 큰 인물을 배출하지 못하고, 그러다 보니 자연히 좋은 혼반도 확보할 수 없었다. 이로써 경제적 기반 또한 확고히 다질 수 없어 번듯한 고택을 지키지 못한, 그야말로 "그 집은 사진 찍을 집이 못 된다"는 종가 곧 세인의 이목을 끌기에는 턱없이 초라한, 종법 제도에 따른 '이론상의 종가', 세계도를 통해서만 비로소 드러나는 '계보상의 종가'로만 남아 있는 것이다.

(김미영)

3장

금당·맛질 종가의 생활규범

1. 지금의 종가에서 옛 생활규범을 찾다

오랜 세월에 걸쳐서 사람들은 어떻게 바람직한 삶을 살 것인지에 대하여 관심을 가져 왔다. 생활규범은 사람들의 삶의 방식 가운데서 예의와 법도에 관한 신념이 실천적 차원에서 구체적으로 관습화된 것을 말한다. 한국인은 한국인다운 생활규범을 형성·유지·발전시켜 왔을 것이지만, 아직 그러한 생활규범에 관하여 실제적 차원에서 조사·연구한 성과는 쉽게 눈에 띄지 않는다. 더구나 한 지역의, 그것도 지역 내 몇 마을 차원에서 조사된 생활규범에 대한 성과물은 찾아보기 어렵다.

예천의 금당·맛질을 대상으로 하여 생활규범을 실증적으로 관찰하거나 면담을 통하여 재구성하려고 하면, 거기에는 세 가지 문제가 발생한다. 첫째는 생활규범의 지역성이요, 둘째는 생활규범의 역사성이요, 셋째는 생활규범의 계층성이다. 첫째 문제는 한 지역 또는 그 지역 내 몇 마을을 대상으로 하는 생활규범 조사가 과연 의미를 가질 것인가에 관한 것이다. 둘째 문제는 현지 조사를 통하여 설령 한 지역을 대상으로 하는 생활규범이 재구성되었다고 할지라도, 그것이 어느 시기의 것이며 어떤 전통성을 담보하고 있는가 하는 점이다. 마지막 문제는 이들 마을에서 어떤 사람들, 다시 말해서 어떤 사회·문화적 직분을 수행하고 있는 사람들을 대상으로 하여 확인하는 것이 합당한가 하는 점이다.

여기서 제기한 문제는 사실상 지역 문화를 조사·연구할 때 언제나 봉착할 수 있는 것이다. 특히 한 지역의 특수성을 강하게 반영하고 있는 문화 요소가 아닐 경우, 그러한 문제는 쉽게 극복되기 어려운 한계를 본질적으로 안고 있다. 그렇다고 해서 국소 지역을 대상으로 하는 조사에서 전국적인 일반 현상에 가까운 항목과 분야에 대한 조사·연구를 포기할 수는 없다. 아무리 전국적인 공통 분모가 크다고 할지라도, 또 지역 내에서 널리 통용

▲ 예천권씨 종택

되는 것이라 할지라도, 마을 차원의 조사 연구가 갖는 의의는 일정하게 찾을 수 있기 때문이다.

생활규범의 지역성·역사성·계층성의 문제를 최소화하기 위해서, 금당실 권역에 있는 종가를 찾아서 면담조사를 통하여 전통적·유교적 생활규범의 실상을 서술해 보려는 것이 이 글의 의도이다. 이러한 접근을 한다고 해서, 예천 지역 종가의 생활규범이 어떤 특성을 갖는지에 대해서 쉽게 해명할 수는 없다. 그러나 종가에는 전통적인 생활규범이 비교적 잘 남아 있고, 거기서 전승되는 생활규범은 사족층의 문화라는 점에서 계층성도 분명하다.

종가는 일반적으로 손님을 잘 대접하고 조상을 정성껏 섬기는 '접빈객 봉제사'의 유교적 덕목을 잘 실천하던 곳이다. 물론 종가는 사족들의 이념형 문화의 주요한 산실이었다. 그런데 오늘날의 종가는 종손이 살지 않거나 생활규범이 간소화되어 옛 전통을 헤아리기 어려운 상황에 처했다. 그리하여 예스런 생활규범이 상대적으로 잘 전승되고 20세기 전반기의 상황이 어느 정도 고증되는 예천권씨 초간草澗 권문해權文海(1534~1591) 선생의 종가를 중심으로 하여, 의례와 일상생활의 법도에 관한 내용을 간략히 다루어보고자 한다. 따라서 글에서 제시한 경험적 진술은 특별한 언급이 없는 한, 모두 초간 선생의 13대 종손 권영기權榮基(65세) 씨의 이야기이다.

2. 사당의 조상을 산 사람 모시듯 하다

종가에서는 사당을 건립하여 조상의 신주를 모시고, 죽은 조상을 살아 있는 사람처럼 대하고자 하였다. 그리하여 연중 중요한 날에는 조상의 육신이 묻힌 묘소에 가서 제사를 지내고, 조상의 영혼을 모신 사당에서 절사節祀를 올릴 뿐만 아니라, 집안의 중대사를 사당에 계신 조상께 수시로 고하고 있다.

먼저 묘소를 찾아가는 성묘에 대하여 초간 선생의 종손은 "옛날에는 정월 초하루, 삼월 삼짇날, 오월 단오, 유월 유두, 칠월 백중, 구월 중구, 동지 때에 묘사를 지내러 갔다. 그러나 한 100년 전부터 대개 없어졌다. 요즈음에도 한식날 묘사를 지내는 집도 있고, 동짓날에 묘사를 지내는 사람도 있지만, 그것은 전부 가가예문이다." 그리고, 사당에서 올리는 절사에 대해서는 "명절 때 신년이라고 떡국을 해서 먹기 전에 조상에게 바치고, 새 곡식 나오면 추석(때로는 중구일)에 가서 천신薦新을 한다"고 말한다. 조상을 살아 있는 어른처럼 대하고 있는 것이다.

그리고 집안의 중대사는 사당에 고하여 조상께 알린다. 사당에 고하는 때는 집안의 길사와 흉사, 그리고 장거리 출타시로 대별된다.

종갓집 종손에 한해서 유고한 일들을 고해야지요. 집에 어떤 일이 있는 것인지를. 예를 들면 재앙이 있다든지, 사당에 지금처럼 보수공사를(현재 종택 보수공사 중임) 한다든지 하여 신주를 딴 곳으로 모신다든지, 다시 옮겨 모실 때 고해야지요. 길흉사간에 모두 고해야지요. 길사에는 종손의 아들이 장가를 가면 고하고, 죽을 때에는 조상 옆에 자손이 간다고 고하고, 집에 재난이 있을 때 고합니다. 어떤 재난이 왔을 때 고하는 것은, 이런이런 일이 있으니까 조상이 놀라지 말라고 하는 것입니다. 조상이 놀랄 때가 있잖습니까? 이럴 때 반드시 고해야 됩니다.
집안에 경사스러운 것을 반드시 고합니다. 만약에 아들이 고시 패스를 하면 고합니다. 종자가 될 아이가 태어나면 자손이 났다고 고합니다. 종가의 대를 이어갈 장자, 주손에 대해서만 고합니다. 이것은 앞으로 아이를 잘 보살펴 달라는 뜻입니다. 그리고 아들이 장가를 들 때 고합니다. 대개 장자를 소중하게 여겨서 장자의 혼사만 고합니다.
옛날에는 장거리 출타시나 집을 비울 때도 고했지요. 내가 어디에 가니까 집을 못 돌본다는 뜻으로 고합니다. 부모한테 떠나갈 때 인사드리는 것과 똑같습니다. 생전이나 사후나 똑같은 것입니다.

이처럼 집안의 중대사를 사당에 계신 조상께 고하는 것은 필수적이다. 그것은 먼저 조상이 집안의 중대사를 알고 놀라지 말라는 뜻이라고 한다. 이러한 행동은 생전에 살아 계신 부모님께 아리는 것과 다를 바 없다. 사당에 고하는 것이 얼마나 중요한 일이었던지, 만약 종손이 몸이 몹시 아파서 직접 고하기 어려운 경우에는 다른 사람으로 하여금 대신 고하게 한다. 자신이 직접 고할 처지가 아니라 해서 빠트릴 수는 없다는 것을 분명히 하고 있다.

사당에 고하는 것은, 개인의 지위와 처지에 따라서 다르게 이루어진다. 종손이 아닌 경우에는 사당에 고하는 것이 극히 제한되어 있다. 종손이 아닌 경우에는 종부에 한해서 고하는 자격이 부여된다. 혼인을 하여 집으로 들어온 종부는 원삼을 입고 족두리를 쓰고 사당에 고한다. 그 밖의 지손支孫들은 고하는 것이 아니라 사당 뜰에서 절을 할 뿐이다. 여기에는 엄연히 평소에 사당을 관리하고 신주를 모시는 주체와 그렇지 않은 사람을 구분하고 있다는 의식이 잠재되어 있다.

의례를 위해 사당문을 여는 때는 기제사일과 설, 추석(혹은 중구일)뿐이다. 기제사일에는 신주를 모셔 내오기 위해서이고, 설과 추석에는 사당 차례를 지내기 위해서이다. 그 밖에는 아주 특별한 일이 아니고서는 사당문을 열지 않는다. 다만, 가을에 사당문을 바르거나 섣달 그믐날에 사당 청소를 할 때 문을 여는 것은 예외이다. 고할 때조차도 사당의 내문을 열지 않고 뜰에서 한다.

고할 때 사당 밖에서 하지요. 사당문은 열지 않고 사당 뜰에서 고하지요. 바깥에서 귀한 손님이 오셨다, 예를 들어 초간 선생의 제자 가문에서나 학문의 전통을 이어가는 학자가 와서 사당에 배례를 해야겠다고 해도 밖에서 합니다. 신위 봉심奉審을 할 때는 사당 안에서 합니다. 봉심의 절차는 사당 밖에서 재배하고 안에 들어가서 감실을 열고, 신주독을 열고, 신주 덮개를 열고 신주에 씌어진 내용을 보는 것입니다. 관직이며 이력을 보고 흠모의 정을 느끼는 것이지요. 봉심이라는 것은 사당에 모셔진 분을 대면하는 것입니다. 신주는 고위와 비위가 같이 모셔져 있지만, '남녀칠세 부동석' 이라 하여, 타인은 비위를 봉심하지 못합니다.

사당에 계신 조상께도 그 지위에 따라서 대하는 태도를 달리한다. 불천위不遷位조상께는 술잔을 올리고 독축을 하지만, 그 밖의 조상께는 독축을 하지 않고 술잔만 올린다. 불천위조상께는 무엇이든지 별도로 하고, 나머지 4대봉사위에 대해서는 한꺼번에 의례를 한다. 고하는 것에 대해서도 불천위 조상께 고하는 것이라고 믿으며, 다른 조상께 고한다는 생각은 매우 희박하

▲ 춘우재 고택 사당

다. 항상 불천위조상에 대해서는 우선적으로 예우한다. 불천위야말로 한 문중을 형성한 조상이기 때문에 특별하게 모셔진다. 외부에서 명망가가 찾아와도 사당 내문 밖에서 배례를 하는 것이며, 봉심을 할 때만 사당 안에 들어가서 한다. 그러나 찾아온 사람이 봉심을 할 때에도 내외법의 윤리에 따라서 비위의 신주에 대해서는 봉심을 하지 않는다.

그리고 일반적으로 집에는 사당이 하나이지만, 둘인 사례도 있다. 죽림리의 초간 종가나 맛질의 안동권씨 춘우재春雨齋(현 거주자 권창용씨의 13대조 權晋이 지은 주택이다) 고택에는 4대조까지를 모신 일반 사당과 그 윗대 조상을 모신 별묘別廟가 함께 세워져 있었다. 물론 지금은 별묘가 없어졌지만 말이다. 종손이나 주손에게는 5대조에 해당하는 사람일지라도 지손들에게는 4대조에 해당하는 조상이 생기기 마련이다. 이 경우 그 조상을 체천遞遷하여 지손들이 모시는 것이 원칙이다. 그러나 지손들 집에는 사당이 없기 때문에, 종가나 주손가에서 체천된 조상을 모시는 별도의 사당 즉 별묘를 세웠다. 과거에는 후손들이 한 마을에 모여 살았기 때문에, 제사를 지낼 때는 별묘에 와서 신주를 모셔 갔으며, 특별히 고할 일이 있으면 고했다고 한다. 이렇듯이, 별묘는 종손이나 주손이 모시지 않되, 지손들이 모셔야 하는 조상의 신주를 모신 사당이었다. 이렇게 지손들의 처지에서도 4대봉사를 철저히 지키도록 배려한 별묘는 드문 일이다. 이러한 현상은 집성촌에 사는 모든 후손이 4대봉사를 철저히 한다는 의식의 발로라고 하겠다.

3. 불천위제사와 사당 차례로 종가를 표상하다

종가에서 중요하게 여기는 제사는 조상숭배의 진수라고 할 수 있다. 그 중에서도 사당에 모셔진 으뜸 조상이라 할 수 있는 불천위조상에 대한 제사와 사당에서 치러지는 차례는 일반 가정에서는 볼 수 없는 제사이다. 물론 명절 차례는 일반 가정에서도 행해진다. 하지만 일반 가정에서는 사당에서 지내는 제사가 아니라는 점에서 종가의 명절 차례와 구별된다. 즉 종가에서 지내는 명절 차례는 사당 차례라고 하는 특징이 있다.

제사에서는 절차도 중요하지만, 상차림도 가문의 정체성을 드러내는 일이라서 집안마다 중요하게 여겨졌다. 하지만 '가가례'라 하여 집집마다 조금씩 차이가 있으며, 이 점에 대하여 종손들도 인정하고 있다.

우리는 주로 도산(퇴계 선생을 가리킴)을 위주로 합니다. 초간 권문해 선생께서 도산 문인입니다. 우리의 예와 예기 자체가 모두 도산에서 나왔습니다. 조금 변형된 것은 가가예문이라고. "등 넘어가서 집사질 하지 마라"라는 말이 있듯이, 남의 집에 가서 자기집 가례대로 이것 이래(이렇게) 한다고 간섭하는 것은 안 됩니다. 좌로 놓든지, 우로 놓든지 가가예문인데, 집집마다 달라서 좌포左脯 쓰는 집, 우포右脯 쓰는 집, 중포中脯 쓰는 집이 있습니다. 다 같은 도산 문인 집이라도 자기 집의 주체성을 살리기 위해서 다릅니다. 자기의 예를 가지고 남의 집에 가서 이야기하면 결례입니다. 그 집대로 따라서 예를 갖추어 주면 되지, 요새 사람들은 자기 위주로 해 가지고 자꾸 이야기한단 말이죠…….

"남의 집 제사에 가서 밤 놔라 대추 놔라 하지 말라"는 이야기를 흔히 들을 수 있다. 그런데 이 사례에서는 "산 너머 가서 집사질 하지 말라"는 경구를 전해 주고 있다. 같은 선생의 제자라도 집집마다 예가 다른 것은 그 집의 주체성이고 특색으로서 '가가예문'이 되고 있다. 그러면 초간 권문해 선생의 불천위제사 상차림을 보도록 하자(김상보, 『향토음식문화』, 신광출판사, 2002, 115쪽 재작성).

〈그림 1〉 초간 권문해 선생의 불천위제사 상차림

	신 주 교 의					
(촛대)	(시저)	**(잔반)**	(메)	(갱)	[편: 餠]	**(촛대)**
(자반)	(대탕)	(어탕)	[적: 炙]	(소탕) (생선전유아)	(육탕) (두부전)	(편적) (숙란)
(유과)	(토란나물)	(고사리+도라지)		(간장)	(시금치)	(국수)
(멜론)	(감)	**(수박)**	(약과)	(귤)	(사과)	(어포) **(육포)**
(밤)	(곶감)	(은행)	(호두)	**(땅콩)**	(배)	(대추)

향로 모사 향합

【범례】 ( ): 원형 제기, [ ]: 방형 제기, 진한 글씨: 1차 진설, 가는 글씨: 2차 진설

위 그림에서 1차 진설은 강신 전의 제상차림을 말하고, 2차 진설은 강신 후에 진설을 종료한 상태를 말한다. 즉 1차 진설에서는 촛대·잔반·과일·유과·포를 진설하였으며, 그 밖에 교의·향로·모사·향합이 준비되었다. 흔히 이러한 진설을 '소과蔬果 진설'이라고 이른다. 그 나머지 것은 모두 2차 진설시에 차려졌다. 이 불천위제사는 1999년 12월 27일(음력 11월 20일) 자시에 행해진 것이다. 김상보 교수가 참여 관찰하여 정리한 제사의 절차는 이러하다(김상보, 앞의 책, 113~118쪽 참조).

(1) 밤 12시 '큰사랑 대청'에 제상(高足床)과 교의交椅, 촛대를 설치한다.
(2) 참제원들이 엄숙히 서립序立하고, 초헌관·아헌관·종헌관이 손을 씻는다.
(3) 밤·곶감·은행·호두·땅콩·배·대추·멜론·감·수박·약과·귤·사과·유과·어포·육포의 순으로 진설한다. (1차 진설)
(4) 향안·향로·향합을 설치한다.
(5) 출주出主: 사당에서 신주를 모셔 나와서 교의에 모신다.
(6) 강신降神: 초헌관이 향강신과 술강신을 한다. 참제원들이 참신한다.
(7) 진찬進饌: 2차 진설을 하여, 모든 진설을 완료한다. 이때 어육魚肉·미면식米麵食·갱반羹飯의 순으로 올린다.
(8) 초헌初獻: 첫 번째 술잔(막걸리: 醴酒)과 쇠고기적 한 꼬치를 올린다.
(9) 독축讀祝: 축문을 읽는다. 초헌관이 절을 한 뒤 올렸던 술과 쇠고기적을 물린다.
(10) 아헌亞獻: 두 번째 술잔(막걸리: 예주)과 쇠고기적 한 꼬치를 올린다. 절을 한 뒤 올렸던 술과 쇠고기적을 물린다.
(11) 종헌終獻: 세 번째 술잔(막걸리: 예주)과 쇠고기적 한 꼬치를 올린다. 절을 한 뒤 올렸던 술과 쇠고기적을 물린다.

(12) 첨작添酌 : 초헌관이 한다.

(13) 계반삽시啓飯揷匙

(14) 합문闔門, 부복俯伏

(15) 계문啓門

(16) 진다進茶 : 갱羹을 냉수로 바꾼다. 이어서 국궁鞠躬을 한다.

(17) 철시복반撤匙復飯, 사신辭神

(18) 납주納主 : 신주를 다시 사당에 되돌려 모신다.

(19) 철상撤床 : 진설할 때와 같은 순서로 음식을 거두어 내린다.

(20) 음복飮福 : 먼저 제사에 참석한 사람 모두 조상신이 주시는 술을 한 잔씩 돌려 마시는 행주行酒를 한다. 술을 마시기 전까지는 제복을 벗지 못하며, 자리 이동을 하지 못한다. 술을 마신 후에야 자유로워진다고 한다. 행주 후에 작은 사각 소반에 각종 나물을 얹어 비빔밥으로 만든 것과 술·과일·산적·떡 등을 조금씩 담아서 독상차림으로 음복을 한다.

(21) 새벽 3시에 제사의 모든 과정이 끝난다.

이 불천위제사의 진설법과 과정은 하나의 사례인데, 예천권씨 족보에 수록된 진설도陳設圖나 종가에 보관된 「제사홀기祭祀笏記」와는 다소 다른 점이 있다. 진설도와 제사홀기를 바탕으로 하여 이 불천위제사의 관행을 살펴보기로 한다.

1차 진설에 대하여 「제사홀기」에서는 "설과접소채포해반잔어탁자상設果楪蔬菜脯醢盤盞於卓子上"이라고 하였다. 즉 과일·채소·포·해·잔반盞盤을 진설한다는 것이다. 그런데 실제 관행에서 1차 진설은 채소와 해가 없이 과일·포·잔반만으로 이루어지고 있다(김상보, 앞의 책, 114쪽).

〈그림 2〉 예천권씨 족보에 수록된 진설도

考位				妣位	
	(술잔)			(술잔)	
(시저)	(메)	(갱)	(메)	(갱)	(편)
(조기)	(어탕)	(육탕)	(구이)	(계탕)	(편적)
(채소)	(채소)	(간장)		(채소)	(국수)
(과)	(과)	(과)	(과)	(과)	(포)

향로 모사 향합

해醢는「제사홀기」에는 등장하지만, 족보나 실제 관행에서는 보이지 않는다. 이것을 볼 때, 초간 종가에서 불천위제사의 음식이 약간씩 변화되었을 것으로 이해된다. 아무리 엄격한 격식을 중시하는 제례라고 할지라도, 생활환경과 계절의 변화, 또는 종손의 설명처럼 "가문의 주체성"과 관련하여 제사음식이 변화될 수 있음을 암시한다. 그리고 족보의 기제도나 「제사홀기」에는 과일의 종류가 전혀 언급되지 않았음에도, 실제로는 여러 종류가 올라가고 있다. 조선 중기 율곡栗谷 이이李珥의 「기제도」를 위시하여 다수의 예서뿐만 아니라 심지어 19세기에 편찬된 『사례편람』에서조차도 구체적인 과일의 이름이 명시되지 않고 있다. 결국 과일도 조선 후기부터 지속적으로 집안의 사정이나 예법에 따라서 구체화되어 정착된 것으로 보인다. 시속의 변화를 수용한 흔적은, 예전에는 없었던 멜론과 귤이 제사상에 올라간다는 사실로 뒷받침된다.

2차 진설 부분에 대하여 「제사홀기」는 다음과 같이 적고 있다(김상보, 앞의 책, 117쪽).

主人升, 主婦從之, 執事者一人以盤奉魚肉, 一人以盤奉米麵食, 一人以盤奉羹飯, 從升至位前, 主人搢笏, 奉肉(肉은 炙을 지칭함)奠于盤盞之南, 主婦奉麵食(麵食은 국수를 지칭함)于肉西, 主人奉魚(魚는 어탕을 지칭함)奠于醋楪之南, 主婦奉米食(米食은 떡을 지칭함)奠于魚東, 主人奉羹奠于醋楪之東, 主人奉飯奠于盤盞之西, 主人出笏, 陳設畢, 主人以下皆降復位. 〈( )안은 김상보 교수의 해석〉

여기서는 주인과 주부가 각각 찬을 나누어서 올리게 되어 있다. 즉, 주인이 육肉(炙)·어魚(어탕)·갱을 올리면, 주부는 국수·육(肉湯)·미식米食(餠)·어(자반)·메(飯)를 올린다. 그러나 실제로는 주부(종부)가 그 역할을 하지 않는다. 다만, 아헌은 여전히 종부가 하고 있다. 아마도 조선 중기까지 여성의 사회적 지위가 높았던 시기에「제사홀기」가 작성되었지만, 17~18세기부터 종법 사상에 의하여 여성의 사회적 지위가 하락되면서 제사에서도 종부의 역할이 흐려진 것이라고 하겠다. 족보의 기제도나「제사홀기」는 기본 원칙만을 수록한 것으로 보이고, 이와 다소 다르게 진행되는 실제 제례는 오랜 세월에 걸쳐서 조금씩 변화된 모습이라고 하겠다.

그리고 초헌·아헌·종헌에 대하여「제사홀기」에는 "집사자이접성적간봉전우시근지남執事者以楪盛炙肝奉奠于匙筋之南"이라고 하였다. 집사자가 접시에 담은 간적肝炙을 시저의 남쪽에 올린다는 뜻이다. 하지만 실제 관행에서는 중앙에 올라간 적 이외에는 별도로 간구이를 올리지 않고, 쇠고기구이로 대신하고 있다(김상보, 앞의 책, 117~118쪽).

또한 〈그림 1〉과 〈그림 2〉를 비교해 보면, 주목되는 차이가 발견된다. 〈그림 1〉은 제삿날에 당사자 한 분만을 모시는 단설單設 제상차림이며, 〈그림 2〉는 부부를 함께 모시는 합설合設 제상차림이다. 단설과 합설은 무엇이 맞고 틀리냐의 문제가 아니라, 무엇을 중요하게 생각하느냐에 따라 선택된 것이다. 그런데 단설이 보다 더 고형·원형·사대부형이라고 할 수 있으며, 합설은 후대형·변형·서민형에 가깝다고 할 수 있다. 제삿날은 어떤 조상의 사망으로 성립되고, 그래서 그 조상을 기리는 의식이 행해지는 날이다. 그러므로 제삿날에는 그 날짜에 죽은 조상만을 모셔 오는 것은 지극히 당연한 원론이다. 이러한 원론에 입각한 제상차림이야말로 사대부가에서 행해진 것이다. 반면에 부부를 합설하는 것은 부부의 정情을 고려하여 형성된 상차림법으로서, 서민가를 중심으로 등장한 것으로 이해된다. 따라서, 초간 권문해 선생의 불천위제사 상차림이 단설임은 명문가의 옛 전통을 계승하는 모습이라고 할 수 있다.

그런데 명절 차례는 불천위제사와 다소 다르게 진행된다. 그것은, 앞에서도 언급한 바 있듯이, 명절 차례가 세배나 천신의 의미를 강하게 지니고 있기 때문인 것으로 보인다. 초간 종가의 명절 차례에 대하여 이야기를 들어 보자.

우리 사당에는 불천위와 불천위 아닌 조상은 감실만 구분이 되어 있어요. 초간 선생은 배위가 두 분인데, 신년에 사당 차례를 지낼 때 후배위분은 한테(함께) 상을 차립니다. 떡국 3그릇을 한테 한 제상에 차려서, 차례를 올립니다. 그 다음에 나머지 조상은 강신을 새로 하고 차례를 지냅니다. 4대 조부모부터 차례차례 밑으로 내려가죠. 고조부모께 초헌하고, 증조부모께 초헌하고, 그렇게 순서대로 내려가지요. 대수별로 따로 해야지요. 4대봉사에도 감실 수위가 있지 않습니까. 수위부터 하고 그 다음에 잔 따로 따로 부어 놓고 절을 해야지요.
설이나 추석 명절에는 단헌으로 끝납니다. 그것은 하나의 행사이기 때문에 종손만 단헌을 하면 그만입니다. 설에는 신년이 되었으니까 인사드리는 것 아닙니까. 세배로 끝나야지요. 가을에는 햇곡식 나왔으니까, 내 먼저 먹기 미안하니까 조상에 드린다고 해서 천신이라고 하지 않습니까. 그것은 제례가 아니고 하나의 연중행사에 불과합니다. 미안하니까, 안 찾아보기 미안하니까 하는 것이지요. 명절에는 "무축단헌無祝單獻"이라 했습니다. 종손이 한 번 헌작하고 끝을 냅니다.

▲ 초간 종가 불천위 사당

이 이야기를 들으면, 명절 차례에서 무엇보다 우선되는 조상은 역시 불천위조상이다. 모든 조상의 신주가 감실에 모셔져 있는데, 부부가 하나의 주독에 합독合櫝이 되어 있으되, 후배위의 경우에는 별도로 주독이 마련되어 있다. 명절에는 사당 안에 제상을 차리는데, 세대별로 하나씩의 상을 차린다. 먼저 불천위조상께 차례를 올리고 그 다음에는 4대에 걸친 봉사위께 세대별로 차례를 올린다. 그리고 이러한 명절 차례에는 독축을 하지 않고, 따라서 단헌으로 끝낸다.

명절 차례시에는 사당에 모신 모든 조상께 차례를 올리지만, 조상의 서열을 엄중하게 가리고 있다. 그것은 평소 사당에 모셔진 조상의 서열이기도 하지만, 윗대 조상부터 아랫대 조상을 잇는 조상들 간의 선고후저先高後低의 원칙에 입각한 서열이다. 따라서 차례에서 비록 한 사당 안에 제상이 세대별로 차려진다고 하더라도, 상차림이나 의식이 모두 높은 서열에서부터 낮은 서열순으로 하향하면서 진행되었다. 종법사상의 서열적 원칙을 따른 것이다. 하지만, 세대별로는 절대로 합설을 하지 않고 다른 상에 차린다는 것이다. 그것은 부자 간에는 절대로 겸상을 하지 못한다는 생시의 윤리가 그대로 적용된 까닭이라고 한다.

한편 이러한 사당 차례를 보면, 단설을 하는 불천위제사와는 달리 부부 간에 겸상을 하는 방식으로 합설이 되었다. 차례시에는 살아 계신 어른께 대접을 하는 것과 같은 것이라는 의미가 개재되어 있어서, 부부를 함께 모시는 것으로 이해된다. 그런데 차례에서는 생시의 상차림 법을 따르지 않는다. 생시에는 부부유별의 윤리에 따라 내외 간에 겸상을 하지 않았는데, 사후에는 겸상의 방식을 채택하고 있기 때문이다. 아마도 이것은 사람이 죽어 조상이 되면 부부무별이라는 의식에서 비롯된 현상인 듯하다. 즉, 부부 간에는 생시의 윤리관이 사후세계에서는 다르게 적용되고 있으므로, 부부 간에는 이승과 저승을 달리 생각하는 의식이 엿보인다.

4. 손님을 극진히 대접하다

유가에서 봉제사와 함께 중요하게 여긴 것은 접빈객이다. 손님을 잘 대접하는 것은 유가의 법도였다. 그래서인지 "사람 사는 집에는 사람이 찾아와야 좋다", "사람 집에 사람이 안 찾아오면 기울어지는 집이다", "사람 집에 사람이 안 오면 사람 사는 집이라고 할 수 없다" 등과 같은 말을 낳았다. 과연 손님에 대한 대접을 어떻게 하는지를 이해하기 위해서 과거에 손님이 찾아왔다가 돌아가기까지의 과정을 재구성해 볼 필요가 있다. 대개의 손님이 남성 손님이었기에 이를 기준으로 보자.

손님이 오시면 주인은 의관을 정제하고 손님을 맞는다. 평소에 바지·저고리를 입고 계시다가 손님이 오시면 두루마기를 입고 머리에는 탕건과 갓을 쓰는 것이 기본이다. 특별한 손님이 오게 되면 미리 마중을 나가기도 하지만, 대개는 방에서 손님을 맞이한다. 방에서 맞이하더라도 손님이 올 때까지 기다리는 것이 아니라, 방문을 열고 환대를 하면서 맞는다. 그리고 나서 손님과 인사를 나눈다. 물론 맞절을 하게 되며, 절을 하고 나서는 공수拱手의 예를 표한다. 맛질 춘우재 권창용權滄龍(58세) 씨에 따르면, 서로 간에 절을 하고 앉은 다음에는 꿇어앉는 게 기본이다. 연장자가 편하게 앉으라고 이야기할 때까지 그렇게 앉아 있다.

  손님이 앉을 자리를 정해 드리는 것은 무척 중요하다. 손님이 앉을 자리는, 손님이 주인과 어느 정도 연령의 차이가 있는지에 따라서 다르다. 물론 고위관직자의 경우라면 실제 연령에 관계없이 연장자의 예우를 해 드린다.

  손님이 오시면 자리는 어떻게 하느냐, 주인이 상좌를 앉아야지요. 상좌라면 아랫목이지요. 여름에도 아랫목에 앉아요. 절대로 상석을 비워 주지 않아요. 어디 가서 출입을 해도, 주인이 젊어도 아랫목을 안 비워 줍니다. 윗목으로 손님을 모십니다. 아랫목이 왜 중요하냐면 내가 생각하기에는 아랫목이라는 것은 주인이 양보할 수 없는 자리입니다. 여름에 아랫목에 앉으면 덥고 불편하지만 그래도 안 비워 줍니다. 그게 유가의 법도입니다. 그런데 아주 귀한 손님이 오면 아랫목으로 모십니다. 주인이 옆으로 비켜 줍니다. 웬만한 사람이 오면 안 비켜 줍니다. 마주 대한다는 것은 옆으로 마주 앉는다는 것이지요. 대화를 할 때는 옆으로 마주 앉습니다. 그런데 주인이 문 앞에 앉으면 안 되지요. 옆으로 해서 서로 'ㄱ' 자로 말입니다. 주인이 문을 등지고 안 앉습니다. 손님이 오셔서 사랑에 주무실 때도 주인이 아랫목에서 잡니다. 아랫목은 비워 줄 수 없는 것이지요. 그런데 손님이 아주 상노인일 때는 아랫목을 비켜 줍니다. 겸양지덕謙讓之德으로 자리를 양보해 주지요. 10년 이하의 연장자일 때는 안 비켜 주지요. 손님이 여럿이면 나이가 높은 분부터 아랫목에서 윗목으로 올라가면서 앉습니다.

이러한 설명에서 알 수 있듯이 손님의 나이가 주인과 비슷할 때는, 주인이 평소의 자리를 그대로 유지한다. 다만 손님이 10세 이상의 연장자이거나 상노인으로서 공경의 대상이 될 경우에는 주인이 아랫목을 비켜 주고 자신이 윗목으로 앉는다. 잠자리를 함께 할 때에도 마찬가지로 그 위치를 정한다. 단, 주인은 문 앞으로 앉지 않으며, 손님과 대화를 할 때에도 주인과 손님이 정면으로 대하지 않는 형식을 취한다.

맛질 춘우재 권창용씨에 따르면, 손님이 여럿 올지라도 손님에게 부담을 드리지 않기 위해서 주부는 손님 숫자를 사랑채에 묻지 않는다. 주부가 아이를 사랑채에 보내서 신발의 숫자와 지팡이의 숫자를 파악하게 한다. 지팡이를 짚은 사람은 상노인으로 대접하고, 그렇지 않은 사람은 보통 손님으로 간주하는 중요한 근거가 바로 이것이다.

손님에게 대접하는 것 가운데서 중요한 것은 음식을 제공하는 것이다. 좋은 대접을 해 드리고 싶지만, 그보다는 정성껏 모시는 것이 더 중요하다. 그래도 손님에게는 밥과 국을 제외하고 7가지 반찬을 기본으로 한다는 것이다.

손님이 오실 때를 대비해서 항상 반찬을 유념해 놓습니다. 옛날에는 자가 생산을 했는데 요새는 시장에 가서 사 오니 돈이 견문이라, 집에서 장만하는 것은 별로 없고, 손님이 오면 사 가지고 하는데, 옛날에는 자가 생산한 것을 가지고 했지요. 음식은 주부 손끝에 달렸는데, 요새는 교통이 편리해서 잠깐 사 오지요. 옛날에는 장작불에다 했는데, 요새는 가스레인지로 하니 금방 해결되지요. 옛날에는 보통 손님은 7첩 이상 차립니다. 7첩은 밥과 국을 빼고 7가지 반찬입니다.

그리고 손님에게는 언제든지 개인별로 외상을 차려 드린다. 초간 종가에서는 요새도 손님이 오면 외상을 차려 드린다. 그러면 손님이 "요새 어데 이런 곳이 있느냐"며, 탄복을 하고 간다고 한다. 이때 종손은 "무슨 말씀 그래

▲ 춘우재의 주안상

하시냐고, 이건 당연한 거 아니냐'고 말한다. 손님과 함께 밥을 먹을 때는 주인이 먼저 숟가락을 들고 손님에게 식사할 것을 권한다. 설령 주인이 먼저 밥을 다 먹은 경우에라도 주인은 절대 숟가락을 손님보다 먼저 내리지 않고, 국그릇 위에 걸쳐 두는 것이 법도이다. 그래야 손님이 주인도 아직 식사중인 것으로 생각하고 자신도 부담 없이 밥을 먹을 수 있기 때문이다. 그리고 음식을 먹을 때도 밥그릇 소리를 내지 않는다.

한편 손님은 밥상을 받으면 체면상 모두 먹지 않는다. 그 집의 부녀자나 아이들이 먹을 수 있도록 밥그릇의 밥을 1/4~1/5 정도 남긴다. 금당실의 박일순朴一純씨와 맛질의 권창용씨에 따르면, 이것을 '대국' 또는 '대곡'이라고 부른다. 손님은 "밥을 더 먹고 싶어서, 숟가락으로 밥을 살살 깎아 먹는다"고 한다. 예의를 지키는 것과 더 먹고 싶은 생각 사이의 갈등이 이렇게 표현된 셈이다. 주인의 손님 접대만 중요한 것이 아니라, 손님 또한 주인을 배려해서 행동해야 한다는 증거이다.

끼니때 밥을 먹고 나면, 혹은 끼니때가 아닌 경우에는 주안상이나 간식을 손님에게 드린다. 집안에 전해 오는 가양주가 있으면 다식과 여타 마른안주와 함께 내어 온다. 손님이 노인일 경우에는 연로하고 치아가 나쁜 관계로 간식의 종류 선택에 좀 더 신경을 써야 하는 것이다. 즉 간식을 준비할 때 쉽게 드실 수 있고 힘을 낼 수 있는 것으로 마련한다.

노인들은 주로 '새맛'으로 먹고, 근력을 차리라고 밤으로 야식을 해 드려야 됩니다. 노인들이 심심하거든요. 떡도 갖다 드리고 꿀차도 올리고. 요새는 커피를 드리고. 옛날에는 삼이나 꿀이나 한 가지씩 머리맡에 뭘 갖다 놓았다고요. 밤 같은 것, 감 홍시 같은 것 있잖습니까. 어른들은 치아가 안 좋지 않습니까. 드시는 데 불편함이 없는 그런 음식을 챙겨 드려야죠. 떡 같은 것, 묵, 감주, 요새 같으면 안동식혜도 좋은 것이죠.

담배도 원래 연장자 앞에서는 피울 수 없는 것이지만, 손님에게는 다소 예외적으로 적용될 수도 있다. 구한말 맛질 춘우재에 살던 주인은 당시의 법무대신 이유인李裕寅이 찾아왔을 때, 나이가 적다는 이유로 담배를 피우지 못하고 있자 "대감 그런 게 아니고, 대감은 내하고 담배를 같이 피워도 된다"고 하자, 이유인은 "그러면 돌아앉아서 피우겠다"고 하였다는 일화가 있다. 나이 차이가 큰 연장자 앞에서는 담배를 피울 수 없지만, 이유인은 손님인데다가 고위관료였기 때문에, 금연의 대상에서 제외된 셈이었고, 그 또한 흡연이 허용되었다 해도 지켜야 할 법도를 의식하고 있었다.

손님이 귀가할 때에는 손님의 연령과 위상에 따라서 다르게 대한다. 맛질 춘우재 권창용씨에 따르면, 연세가 많고 귀한 손님은 대문 밖까지 따라나가서 배웅을 하고, 평범한 손님은 사랑마당까지만 배웅을 한다. 물론 일상적인 손님은 방문 밖까지만 배웅을 해도 된다. 손님 또한 주인이 배웅을 나오면 몇 차례 "나오시지 마시라", "이제 들어가시라"고 말하여, 주인에게 부담을 덜어 드리는 예의를 표한다.

5. 의식주를 지위와 상황에 맞추다

"의관의 정제는 예의의 기본"이라는 말처럼 옷을 입는 데는 격식이 중요했다. 물론 대외적인 활동이 잦은 남성에게는 여성보다 옷 입기의 격식이 강조되었다. 여성들의 경우에는 신체 노출을 억제하는 것이 중요한 격식이었다.

남자들은 평상시에 방안에 있을 때는 두루마기를 벗어 놓고 바지저고리 차림으로 지냈다. 그러나 조금 법도를 차리는 분은 아침을 먹고 나면 두루마기를 입고 지냈다. 방안에 있을 때 노인들은 탕건을 쓰고, 혹시 상투를 튼 분이라면 망건을 썼다. 행여 바지저고리 차림으로 있다가도 손님이 오면 반드시 두루마기를 입고 갓을 쓴 연후에 인사를 나눴다.

대개 사랑어른이 한 벌의 옷을 입다가 다른 옷으로 갈아입는 기준은, 동정에 때가 끼어서 보기 싫을 정도인가 하는 것이었다. 보통 열흘에서 보름 정도 입고, 오래 입는 사람은 한 달 정도 입기도 했다. 누구나 새 옷을 입는 때는 일 년에 설 한 번뿐이었다. 부잣집에서는 여러 벌의 옷이 있어서 옷에도 등급이 있었지만, 대개의 집에서는 계절별로 단벌에 가까웠다. 물론 계절에 따라서 춘하추동복을 구분하여 입었다.

봄에는 무명옷 입지요. 한여름 오기 전, 늦은 봄에서 이른 여름 사이에는 '진솔 두루마기'를 입지요. 한여름에 입기에는 덥고, 조금 추울 때 입기에는 이르고, 그 사이에 입는 것입니다. 여름에는 모시나 삼베 두루마기를 입고, 8월 여름 지나가면 주로 무명 두루마기를 물들여서 입든지, 아니면 명주 두루마기를 입었습니다. 겨울이 되면 마고자라 하는 덧저고리를 두루마기 속에 입었지요. 영남 지방에서는 마고자 입고 탕건을 썼지만, 기호 지방에 가면 마고자를 입으면 두루마기 입은 것처럼 여겼습니다. 그게 영남하고 기호하고 다른 점입니다.

계절에 맞게 옷을 입지 않으면 살림살이가 어렵다는 것보다는 부인이 제대로 내조를 하지 못하는 것으로 여겨졌다. 그리고 언제나 깨끗한 동정과 빳빳하고 매끈하게 손질된 옷을 입고 나가는 것이 유가의 기본적 옷차림새였다. 그것이 바로 예의를 갖추는 기본 요건이었다. 서원 향사에 참석하는 날이면, 두루마기를 입고 갓을 쓰고 도포는 싸서 가지고 갔다. 서원 입구에 도착하면 도포를 입고 들어갔다. 이 또한 잘 손질되어 관리된 상태의 도포를 착용해야 예의에 어긋나지 않았기 때문이다. 그 밖에 개인 집의 길흉사에는 대개 갓을 쓰고 두루마기를 입고 참석하였다.

부녀자의 경우에도 평상시에는 반드시 한복을 입었다. 부녀자들이 나갈 때는 머리에 남바위를 쓰고 두루마기를 입었다. 두루마기가 없으면 부녀자들은 밖에 나오지 못했다. 처녀들도 남바위를 덮어쓰고 얼굴만 내밀고 외출을 했다.

옛날에는 제대로 못 먹어도 옷에 관한 법도는 아주 엄격했다. "헌옷이라도 깨끗이 해야 된다든지, 세탁할 때 남자옷을 여자옷과 절대로 섞어서 안 한다든지 철두철미했지"라는 말은 그러한 사정을 대변해 준다. 시어른 앞에서 며느리는 여름에라도 맨발을 보일 수 없었다. 신체를 많이 가릴수록 예의와 법도를 잘 준수하는 것이었기 때문이다. 이러한 가치관에 근거하여, 초간 선생의 종손은 오늘날 TV에 나오는 연예인들의 옷차림새를 무척이나 못마땅하게 생각하고 있다.

밥을 먹는다는 것은 생물학적으로 볼 때는 배고픔을 해소하는 것이지만, 사회적으로 볼 때는 생존의 자원을 누가 우선적으로 가지는가 하는 문제이다. 따라서 가족 내에서 어떤 사람에게 중요한 생존의 자원을 집중할 것인지는 곧 집의 기강을 확립하고 집을 다스리는 일의 하나였다. 그러므로 어른들에게 더 좋은 음식을 드려야 한다는 의식이 형성되었다.

우리 젊은 시절에는 어른들하고 반찬에 차이가 있었어요. 한두 가지 차이가 나죠. 어른들한테 한두 가지 더 드려야 된다는 생각이었죠. 다만 한 가지라도 상에 더 올려놓아야 된다는 생각이 들어요. 옛날에 고급 반찬은 김 같은 것, 구젓(굴젓) 같은 것이 고급 반찬이었습니다. 고등어는 보편적이고, 좋은 반찬은 아니었지요. 안 상하고 오래 먹을 수 있는 것이 고급이지요. 그리고 올라오던 반찬이 또 올라오면 먹고 싶은 마음이 떨어지잖아요. 옛날에도 메뉴가 자꾸자꾸 달라져야 됩니다. 우리도 한 가지만 자꾸 먹으면 물려 가지고 보기가 싫은데, 어른들은 오죽하겠어요.

이렇듯이, 어른들에게는 여타 가족이 먹지 않는 고급 반찬, 오래 먹어도 질리지 않는 것을 올려 드렸다. 한두 가지라도 좋은 반찬이 있어야 된다는 것이다. 그리고 노인들을 위해서는 간식으로 감주, 고음, 조청, 꿀, 백설기, 인절미 같은 것을 마련해서 드렸다. 남의 집 음복을 받으면 두었다가 떡을 들기름에 볶아서 조청과 함께 어른께 드리기도 했다. 특별한 군것질거리가 없었기에 이런 음식으로 어른을 대접하는 것이 관례화되었다고 한다.

식생활의 서열 의식은 밥을 푸고 밥상을 차릴 때부터 적용되었다. 부엌에서 밥을 차릴 때는 가장의 밥을 먼저 푸고, 성인 남자들은 사랑채에서 밥상 위에서 먹었다. 반면 여자들은 안방에서 밥상 없이 먹었다. 남자 어른들은 사랑방에서 밥을 먹되, 부자 간에는 겸상을 할 수 없었다. 가족원 간에 겸상을 할 수 있는 사람은 할아버지와 손자, 남편과 시숙이었다. 할아버지와 손자가 겸상을 하는 데 대해서는 "엄부자모嚴父慈母라는 말이 있듯이, 아버지는 엄격하다. 원래 사람이 죽으면 조부모를 따라가듯이(상례에서 祔祭를 지낼 때, 망자가 할아버지 곁으로 가도록 설정되어 있음을 말한다), 한 대(세대)를 건너야 사랑스러운 멋이 생긴다"는 것으로 설명된다. 그리고 여성들은 아이들과 함께 안방에서 밥을 먹지만, 제법 나이가 든 시어머니는 역시 외상을 받았다. 밥상을 따로 받는다는 것은 독립적이고 원숙한 인격체의 상징이었다.

식사를 할 때 수저를 드는 데도 순서가 있었다. 특히 그 방에서 가장 서열이 높은 어른이 수저를 먼저 들어서 밥을 먹자고 권할 때까지 나머지 사람들은 기다려야 했다. 절대로 아랫사람이 먼저 수저를 드는 법은 없다고 강조한다. 밥을 먹을 때도 밥그릇과 수저가 부딪치는 소리를 내지 않도록 훈련받았다. 또한 국물처럼 물기 많은 음식을 먹을 때도 후루룩 소리를 내지 않는 것도 중요했다. 집안의 어른이 아니고서는 음식의 맛에 대하여 평가하는 것도 바람직하지 못한 것으로 여겨졌다. 밥을 먹으면서 꼭 필요한 말 이외의 말을 하는 것 또한 금지되어 있었다.

주생활의 기본적인 법도 역시 가족 내에서 자신의 지위와 성별을 고려한다는 점이다. 집에 여러 개의 방이 있다고 해도, 방을 사용하고 싶은 대로 쓰는 것이 아니라, 집안에서 부여되는 자신의 지위와 처지에 따라 결정되었다. 장성한 미혼의 아들은 아버지와 함께 혹은 아버지의 옆방에 거처하고, 숙녀로 성장한 딸은 어머니 혹은 할머니와 함께 거처하였다. 그런데 7~8세 전까지는 남녀유별이라는 것이 적용이 되지 않아서, 아들 딸 모두 주로 어머니와 같은 방에서 생활하였다. 별당이 있는 집에서는 그곳에다 과년한 딸이 기거하는 규방을 따로 두었다.

여자들은 중문 밖으로 나올 일이 거의 없고 나올 수도 없었다. 여자들이 나올 때를 대비해서 작은 쪽문을 만들어서 출입문으로 사용하게 했다. 그리고 부녀자들은 사랑 대청 앞으로는 절대로 못 다니게 하였다. 여인들은 개방된 사랑 대청을 피해서 남성들의 눈에 띄지 않게 다녔다.

가족 주기가 변화하게 되면, 주거 공간의 이동이 수반된다. 대표적인 것이 '안방물림'이었다. 원래 시어머니와 며느리는 다른 방에서 생활하였다. 시어머니는 안방에서, 며느리는 상방(혹은 건넌방)에서 기거하였다. 며느리가 다시 며느리를 보게 되면, 시어머니는 시할머니가 되고, 애초의 며느리는 시어머니가 된다. 이렇게 되면, 세 명의 여인이 각기 다른 방을 쓸 수 있을 정도로 방의 여유가 있는 것이 아니다. 이제 시할머니와 시어머니로 지위가 변화된 두 명의 고부가 안방에서 거처하고, 새로 들어온 며느리에게 상방을 내어 준다. "웃대(시할머니와 시어머니)는 한 방에서 같이 살고, 며느리한테 방을 내 주어야 도리 아닙니까, 신혼이니까"라는 말에서 신혼부부를 배려한 공간 배정의 모습을 읽을 수 있다.

그러나 신혼부부 간에도 남녀유별의 덕목이 꽤나 엄격하게 강요되었다. "신혼방이 있어도 신혼부부가 한 방에서 같이 안 자요. 남자는 사랑에 가서 자고. 엄격히 말하면 합궁하는 시도 있어야 되고, 신랑이 마음에 있어도 어른이 가라 해야 신부방에 가지요"라는 말에서 남녀유별의 규범이 상당히 큰 구속이었음을 알 수 있다. 하지만 그러한 구속을 불편하지 않게 생각하며 산 것이 유교적 전통을 고수하는 집의 부부생활 법도였다.

요컨대, 종가에서는 일상적인 의식주도 남녀유별, 장유유서와 같은 유교적 덕목을 실천하는 행위의 일부였다. 의식주가 삶의 기본적 요건이자 수단이라는 차원을 넘어서, 가족적 질서를 확립하고 종가의 체통을 유지하는 일상적 행위규범이었다.

(배영동)

4장
권문해의 삶과 학문

1. 초간정의 주인

예천에서 윤장대輪藏臺가 유명한 용문사龍門寺 방향으로 가다 보면 넓은 들판에 자리한 금당 마을이 나타난다. 그곳에서 3킬로미터 남짓 용문사 쪽으로 더 올라가다 보면 길 왼쪽으로 숨은 듯해서 겉으로는 잘 보이지 않는 정자가 있다. 초간정이다. 큰길에서는 숨은 듯 보이지만 막상 정자 쪽으로 좀 들어가 보면 갑자기 속세와 단절된 조촐한 절경이 펼쳐진다. 오랜 세월을 나이테로 둘둘 감아 속내에 간직하고 있는 크고 멋진 나무들, 흘러 내려와 바위 사이에 소를 이루다가 다시 휘돌아 나가는 냇물, 소를 옆에 낀 바위 절벽에 아담하면서도 당당하게 서 있는 정자. 사계절 어느 때나 늘 시절에 알맞게 변화하면서도 고아한 자태를 잃지 않는 주변의 풍광들. 이 멋진 경관의 첫 주인은 누구였을까?

금당 마을 중심부에서 서쪽을 보면 한 마장쯤 거리에 따뜻하고 포근해 보이는 옛집이 보인다. 초간 종가이다. 마당에 들어서면 세월의 흔적이 빛바랜 기둥에, 서까래에, 이끼 낀 기왓장에 크고 작은 눈금으로 하나하나 새겨져 있지만 그 전체 자태만은 늘 단정하고 장중하다. 마당에 서서 그 앞을 바라보면 꽤 너른 들판이 이 집 앞마당인 듯 펼쳐지고 그 뒤로 담처럼 둘러선 자그만 산맥 저쪽으로 멀리 예천 안동 주변의 대표적 명산인 학가산이 노적가리 모습을 하고 있다. 풍수상 뛰어난 명당자리라는 안내판의 글을 굳이 읽지 않아도 그냥 명당이라는 느낌이 드는 이 집터에서 태어나고 초간정의 첫 주인이 된 그 사람은 누구일까? 바로 초간草澗 권문해權文海이다.

2. 권문해의 가문과 배움

권문해의 생애를 알 수 있는 자료는 비교적 풍부한 편이다. 『초간선생문

▲ 초간 종가 사랑채

집草澗先生文集』의 「행장行狀」, 「연보年譜」, 「묘지명墓志銘」 등이 주요 자료이고, 그 밖에 권문해의 일기인 『초간일기』는 그의 삶을 세세하고 생생하게 그려 볼 수 있는 자료이며 또한 『조선왕조실록』의 관련 자료도 그의 생애를 이해하는 데 도움이 된다.

권문해는 1534년(조선 중종 29) 7월 24일 예천군 용문면 죽림리 집에서 아버지 권지權祉와 정찬종鄭纘宗의 따님인 어머니 사이에 태어났다. 자는 호원灝元, 호는 초간草澗, 본관은 예천이다. 예천권씨는 고려 중기 뛰어난 문인인 임춘林椿을 배출한 예천임씨, 조선 초기 대사성을 역임한 윤상尹祥을 배출한 예천윤씨와 함께 예천의 대표적 사족士族으로 원래는 흔씨昕氏였다. 흔씨는 향촌에서 확고한 재지적在地的 기반을 쌓아 고려 말 즈음 점차 중앙으로 진출하였다. 그런데 권문해의 7세조인 예빈경禮賓卿 권섬權暹 때에, 고려 충목왕의 이름인 흔昕을 휘諱해야 했기 때문에 다시 권씨權氏로

4장 권문해의 삶과 학문 91

사성賜姓받았다. 권씨로 성을 받은 까닭은 권섬의 모친 성이 권씨였기 때문이다.

조선조에 들어와 현달하기 시작한 권씨 가문은 예문관 대제학 제평공齊平公 권맹손權孟孫(1390~1456, 호는 松堂)과 김종직金宗直(1431~1492, 호는 佔畢齋)의 뛰어난 제자였던 집현교리集賢校理 권오복權五福(1467~1498, 호는 睡軒) 등이 나오면서 한창 성세를 이루었다. 그러나 연산군 시절인 1498년 무오사화戊午士禍를 겪으면서 커다란 시련을 맞게 된다. 권오복은 김일손金馹孫(1464~1498) 등과 함께 참형당하였고 권오복의 다른 형제들도 연좌되어 귀양을 갔다가 중종반정 이후에야 겨우 풀려서 돌아오게 되었던 것이다. 권문해는 바로 권오복의 종손자이다. 권문해의 이러한 가문적 배경은 임씨, 윤씨 등과 함께 3대 사족을 형성하면서 예천에서 일찍부터 다져 온 재지적 기반과 함께 그가 영남 사림파의 중요한 인물로 성장하는 데 매우 든든한 울타리가 되었다.

『초간선생문집』의 「연보」에 의하면, 권문해는 9세 때 『소학小學』을 배웠는데 이때부터 이미 학문에 깊은 관심을 지니고 공부를 게을리 하지 않았으며, 효성과 우애도 매우 깊어서 동생 감정공監正公 문연文淵과 같은 책상을 쓰며 함께 공부를 하면서 잠시도 책상을 떠나지 않았다고 한다. 「연보」에서는 이어 "선생의 집안은 송당 권맹손, 수헌 권오복 이래로 대대로 문학과 명예와 절개를 독실히 실천하였으며, 아버지 참의공參議公은 성품이 엄하고 법도가 있어 자식을 의로움을 기준으로 행동하도록 가르쳤다. 이에 선생이 늘 일찍 일어나 단정히 앉아서 가르쳐 준 것을 돌아앉아 외우고 부모의 뜻을 조금도 어기지 않으니 참의공이 매우 기특하게 여겨 애지중지하였다"고 기록하고 있다. 13세 때는 『대학大學』・『중용中庸』과 같은 경전을 읽었다. 이처럼 학문을 쌓아 가던 권문해는 19세 되던 해 가을에 경상도의 향시에서 으뜸을 차지한다.

타고난 품성과 가문의 훌륭한 전통은 권문해의 인격을 이루는 기본 틀이 되었다. 「연보」에는 "선생은 약관이었지만 생각과 행실은 어른과 같았다. 또래들과 있을 때 옳지 않은 점이 있으면 그냥 지나친 적이 없었으므로, 다른 사람이 꺼리기도 하였다. 더욱이 옛사람이 풍도와 절개를 세운 사실을 좋아하여 저절로 격앙해하였다. 작은할아버지인 수헌공의 일을 이야기할 때면 늘 비분강개하고 한숨 짓다가 눈물을 흘리기까지 하였다"라고 기록되어 있다. 권문해에게 있어 뛰어난 인물이었던 종조 권오복이 젊은 나이에 억울하게 극형을 당해 세상을 떠난 사실은 원통하기 그지없는 일이었으리라. 동시에 권오복의 올곧은 삶은 한편으로는 권문해의 삶의 지표와 기준이 되었을 것이다.

3. 퇴계와의 만남

23세 되던 해 봄, 권문해는 퇴계退溪 이황李滉을 한서암寒棲庵으로 찾아가 뵈었다. 이어 그는 그곳에 머물며 배우기를 청하였다. 권문해는 이로부터 오랫동안 퇴계에게 직접 가르침을 받으면서 학문을 하는 기본 방법을 알아 가게 된다. 퇴계와의 만남은 동시에 평생의 벗과의 만남이기도 하였다. 그는 퇴계의 가르침을 받은 여러 동문들과 교유하면서 서로 절차탁마하였다. 김성일金誠一(호는 鶴峰), 유성룡柳成龍(호는 西厓), 김우옹金宇顒(호는 東岡) 등과는 더욱 깊이 마음이 맞아 매우 가깝게 지냈다고 한다. 퇴계와의 만남과 퇴계문하 동문들과의 교유는 권문해가 평생을 살아가면서 만나게 되는 온갖 일들과 직·간접적으로 연관된다. 즉 그가 평생토록 지켜 간 삶의 기준, 평생 동안 뜻을 같이한 벗 등이 이 만남에서 이루어지게 된 것이다. 따라서 이러한 만남은 그의 생애에 큰 전환점이 되었을 것이 틀림없다.

권문해는 27세에 과거에 급제한다. 그 두어 해 후 그는 안동 교수로 있었다. 그 즈음 그는 계상서재溪上書齋에 가서 퇴계를 찾아뵙고 학문을 배우며 한 달간 머물렀다. 이때 유운룡柳雲龍(호는 謙菴)도 같이 머무르면서 가르침을 받았다. 그 뒤로도 벼슬살이로 지방에 있거나 서울에 있거나 기회가 닿을 때마다 퇴계를 찾아뵙고 가르침을 받았다. 그 과정에서 그는 자연스레 퇴계문하의 동문들과 교유를 갖게 되었다. 「연보」에는 김부필金富弼(호는 後凋堂), 김부륜金富倫(호는 雪月堂), 유성룡(호는 西厓), 정탁鄭琢(호는 藥圃), 구봉령具鳳齡(호는 柏潭) 등과 교유를 했다고 씌어 있다. 퇴계가 세상을 떠난 해인 1570년 9월에도 그는 영천(현재의 영주) 군수로 있으면서 김부륜, 김부필 등과 도산으로 퇴계를 찾아뵌 일이 있다.

  내직으로 올라가 성균관 전적과 사간원 정언을 지내던 권문해는 부모님을 모시기에 편하도록 외직을 구하여 40세 되던 1573년 정월에 안동부사安東府使에 제수되었다. 이를 계기로 권문해는 퇴계 선양 작업에 크게 이바지하게 된다. 그 하나는 퇴계의 사우인 여강서원廬江書院을 세우는 일이었고, 하나는 퇴계의 저술을 간행하는 일이었다. 안동부사가 된 첫해 권문해는 구봉령, 퇴계의 손자인 이안도李安道(호는 蒙齋) 등과 만나서 퇴계의 묘비 건립 문제와 여강서원을 창건하는 문제를 상의하고, 이어 바로 백련사 옛 터에 여강서원을 짓는 일에 착수하였다. 이 일은 권문해의 물심양면의 전폭적인 지원과 퇴계문하 동문들의 적극적인 참여로 신속하게 진행되어 큰 어려움 없이 1년 뒤에 서원의 기본 건물이 이루어졌고, 이어 1575년 여강서원이 창건되었다. 여강서원은 1676년 숙종 2년에 사액을 받아 호계서원虎溪書院이 되었다가 대원군이 서원을 철폐할 때 철폐되었다. 권문해는 여강서원을 창건하던 시기에 같이 논의되던 도산서원陶山書院의 건립에도 적극적으로 참여하였다.

  권문해는 퇴계의 저술을 간행하는 일에도 적극적이었다. 그는 안동부사에 부임한 지 1년이 지난 뒤에 경상감사 김계휘金繼輝에게 『리학통록理學通錄』을 간행할 것을 청하였다. 『리학통록』은 퇴계가 편찬한 책으로 중국의 주자 이후 송나라·원나라·명나라 시기 성리학자들의 행적과 학설을 집약하여 모은 것이다. 퇴계가 세상을 떠난 뒤에 그 문하의 제자들이 깨끗이 베껴 책으로 만들어 상자에 보관해 두었던 것을 권문해가 안동부사로 있으면서 이를 간행하여 널리 펴고자 생각하여 감사를 찾아가서 청했던 것이다. 그런데 이 책이 이루어지기 전에 어떤 사건으로 파직당하게 되자 그는 새 부사 양희梁熹에게 부탁하여 끝내 이루도록 하였다. 이 같은 사실에서 알 수 있는 것처럼 권문해는 퇴계의 문하에서 공부하였고 퇴계문하의 여러 사람들과 평생을 아름답게 교유하였으며 퇴계의 선양에도 실질적 공을 세운 당시 퇴계문하의 중요 인물이었다.

한편 그의 관직 생활에서도 퇴계의 가르침은 명예와 절개를 소중히 여긴 가문의 전통과 더불어 삶의 지침이 되었다. 간관으로 있었을 때의 강직함, 외직의 수령으로 있을 때의 교학 활동과 백성에 대한 따뜻한 배려 등이 모두 이러한 배경에서 이루어진 것이었으리라 짐작된다.

4. 벼슬살이의 행적

권문해가 벼슬살이의 길에 들어선 것은 명종 15년(1560) 27세에 대과에 급제하면서부터이다. 첫 관직으로 성균관에 배속되어 안동 교수, 성균관 학유 등을 거치면서 6~7년 동안이나 주로 기초 교육을 담당하는 벼슬을 역임하였다. 너무 이른 나이에 급제하였고 또한 관직의 길로서는 한가로운 분야라고 할 수 있는 성균관에 배속되었기 때문일 것이다. 34세 되던 1566년에야 비로소 봉상시주부奉常寺主簿로 승진하였다가 형조좌랑으로 옮기었고 전라도사全羅都事를 역임하였다.

선조 3년(1570)에 성균관 직강直講으로 있을 때 문신들을 대상으로 치러진 정시廷試에 장원 급제하였고, 이어 영천(현 영주) 군수로 나가 자민루字民樓를 중수하는 등 올바른 정사를 베풀었다. 1572년 사간원司諫院 정언正言이 되어서는 강직하고 엄정한 태도로 조정 업무를 수행하여 강직한 이미지를 조정 안팎에 심었다. 다음 해 안동부사로 내려와서는 청렴하고 공평하게 정사를 폈는데 특히 교화와 교육을 우선으로 삼았다. 그 시기의 일들에 관하여는 이미 앞에서 말하였다.

1575년 권문해는 청주목사가 되었다. 그러나 효성스런 그는 부모님을 찾아뵙기 불편하다고 사직을 청하고 고향으로 돌아왔다. 1577년 부친 참의공이 세상을 떠났다. 그는 장례를 지내고 묘하에 여막을 짓고 삼년상을 마치었다.

1580년 공주목사가 되자, 권문해는 홀로 되신 어머니를 모시고 가서 지극하게 봉양하였다. 그의 효성은 바쁜 벼슬살이에서도 흔들림 없이 드러났던 것이다. 노비 출신인 공암서당의 서기徐起(호는 孤靑)와 함께 자주 학문을 담론하는 등 신분에 구애받지 않는 만남을 가진 것도 이때의 일이다.

권문해의 벼슬살이 대부분은 지방의 수령이었다. 그가 오랜 지방관 생활에서 가장 관심을 기울였던 부분의 하나는 백성에 대한 교육과 교화 사업이었다. 그는 향교를 세우고 고치고 향교의 학생들과 유생들을 대상으로 하여 자주 강독회나 시회를 열어 학문하는 풍습을 불러일으키고자 노력하였던 것이다. 또한 그는 도산서원, 여강서원, 정산서원 등의 건립에 직·간접적으로 간여하면서 사림士林의 결속과 향촌 풍속의 진작에 남다른 노력을 기울였다.

1582년 성균관 사성司成이 되었고 1583년 사헌부司憲府 장령掌令이 되었다가 사간원 헌납獻納으로 옮기었고 다시 장령이 되었다. 당시에 이이李

珥(호는 栗谷)는 온 나라에 명망이 자자하였고 임금의 총애를 받고 있었다. 그리하여 조정의 여러 일이 이이의 의견에 따라 처리되었는데, 이이 계열의 인물인 정철鄭澈(호는 松江)이 갑자기 발탁되어 예조판서가 되자 권문해는 즉시 정철의 벼슬이 지나치다는 상소를 올렸다. 나아가 동료들과 더불어 이이가 너무 전횡한다고 상소하였다. 당시에 막강한 힘을 지니고 있던 세력에 대해 이러한 배척 상소를 올리는 것은 강직한 성품과 굳은 신념이 없이는 매우 어려운 일이다.

그뿐만이 아니었다. 권문해는 종실이든 왕자든 그 대상이 누구이든지 간에 잘못을 저지르면 가차 없이 비판하였다. 또한 불의를 저지르는 관리와 무능한 관리를 수없이 비판하고 탄핵하였다. 불의를 참지 못한 탓이다. 이러한 강직함은 많은 사람들의 신망을 얻는 이유가 되기도 하지만 한편으로는 상대방의 원한을 사거나 시기를 받는 원인이 되기도 한다.

권문해도 그러하였다. 그는 잠시 모친의 병환으로 휴가를 갔다가 다음해 또 장령이 되었다. 그때 그는 정철의 세력에 속하는 사간원 간원들로부터 집중적인 공격을 받는다. 그리하여 그는 대구부사大丘府使로 나가 7년 동안이나 재직하게 된다. 그러나 1591년 봄에 다시 사간원의 사간이 되자 그는 맨 먼저 정철이 제멋대로 정사를 처리한다고 탄핵하였다. 이를 기화로 정철에 대한 탄핵이 계속 이어져 드디어 정철은 갑산으로 귀양을 가게 되었다. 같은 해 6월에 사헌부 집의執義가 되었다가 7월에 통정대부로 승진하여 승정원 동부승지가 되었다가 우부승지右副承旨로 승진하였고, 다시 8월에 좌부승지가 되었다. 그는 승지의 임무를 성실하고 진실하게 하여 예전의 훌륭했던 승지들의 풍모를 보여 주었다는 평가를 받았다.

그러나 권문해는 사표를 올리고 예천으로 어머니를 뵈러 갔다. 초간정사에 머물면서 지내다가 9월에 다시 조정으로 돌아와 우부승지가 되었다가 곧이어 좌부승지로 승진하였다. 11월에 홍문관弘文館 부제학副提學의 물망에 올랐으나 권문해는 어머니를 모시기에 편하다는 점을 들어 여러 차례 외직을 구하였다. 그러나 이조에서는 다시 그를 부제학으로 추천하였다. 이덕형李德馨(호는 漢陰)도 "이 사람은 외직에 보임해서는 안 된다"고 하였다. 그러나 명이 그뿐이었던가. 권문해는 그해(1591년) 겨울 갑자기 병이 들어 세상을 떠났다.

  권문해는 벼슬을 하던 초기에 6~7년이나 한직을 떠돌았다. 그 뒤 비교적 순탄한 벼슬살이를 하였지만, 이상에서 볼 수 있는 바와 같이 끝내 품계로는 통정대부通政大夫, 직책으로는 승지를 벗어나지 못하였다. 그가 이처럼 진급을 못한 까닭은 결국 당시의 당파적 결집이라는 정치 상황과 밀접한 관련이 있었을 것이다. 그는 영남 사림, 즉 남인 계열의 정치적 성향을 갖고 있었기 때문에 당시 집권 세력인 서인들과의 충돌이 불가피하였던 것이다. 그러나 그는 서인의 중심 인물이던 정철을 적극적으로 탄핵하고도 눈에 띄는 피해를 입거나 불이익을 당하지 않았다. 가문의 전통과 퇴계의 가르침이 그 인간됨의 든든한 울타리가 되었기 때문이 아닐까 생각된다.

5. 권문해의 인품

  권문해의 인품은 가문의 강직한 전통과 퇴계와의 만남, 그리고 퇴계문하의 동문들과의 교유를 통하여 이루어지고 다듬어졌다. 학문과 도의와 명예와 절조를 지켜 가는 것이 그 가문의 전통이었다. 그 전통의 바탕 하에서 퇴계와 퇴계문하의 동문들과의 만남이 '그'를 이루어 갔던 것이다. 가문의 전통 속에서도 그에게 특히 영향을 준 인물은 종조 권오복이었다. 권문해가 권오복의 일을 말할 때마다 강개하여 눈물을 흘리었다는 기록은 그러한 사실을 잘 알려 준다. 그가 권오복의 유고를 힘써 수습하여 『수헌문집』을 꾸리고 유성룡에게 부탁하여 『무오당적록戊午黨籍錄』을 짓게 한 일도 권오복에 대한 그의 존숭을 잘 알려 주는 일이다. 권오복으로부터 이어져 온 도의와 절조의 전통은 그가 간관으로 있을 때 불의에 단호하게 대처한 사실로 잘 알 수 있다. 그는 불의에 대해서는 오랜 벗의 부탁이나 강한 자의 방해에도 조금도 흔들리거나 굴복하는 바가 없었다고 한다. 반면에 외직에 있을 때는 강직하기만 한 지방관이 아니었다. 그는 늘 스스로 검약을 실천하고 아랫사람을 은혜와 위엄으로 부렸다. 교육과 풍속의 교화에 우선으로 힘썼으며 백성을 사랑하고 백성이 필요한 부분을 늘 채워 주었다고 한다.

권문해의 효성과 우애는 남다른 것이었다. 상식적으로 생각해 보아도 이 또한 가문의 훌륭한 전통이 없으면 이루어지기 어려운 부분이다. 그는 관직 생활 중에도 부모를 뵙기 위해 자주 휴가를 내었으며, 외직의 경우에도 가능하면 고향 마을과 가까운 곳에서 관직 생활을 하고자 하였다. 공주목사로 있을 때는 모친을 모시고 생활하였으며, 임종을 맞아 유서를 써서 부인에게 이르기를, "노친의 음식 봉양과 추위 더위를 살펴 드리는 일을 한결같이 내가 평소에 하던 바대로 하라"고 특별히 그 부인에게 부탁하기도 하였다. 「연보」에 의하면 그의 효성을 가장 극적으로 드러내는 다음의 기록이 있다.

> 부친이 평생토록 아끼던 말이 있었다. 그는 부친이 돌아간 후 그 말을 잘 돌보았다. 부친이 타던 말이라 차마 타거나 버리지 못하였고, 수령으로 나갈 때도 늘 데리고 다녔다. 이렇게 12년을 지내다 말이 죽으니 무덤을 만들고 잘 묻어 주었다. 부모가 사랑하시던 짐승에 대한 마음도 이와 같거늘 그 효성에 대해 더 무엇을 말할 것인가?

앞에서도 언급했지만 그가 동생 문연文淵과 남달리 우애가 있었음도 「연보」나 「행장」에 기록되어 있다. 어려서 한 책상에서 공부를 하였으며, 장성한 뒤에도 항상 한솥밥을 먹고 차마 떨어져 살지 못하였다고 한다. 또한 누이 하나가 일찍 죽었는데 남겨진 조카를 기르면서 자기 자식 대하듯 하였으며, 토지와 종을 나누어 생업을 이루도록 하였다고도 한다.

권문해는 강직한 사람이었지만 동시에 너무나 다정다감한 사람이기도 하였다. 『초간일기』에는 첫 부인의 죽음에 대한 슬픔으로 인해 날마다 울며 보내느라 일기를 쓸 겨를이 없었다는 기록이 있고, 병으로 죽은 자식이 혹 살아날까 하여 종을 시켜 매일 주검을 살펴보게 한 일도 기록되어 있다.

6. 권문해의 저술과 학문

1. 『대동운부군옥』의 세계

『대동운부군옥大東韻府群玉』은 권문해 평생의 역작이다. 중국 음시부陰時夫 형제가 지은 『운부군옥韻府群玉』의 체제를 본떠 20권 20책으로 엮은 『대동운부군옥』은 일종의 백과사전으로서 기존의 각종 문헌을 참고하여 단군 시대로부터 편찬 당시까지 우리나라의 지리地理, 국호國號, 성씨姓氏, 화목花木, 금수禽獸, 인명人名, 효자孝子, 열녀烈女, 수령守令, 산명山名 등 11개의 항목을 한자의 운韻별로 정리 수록하고 있다. 『대동운부군옥』에는 저자인 권문해의 역사 인식과 민족 의식이 짙게 담겨 있다. 그가 『대동운부군옥』을 저술한 까닭이 우리나라의 자료를 모으고 이것을 운의 분류에 따라 백과사전 식으로 편찬하고자 하는 것이었기 때문이다. 『대동운부군옥』의 서문을 쓴 정범조丁範祖(1721~1801)는 이 책이 음시부의 『운부군옥』의 체제를 본뜨기는 했지만, 그 내용은 전적으로 권문해의 자주적인 판단과 선택에 의한 것이었음을 지적하고 있다.

『대동운부군옥』의 저술 동기를 알려 주는 것은 「연보」의 기록이 유일하며 뚜렷하다. 권문해가 26세 때인 명종 14년(1559) 조에는 그가 아우인 문연

文淵에게 "우리나라의 선비들은 중국 역대의 치란흥망治亂興亡은 마치 어제 일처럼 말하지만 수천 년 우리나라의 역사에 대하여는 까마득히 알지 못한다. 이는 눈앞의 물건은 보지 못하고 천리 밖을 바라보는 식이다"라고 말하고 드디어 우리나라의 여러 사서史書 및 기타 서책에 나타난 사적史蹟들을 널리 찾고 연구하였으며, 역사가의 허황되고 거친 점을 병폐로 여겨 재야에서 기록한 역사 서술을 찾아볼 뜻을 가졌다고 기록되어 있다. 즉『대동운부군옥』의 저술 동기는 무엇보다도 당시 선비들 일반이 중국의 역사에는 해박하면서 우리나라의 역사에는 무지했던 풍조에 있었다. 그러한 풍조에 대해 권문해는 재야의 역사 서술 기록까지 참고하여 해결하고자 하는 의지를 지녔던 것이다. 26세에 뜻을 세운 그러한 의지는 무려 30년의 공이 쌓인 뒤, 56세인 1589년에 20권 20책의『대동운부군옥』이 편찬되면서 비로소 열매를 맺는다.

  권문해는『대동운부군옥』을 편찬한 뒤에 상·중·하 세 질을 준비해 두었다고 한다. 그 가운데 한 질은 당시 성균관 대사성으로 있던 김성일이 빌려갔는데, 김성일은 임금에게 건의를 올려 이 책을 나라에서 간행하고자 하였으나 임란으로 뜻을 이루지 못했을 뿐만 아니라 책마저 잃어버리고 말았다. 또 한 질은 정구鄭逑(호는 寒岡)가 빌려갔으나 역시 분실되고 말았다. 마지막 한 질은 권문해의 아들 별鼈이 정산서원鼎山書院 원장이 되었을 때, 글씨 잘 쓰는 사람에게 한 본을 베끼게 하여 서원에 보관하였다. 그 필사본 낙질이 예천권씨 종가에 소장되어 있다고 하는데, 지금 전하는 것은 이것을 바탕으로 한 판각본이다. 이 책의 간행 경위는『대동운부군옥』의 서문과 발문 그리고 뒤에 쓴 백승각기百承閣記 등에 나타나 있다. 정범조 등이 서문과 발문을 쓴 시기는 1798년(정조 22)이다. 이 서문으로 보면 이 책이 1798년 간행된 것으로 보이지만, 실제로는 그렇지 않다. 서문을 미리 받아 놓았지만 미처 간행을 못하다가 1812년(순조 12)에야 간행이 시작되어 24년 뒤인

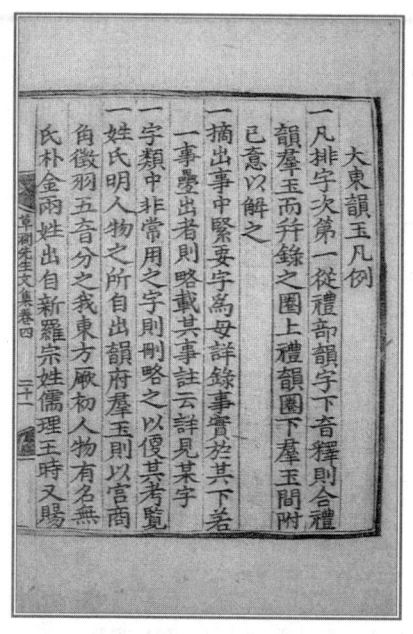
▲『대동운부군옥大東韻府群玉』

1836년(헌종 2)에야 이루어졌다. 편찬된 뒤 거의 250년의 세월이 흐른 뒤였다. 그 후 다시 170여 년이 흐른 뒤 2003년 총 20권 중 10권까지를 경상한문학연구회가 한국학술진흥재단의 동서양명저번역사업 지원을 받아 한글로 번역하였고, 나머지 10권도 한국학술진흥재단 기초학문육성사업의 하나로 지정받아 번역 중이다.

역사학에 관심이 많아『여사휘찬麗史彙纂』과『동국통감제강東國通鑑提綱』을 저술하기도 한 홍여하洪汝河(1621~1678, 호는 木齋)는『대동운부군옥』을 우리나라에서 만들어진 책 가운데 으뜸이라고 평하였다. 그가 그렇게 평한 이유는 권문해가 중국 역사가 아닌 우리나라 역사에 대해 진지한 관심을 지니고 해박한 독서와 정심한 노력 등을 통하여 이 책을 저술한 것이 남달랐다고 생각했기 때문이다. 즉 권문해의 학문 자세는 중국의 역사에 대한 지식은 해박한 반면 우리나라의 역사 문물에 관해서는 무지에 가까운 우리나라 선비들의 일반적 학풍에 비하면 매우 특이한 경우였기 때문이다.

『대동운부군옥』에 인용 서목으로 제시된 것은 모두 190종이다. 지금에 비하면 상상 이상으로 책 구하기가 어려웠을 당시의 실정으로 보아 개인의 힘으로 저토록 많은 자료를 참고하기란 수십 년의 적공으로도 보통 사람이면 거의 불가능했을 것이다. 더욱이 인용된 서목 가운데 현재 전하지 않는 문헌이 다수 포함되어 있다.

『대동운부군옥』은 한문 전적 일체를 대상으로 삼아 성어成語 및 명사를 뽑아냈다. 무려 2만여 항목에 이르는 성어들이 표제어로 제시되었으며, 그 표제어들의 전거가 낱낱이 수록되었다. 이 밖에 따로 서술된 인명이 1700조목이고 또 지리, 국호, 성씨, 금수 등 명사까지 포괄하고 있다. 190종의 문헌에서 2만 항목의 성어를 추출하는 일은, 그 규모가 매우 방대할 뿐 아니라 또한 정밀한 독서를 필요로 하는 작업이다. 정범조는 『대동운부군옥』의 서문에서 이 책의 편찬 과정에 있어 세 가지 어려움이 따랐을 것이라고 지적하였다. 널리 자료를 수집한 점이 첫 번째 어려움이요, 온 정성으로 공력을 들인 일이 두 번째 어려움이요, 식견의 정밀함이 세 번째 어려움이라는 것이다.

『대동운부군옥』의 체제는 중국 음시부의 『운부군옥』과 같이 총 20권으로 나누어져 있다. 제1권의 첫머리에 정범조의 서문, 김응조金應祖(1587~1667)의 발문, 홍여하의 해동잡록발海東雜錄跋, 목록目錄, 유목類目, 범례凡例, 찬집서적목록纂輯書籍目錄이 실려 있다. 전체의 구성은 평성平聲 30운, 상성上聲 29운, 거성去聲 30운, 입성入聲 17운의 총 106운으로 나누어져 있다.

『대동운부군옥』의 광범위하고 정밀한 내용을 뒷받침하는 것은 『대동운부군옥』을 편찬할 때 참고한 서적의 목록이다. 『대동운부군옥』의 첫머리에 「대동운부군옥찬집서적목록大東韻府群玉纂輯書籍目錄」이 소개되어 있는데, 이 서목에서는 크게 중국제서와 동국제서로 중국의 서적과 우리나라의 서적을 나누어 놓았다. '중국제서'에는 『사기史記』· 『한서漢書』· 『후한서後漢書』를 위시한 역사서 위주로 15종이 실려 있고, '동국제서'에는 『삼국유사』· 『계원필경桂苑筆耕』을 위시한 175종이 수록되어 있다. 권문해는 범례에서 중국제서를 인용한 이유에 대하여 "삼국 이전의 문적文籍은 매우 드물고, 남아 있던 것 가운데도 없어진 것이 많기 때문에 『사기』 및 『전·후

한서』이하 여러 책의 동이전東夷傳 가운데 토지 풍속 등의 일에 관계된 것을 참고하였다"라고 하였다.

그런데 '동국제서' 가운데에는 지금은 이미 없어져 찾아볼 수 없는 50여 종의 중요한 문헌들이 실려 있다. 특히 내용의 일부가 실려 있는 신라수이전新羅殊異傳은 그 대표적인 것이라 할 수 있다. 그러므로『대동운부군옥』은 임진왜란 이전의 자료들을 백과사전적으로 방대하게 수록하고 있다는 점에서 매우 귀중한 의미를 지닌다.

한편 이 책의 성격이 잘 드러나는 것은 23조에 걸친「대동운부군옥범례大東韻府群玉凡例」이다. 범례의 내용을 살펴보면 권문해는 우리 문화, 우리 역사에 대한 독자성을 인정하고 중국에 대한 사대事大가 일반화되었던 당시의 학문 풍토와는 달리 우리의 주체성을 강조하는 기본적인 입장을 지니고 있다. 원전을 인용할 때는 조금이라도 덧붙이거나 빼거나 하지 않고 원문에 충실하고자 노력하였다. 그러므로 이들 자료들을 통해서 지금은 흩어져 없어진 원전의 면모를 충분히 추정해 볼 수 있는 것이다. 아울러 고대 지명이나 고유의 동·식물명 등도 역시 이 책을 통해 살펴볼 수가 있다. 이 특성을 강조해 임형택 교수는 '고대의 발견'이라고 이름한 바 있다.

『대동운부군옥』은 광범위하고 자세하게 자료를 모은 백과사전적인 성격의 책이다. 그러나 권문해는 이 책을 단순한 자료집으로서의 역할만 하기를 바라지 않았다. 그는 후대에 이 책이 교화의 본보기가 되어야 한다는 분명한 의지를 가지고 있었다. 그는 퇴계의 가르침을 직접 받은 퇴계학단의 인물이다. 그러므로 이 책이 비록 성리학적 리기론, 심성론 등의 내용을 담고 있는 것은 아니나 그 바탕에 깔려 있는 것은 교화를 기본으로 하는 유학 존숭의 입장이었던 것이다.

『대동운부군옥』은 그 공력과 가치에 비하여 간행도 늦게 되고 조선조에서는 세상의 평가도 그다지 높은 편이 아니었다. 권문해가 속한 영남학파의

▲ 『초간일기草澗日記』

학문적 전개는 성리학의 심화였기 때문에 그의 이 작업이 주목받지 못했던 것이다. 또한 『대동운부군옥』과 같은 학문 경향이 세상의 출세와 무관한 것이었기 때문이기도 할 것이다.

2. 『초간일기』에 나타난 16세기 사림의 한 모습

『초간일기草澗日記』는 권문해가 선조 13년(1580) 11월 20일에서 24년(1591) 10월 6일까지 약 11년 간 쓴 일기로서 관직에 있으면서 겪었던 여러 가지 나랏일로부터 일상의 사사로운 일들까지 여러 방면에 걸친 기록이다. 총 3책의 필사본으로 되어 있는데 본문의 글자체 및 표제의 제목이 각각 다르다. 표제는 각각 선조일록先祖日錄, 초간일기草澗日記, 신묘일기辛卯日記 등이다.

이 일기는 16세기 영남 사림파들의 삶의 한 전형을 제시해 주고 있다. 권문해는 퇴계로부터 직접 가르침을 받았고, 동문이면서 영남의 거유들인 김성일, 유성룡, 정구 등과 폭넓은 인간 관계를 형성하고 있었다. 일기에서는 그의 이러한 학문적 배경과 사림으로서의 삶의 모습이 잘 드러나 있다. 동시에 비교적 젊은 나이에 벼슬살이의 길로 들어선 그가 내외의 관직을 두루 역임하면서 겪은 벼슬아치로서의 삶의 모습도 잘 나타나 있다.

『초간일기』는 여러 측면에서의 접근이 가능하다. 그 하나가 벼슬아치의 공무 기록이라는 측면에서의 접근이다. 『초간일기』에는 그의 폭넓은 벼슬 경력에 따른 여러 가지 다양한 기록이 담겨 있다. 그래서 일기를 통해서 수령이 행할 공무의 내용과 수행 방식 등을 알 수 있으며, 아울러 공무의 수행에 따른 제도나 관행도 알 수 있다. 즉 향시를 비롯한 과거의 시행 과정과 실태 등에 관한 문제, 경차관敬差官이나 어사의 역할과 임무, 양자 제도나 노비 제도 등 신분제에 관한 여러 가지 미묘한 문제 등도 자주 보인다.

다음 측면으로는 16세기 조선의 풍속사·생활사·사회사적 접근이다. 『초간일기』는 기상의 변화, 이상 기후 등 변괴에 관해서 빠짐없이 기록하고 있다. 또한 향촌 사회의 관행과 풍속에 대한 소개도 많이 수록되어 있는데, 가장 자주 보이는 것이 제사를 받들고 손님을 접대하는 이른바 봉제사奉祭祀 접빈객接賓客에 관한 기록이다. 손님 접대는 집안 제사나 병이 위중한 경우가 아니면 거의 매일 정중하게 이루어지고 있다. 제사를 앞두고는 개인적인 손님 접대는 물론이고, 공적인 업무조차 보지 않았다. 이는 『주자가례朱子家禮』에 근거한 각종 의례들이 사대부가에서 어떻게 수용·시행되었으며 어떤 의미를 지녔는지를 잘 알려 준다. 이른바 성리학적 이념이 생활 속에 깊숙이 침투되어 있었던 것이다. 특이한 것으로 차례茶禮의 시행이 있다. 차례는 오늘날에는 설날과 추석에만 행해지고 있는데 『초간일기』를 보면 초하루, 보름, 동지, 하지, 고인의 생일 등에도 차례가 행해지고 있었다. 한편 오늘날 전해지고 있는 의식들과 비교할 때 상당히 많은 부분이 간소화되거나 행해지지 않고 있는데, 이를 통하여 비록 성리학적 이념이 생활 속에 깊이 스며들어 있었어도 그 절차가 그리 번다하거나 철저히 형식화되어 있지 않았음을 알 수 있다. 제사의 경우 외가 쪽 제사도 지내는 경우가 보인다. 상례의 경우에는 예서에 기록된 절차 이외에도 관을 준비하고 산역을 준비하는 일 등의 구체적인 상례 과정이 기록되어 있다.

『초간일기』에는 초간정의 조성 과정과 『대동운부군옥』의 편찬 경위도 비교적 상세히 나타나고 있다. 당시에 조성된 초간정은 현재 남아 있는 것과 규모면에서 약간의 차이가 있다. 여러 차례의 병화兵火와 수재에 의해 새로이 중수하는 과정에서 위치의 변동이 있었기 때문일 것이다. 초간정의 창건 기록에서 눈여겨볼 만한 것은 각종 부역에 인근 용문사의 승려들이 동원되고 있다는 사실이다. 조선조의 불교 배척으로 승려들의 신분이 천인으로 규정되어 승려들이 공무뿐 아니라 사가의 부역에도 동원되고 있었던 사실을 보여 준다. 승려들의 동원은 육체적 부역만이 아니었다. 재물적인 부분에서도 그 일부분을 감당하는 기록이 보인다.

이 밖에 당시의 정치 상황을 알려 주는 자료들이 발견되는데, 거기에는 당시에 이미 첨예화된 동인과 서인의 알력과 갈등, 정여립·정인홍 사건 등으로 표면화되는 남인과 북인의 알력 등이 남김없이 소개되고 있다. 이는 아마도 그가 동인, 그 중에서도 남인 계열에 속하는 인물이었고 그에 따라 관심도 깊었기 때문일 것이다.

7. 다시 초간정에서

초간정을 한두 번 찾아본 것은 아니다. 이 글을 쓰기 전에도 여러 차례 다녀왔지만, 이 글을 쓰면서 또 여러 번 초간정에 갔다. 초간 권문해의 삶을,

그 학문과 마음의 세계를 혹 조금이라도 엿볼 수 있을까 하는 조금은 허황한 바람에서였다. 초간정의 마루 난간에서 그 아래 맑은 소를 바라본다면 초간 선생의 마음의 세계를 이해할 수 있지나 않을까 생각하기도 하였다. 그러나 안타깝게도 초간정의 문은 늘 잠겨 있어서 그런 기회가 오지 않았다. 몇 년 전 어느 여름에 서울에서 오신 손님들과 종손 되시는 어른의 안내를 받아 그 마루에 올라간 일은 있었지만 그때는 둘러보는 데에 그치고 말아서 초간 선생의 흥취와 삶을 느낄 겨를이 전혀 없었다. 그런데 이번 답사 중에 권진호 박사가 '초간'이라는 용어가 중국 당나라 시인 위응물韋應物의 시구 "독련유초간변생獨憐幽草間邊生"(시냇가 그윽한 풀 홀로 사랑하노라)에서 '초간' 두 글자를 따온 것이며, 그러므로 여기에서 속세를 떠나 자연과 함께 하고픈 심정을 읽을 수 있다고 말해 주어 필자가 초간 선생의 마음을 일부나마 엿볼 수 있는 기회가 되었다.

 몇 년 전과는 달리 초간정 주변은 좀 더 깨끗하게 다듬어져 있고, 정자 자체도 수리를 하여 깔끔해졌다. 정자 바로 근처에 초간정과는 영 어울리지 않는 작은 양옥이 있는데, 초간 선생의 후손 되는 분이 살고 있다고 들었다. 올 여름에는 초간정 마루에서 한 나절쯤 보내고 싶다. 큰 나무들 사이로 불어오는 시원한 바람을 맞으며 물소리를 들으며 낮잠을 자 보고 싶다. 혹 꿈속에 초간 선생을 만나면 좋겠다. 그리고 선생께 이 성글고 어설픈 글에 대한 꾸지람을 받고 싶다.   (이해영)

5장

박손경의 삶과 학문

1. 예천의 유가

고려 후기, 중국에서 주자학이 들어온 이래로 영남 지방은 우리나라 정신사를 주도한 고장이 되었다. 특히 16세기 중반에 형성된 퇴계학파는 영남학파의 중심 세력으로서 깊고 넓은 지성의 흐름을 이어 왔다. 그런데 퇴계학파의 배경에는 영남 지방 각 고을마다 문중을 이루고 있던 반가班家의 문화가 있었다. 특히 퇴계학파가 형성된 이후 영남학파의 중심 이론인 리理 중시적 리기이원론理氣二元論의 탐구와 거경궁리居敬窮理의 실천은 각 고을 문중의 가학으로 자리를 잡았다. 경상도 북부 지역의 경우, 봉화 닭실의 안동권씨와 예안의 진성이씨, 영천이씨, 광산김씨, 안동의 풍산유씨, 의성김씨, 상주의 진양정씨와 풍양조씨, 영양과 영해의 재령이씨, 영주의 반남박씨와 예안김씨 등이 잘 알려진 반가들이다. 예천에도 각 고을마다 선비 정신을 옹골차게 지켜 온 문중들이 있었다. 지보의 동래정씨, 용궁의 청주정씨와 여주이씨, 용문의 예천권씨, 함양박씨, 안동권씨, 의성김씨, 감천의 한양조씨 등이 수백 년에 걸쳐 문한을 이어 온 대표적인 유가儒家들이다.

용문면의 금당실과 맛질은 그러한 반가 문화가 꽃핀 고장으로서, 각 가문이 배출한 문인 달사들이 대를 이어 배출되었다. 이곳은 옛부터 '금당·맛질 반半 서울'이라는 별칭으로 불릴 정도로 물산이 풍부하고 인물의 성세를 이루었던 마을이다. 이곳에서 배출된 문인, 학자들은 수없이 많다. 나에게 주어진 과제는 이곳의 문한을 대표하는 유학자로서 박손경朴孫慶의 삶과 학문을 탐구하는 일이다.

2. 박손경의 조상들

박손경의 평생을 알려 주는 자료는 『남야집南野集』 부록의 행장(아들 朴

漢東 찬)과 묘갈명(丁範祖 찬)이 있다. 박손경朴孫慶(1713~1782)의 자는 효유孝有, 본관은 함양咸陽이며 남야南野는 그의 호이다. 그의 가문은 고려 이래로 대대로 벼슬하였던 사환가仕宦家였다. 조선 시대에 들어와 공조판서를 지낸 박규朴規가 있었고, 그 증손인 찰방 박눌朴訥은 아들 오형제를 두었는데 이들이 모두 생원 또는 진사를 거친 뒤 대과에 급제하여 현관顯官이 되었다. 세상에서는 이들을 오린형제五麟兄弟라고 칭하였는데, 그 중 막내 박종린朴從麟(1496~1553)은 1532년(중종 28)에 문과에 급제한 뒤에 정언, 지평, 교리, 헌납을 거쳐 이조정랑 등 청요직淸要職을 거쳤다. 그러나 권신 김안로金安老의 전횡이 심해지자 박종린은 벼슬을 그만두고 금당실로 내려와 살았다. 이곳에 터를 잡게 된 연유를 살피면, 함양박씨 선대의 유적은 본시 성주星州와 함창咸昌에 있었다. 그런데 박종린의 부친 박눌은 안동의 소산에 살던 안동김씨 김계행金係行의 사위였고, 박종린은 감천문씨甘泉文氏의 사위로서 그 처향妻鄕에 들어와 살게 된 것이라고 한다.

박종린 이후 그 자손들은 금당실과 맛질에서 대를 이어 살았다. 그의 손자인 박수서朴守緖(1610년 증광시 급제, 승지를 지냄)를 시작으로 하여 박주운朴周雲(1850년 별시 급제, 교리를 지냄)에 이르기까지 문과에 급제한 이가 10인이나 된다. 소과에 합격하여 생원, 진사가 된 이들도 15인에 달한다. 그들이 살았던 시기가 사색당쟁이 격심하였던 조선 후기임을 고려할 때, 한 문중, 한 사람의 자손에서 홍패 10장 백패 15장은 결코 흔치 않은 일이다. 따라서 이 점만으로도 함양박씨가 예천을 대표하는 사대부 가문임은 물론, 영남 지방에서도 유수한 망족望族 가운데 한 가문임은 당연한 일이다.

박손경의 고조 박정시朴廷蓍는 박종린의 장자인 박기朴箕의 증손이다. 그는 1634년(인조 12) 문과에 급제한 뒤에 형조정랑을 지내고 결성, 영암, 태안 세 고을을 다스리며 청백淸白한 관리로서 이름이 났다. 조부 박희민朴希閔은 1687년(숙종 14) 문과에 급제하고서 사간원 정언을 지냈으며, 부친 박성옥朴成玉(호는 晩軒)은 1725년(영조 원년) 문과에 급제한 뒤에 사헌부 지평을 지냈다. 박성옥은 1728년 이인좌의 난이 일어나자 고을의 사림들이 의병장으로 추대하였을 만큼 고을에서 인망人望이 높았던 선비였다. 고조부 이하 조부와 부친에 이르기까지 박손경의 가까운 조상들은 문과에 급제한 뒤에 벼슬길에 올랐다. 이들은 모두 청요직을 거쳤으나 그다지 현달하지 못하였다. 그들이 벼슬길에 들어섰던 시기가 남인, 서인 사이에 정치적 각축이 심하였고 특히 영남인들이 조정에서 큰 활동을 하기 어려웠던 시기였기 때문이다.

박손경의 모친 안동권씨는 봉화 닭실에서 살던 권규權葵의 따님이고 권두인權斗寅(호는 荷塘)의 손녀이다. 닭실의 안동권씨는 이보다 앞선 중종 때에 권벌權橃(호는 沖齋)이라는 명현이 있었다. 권벌의 두 아들 권동보權東輔와 권동미權東美 형제가 퇴계의 문인이었으며, 권두인은 종제從弟 권두경權斗經(호는 蒼雪齋)과 함께 이현일李玄逸(호는 葛庵)의 문인으로서, 당대 영남 지방에 영향력이 있던 학자들이었다. 박손경의 친가는 청백을 자랑하는 사환가仕宦家로 이름이 있었고, 외가인 안동권씨는 당시 영남 지방을 대표한 유가였던 것이다.

3. 박손경의 처사적 삶

박손경은 어려서부터 행동거지가 어른스러웠다. 재촉하지 않아도 스스로 공부에 열중하였으며, 특히 탐구력이 강하여 이해가 되지 않는 것은 깨칠 때까지 계속 사색하였다고 한다. 학자의 자질을 타고난 것이다.

젊은 시절의 박손경은 조상들처럼 벼슬길에 나가고자 하였다. 그도 벼슬길에 들자면 과거 시험을 거쳐야만 했고 실제로 여러 차례 응시하기도 하였다. 그러나 학자적인 체질을 타고난 사람은 단기간의 승부를 통하여 출세를 결정짓는 시험에는 익숙하지 않은 경우가 많다. 게다가 박손경은 부친이 그 어려운 과거 시험을 거쳐서 벼슬길에 나가고도 뜻을 펴지 못하는 것을 보았다. 20여 세 약관의 박손경은 어느 날 부친에게 "저의 재주가 모자라, 출세를 위하여 애쓰는 사람들과 겨루기가 어렵습니다. 과거 공부를 그만두고 제가 좋아하는 것을 하고자 합니다"라고 요청하였다. 부친 박성옥은 바로 그 자리에서 흔쾌히 허락을 하였다고 한다. 아들을 잘 아는 부친이었던 것이다.

박손경이 가고자 하였던 길은 학문의 세계였다. 그런데 젊은 시절에는 문장학에 심취하였다. 뒷날 그의 아들이 지은 행장에는, "부군은 젊어서 문장의 품격과 영웅의 성패, 고금의 치란을 논하기를 좋아하였다. 문체가 비약卑弱해질까 염려하여 항상 선진先秦 시대의 글을 즐겨 보았다. 그러나 어느 날, '문장은 시세時世의 풍기風氣와 더불어 부침하니, 남의 것을 본뜨려 해도 되지 않는다. 본떠 냈다고 한들 나에게 무슨 소용이 있는가?'라고 말하고서 이로부터 날마다 사자낙민서四子洛閩書를 탐완耽玩하였다"라는 기록이 있다. 사자는 사서, 그 중에도 주자의 사서집주四書集註일 것이고, 낙민洛閩은 정주학程朱學을 말한다. 젊은 시절에 문장학에 심취하였던 박손경은 일찌감치 도학적 심성학으로 전환을 한 것이다. 위의 글로 보아 본시 그는 문장학 중에서도 선진 시대의 문자를 즐겨 보았다. 조선 선비들의 지식 범주는 사서삼경四書三經을 기본으로 하되 팔가문八家文과 오언五言, 칠언시七言詩 등 당송唐宋의 문학이었다. 그러나 박손경은 이와는 달리 선진 시대의 문장을 즐겨 보았다고 한다. 그 이유는 한당 이후의 문자에 비하여 선진의 그것은 그 품격이 꾸밈이 없고 격조가 있으면서도 건실한 내용을 담고 있기 때문이었다. 평생 효제孝悌를 실천한 소박하며 착실한 학자로서 그의 풍모가 문학적 취향에도 드러나 보이는 부분이다.

그러나 그는 문장에 대하여도 회의를 품는다. 그의 표현을 옮기면, 문장은 그 시세時世의 풍기風氣를 담는 것이다. 그러므로 아무리 옛 것을 좋아하여 그것을 모방하려고 하여도, 자신이 살고 있는 시대의 정서와 의식으로부터 벗어날 수 있는 것이 아니다. 또한 벗어났다고 하더라도 그것이 나 자신에게 무슨 의미가 있는가?

이러한 의문에서부터 그는 다시 한 번 학문적 전환을 시도하였다. 그 방향은 천인성명지리天人性命之理의 탐구와 거경치지지공居敬致知之功의 실천이었다. 천인성명지리란 천리天理와 인성人性 같은 궁극적 진리에 대한 탐구이고, 거경치지지공은 현실 속에서의 마음과 정신의 수양이다. 진리에 대한 탐구와 현실적 실천은 조선 시대 성리학자들의 평생 과제였다. 박손경의 전환은 문장학으로부터 도학적 세계로의 전환이었던 것이다.

문과 급제를 통한 출세를 외면하고 문장학에서 도학으로 전환한 박손경은 산림처사로서 평생을 보낸다. 현실에 대한 욕구를 버렸으므로, 그의 일생에는 눈에 띄는 극적인 사건이 거의 없었다. 게다가 그는 평생을 학문 탐구에 바쳤으면서도, 저술하기를 좋아하지 않았다. 이름이 나기를 거부한 것이었다. 그러므로 칠십 평생을 살면서도 그 명성에 비하여 기록할 만한 극적인 삶의 자취가 거의 없었던 것이다. 지금 전하는 문집도 그의 서거逝去 뒤에 아들들이 다른 문헌에서 수습을 하였기 때문에 그나마 전해질 수 있었다고 한다.

박손경은 몸소 효우孝友를 실천한 선비였다. 1743년, 그의 나이 31세에 부친 박성옥이 세상을 떠나자 삼년상을 마칠 때까지 상복을 벗지 않았다. 생모 권부인은 이보다 앞선 1727년에 세상을 떠났다. 부친이 작고할 즈음에는 계모 신부인이 생존해 있었다. 박손경은 날마다 신부인에게 문안을 드리는 것 이외에는 내정內庭에 발을 들여놓지 않았을 뿐만이 아니라, 남의 집 상사에 조상할 일이 아니면 마을 밖을 한 발짝도 나가지 않았다.

형제로는 아우 박민경朴民慶 한 사람이 있었다. 부친의 상중에 형제가 흩

이불 하나를 함께 덮고 지냈다. 겨울날 기나긴 밤에 찬 서리가 뼛골 속에까지 스며드는데도, 끝내 솜이불을 사용하지 않았다고 한다. 그의 행장은 계모를 봉양하는 박손경의 정성에 대하여 매우 긴 지면을 할애하였다. 계모는 남은 소생이 없었기에 그 주변이 더욱 쓸쓸하였을 것이다. 박손경은 아침에 일찍 일어나 음식을 자시는 것부터 저녁 늦게 잠자리를 보살피는 것까지 계모의 봉양을 손수

▲ 안정복의 『상헌수필』에 실린 박손경에 관한 기록의 시작 부분. 안정복의 문집 『순암집順菴集』 권13의 한 부분이다.

하였다. 그의 아들들이 대신하겠다고 나서도, "내가 직접 하는 것이 몸은 힘들어도 마음이 편안하다. 너희들을 대신 시키면 힘은 들지 않겠지만, 마음이 편치 않다"라고 말하면서 허락하지 않았다. 실상 신부인은 박손경보다 한 살 더 많았을 뿐인 젊은 계모였다고 한다.

박손경과 같은 시대를 살았던 학자로서, 실학자로 이름이 난 안정복安鼎福(호는 順菴)이 있었다. 경기도 광주에서 살았던 그는 『상헌수필橡軒隨筆』이라는 글을 남겼다. 그는 이 글에 「박교관손경朴敎官孫慶」이라는 제목 아래에 다음의 일화를 적어 두었다.

교관의 호는 남야이다. 숙종 계사년에 태어나, 예천에서 살았다. 문장과 학문으로서 천거를 받아 벼슬을 제수받았으나 부임하지 않았다. 그는 효성이 지극하

였다. 계모의 나이가 겨우 한 살밖에 많지 않았으나 봉양을 잘 하여 뜻을 어기는 법이 없었다. 집이 몹시 가난했다. 손수 계모의 방에 불을 땠는데, 계절에 따라 땔나무의 양을 조절하여 온도를 알맞게 하였다. 그의 나이 칠십이던 임인년, 이웃 고을인 용궁에 사는 진사 이중장李仲章이 그를 찾아갔다. 늦은 시간이었지만, 마침 달밤이므로 찾아갔으나, 그를 만나지 못하였다. 알고 보니 그는 수수 밑동을 캐어 다음날 계모의 방에 불을 때려고 밭에 나갔던 것이었다. 그러나 남의 밭에는 일체 손을 대지 않았으니, 과연 행실이 독실하고 효성스럽고 청렴했던 동한東漢의 선비라 하겠다.

이러한 기록의 뒤에 안정복은 다음과 같이 이 글을 맺었다.
"요즈음처럼 인륜과 풍속이 더렵혀진 때에 이처럼 효성스럽고 행실이 독실하였으니, 생전의 그를 만나보지 못한 것이 참으로 유감이다."
안정복이 이 글을 엮은 것은 1786년인데, 박손경은 그보다 몇 해 앞선 1782년에 세상을 떠났던 것이다.
부모에게 효도를 다하는 이는 형제 간의 우애도 돈독하기 마련이다. 박손경과 박민경 형제가 그러하였다. 둘은 한 집에 살면서 잠시도 떨어진 적이 없었다. 그런데 부친 박성옥이 세상을 떠난 그 해에 하나뿐인 동생을 남에게 빼앗기는 변을 당한다. 당시 함양박씨의 먼 일족으로서 서울에 사는 무인 한 사람이 있었는데, 그는 영조 임금의 측근이었다. 그는 박손경과는 말 한 마디 상의도 없이 박민경을 자신의 사손嗣孫으로 삼았다. 권력으로 빼앗은 것이다. 깜짝 놀라 당황한 박손경은 서울에 올라가 임금에게 간절히 호소하려고 하였으나, 이미 왕명이 내려지고 말았다. 십여 년이 지난 1755년에, 그 집안이 역모에 연루가 되어 일가를 모두 노비의 적에 올린다는 처분이 내려졌다. 이때 임금은 다시 박민경에게 본가로 돌아가라고 명령을 내렸다고 한다. 『남야집』의 글, 「답정경가의모答鄭敬可義模」에는 아우를 빼앗기고서 당황하여 마지않는 그의 심정이 잘 드러나 있다. 안정복의 『상헌수필』

은 두 형제의 일화를 다음과 같이 적고 있다.

　교관의 동생은 박민경이다. 영조의 공신 아무개가 아들이 없자, 위세를 이용하여 강제로 민경을 뺏어다가 후사로 삼았다. 뒷날 아무개가 역모로 처형되었을 때, 상이 특별히 민경을 풀어 주고 연좌시키지 않았다. 고향으로 돌아간 박민경은 문을 닫고 사람을 만나지 않았으므로, 가까운 친척이라도 그의 얼굴 보기가 힘들었다. 그는 아내와 함께 산 속에 집을 짓고 살았다. 아내는 길쌈을 하고 남편은 신을 삼고 자리를 짰다. 그들은 자기 힘으로 얻은 것이 아니면 먹지 않았다. 한 해에 쓰고 남은 것이 수백 금이나 되었는데, 이것으로 가난한 형을 도와주었다. 형이 신는 미투리를 매달 대어 주었는데, 이를 부담스럽게 여긴 형이 "미투리는 딱딱하여 짚신처럼 편하지 않다" 하고는 늘 짚신을 신자, 민경은 다시 짚신을 삼아서 대어 주었다. 나는 사우士友들을 통하여 그 형의 문학과 행실에 대하여는 자주 들었지만, 그 동생에 대해서는 지금 이중장을 통하여 처음 들었다.

　박민경의 양가養家가 몰락하였을 때, 박손경은 하나뿐인 아우를 구하는 데 혼신의 힘을 다했을 것임에 틀림이 없다. 자신을 내세우지 않고 게다가 저작을 즐기지 않아 그때의 사정이 전해지지 않았을 뿐이다. 『남야집』에 실린 편지글 「답첨추권공필答僉樞權公苾」에는 아우가 집에 돌아올 수 있도록 은혜를 베푼 임금님의 성은聖恩에 감사한다는 내용이 실려 있다.

　조상 대대로 벼슬을 하였지만 모두 청백한 관원들이었으므로 본시 경제적 형편이 그다지 좋지 못하였다. 게다가 박손경 자신은 벼슬할 생각도 갖지 않았었다. 이 시대 선비들에게 가난은 항상 함께 따라다니는 것이었다. 안정복의 기록을 통하여서도 그의 사정을 짐작할 수 있지만, 글 읽는 선비였던 박손경은 죽조차 제대로 잇지 못한 적이 많았다고 한다. 그럼에도 불구하고 남들이 보내오는 선물은 한사코 거부하였다. 이 지역을 답사하면서 정양수님에게 들은 이야기가 있다. "남야 선생은 가난한 속에서도 가장 효도를 철저히 해 가지고 예천군수를 감동시켰지. 군수가 남야 선생을 돕고자 우렁이 가루를 달라 하고서 재물을 보냈더니, 우렁이 가루만을 보내고 한사코 재물은 받지 않았다"는 것이다. 박손경의 생각에, 선비의 처신은 그래야 한다는 것이다. 특히 박손경이 살았던 시대는 이 고장뿐만이 아니라 전체적으로 기후가 나빠 거의 매년 흉년이 들었다. 이 때문에 온 나라에 걸쳐 유리걸식하는 유민들이 많았고, 돌림병 또한 거의 매년 겪는 일이었다. 『남야집』에도 역병을 피하여 마을을 떠나 공기가 맑고 깨끗한 곳으로 옮겨 가 살고 있다거나 역병에 걸려 갑자기 세상을 떠난 친지들을 애도하는 내용을 담은 글이 자주 보인다. 그가 남긴 시문들을 읽으면, 그의 평생은 경제적 빈궁과 역병으로부터의 피접으로 점철되지 않았나 싶을 정도이다.

그러면서도 그는 세금을 낼 때에는 상민들보다도 앞서 납부하였다. 을병 연간이라고 기록된 어느 해에는 큰 흉년이 들었다. 가을걷이를 마친 그는 매년 그랬던 것처럼 관가에 세곡을 납부하고자 하였다. 집안 식구들이 "우리가 바치는 곡식은 관의 창고에 들어가면 바로 허곡虛穀이 되고 맙니다. 남들을 따라 해도 무방하지 않을까요?"라고 여쭙자, 그는 "다만 스스로 나의 도리만을 다할 뿐이다. 아전들이 장난을 친들 내게 무슨 상관이 있느냐?"라고 호된 꾸중을 하였다고 전한다. 선비는 그렇게 살아야 한다는 것이다.

그런 중에도 그는 학문 탐구와 심신 수양에 열중하였다. 그와 동갑인 친지로서 박신경朴申慶(호는 能皐)이 있다. 그는 박손경에 대하여 "공은 학문으로 자임하지는 않았지만, 항상 탐구하고 실천하여 잠시도 게으르지 않았다"라고 평하였고, 또 그의 문장에 대하여 "깊이가 있으면서 절도가 있고, 변화가 무쌍하였다. 건실하면서 답답하지 않았고, 번거롭게 다듬지 않았으니 남들이 따를 수 없었다. 고시古詩는 위진魏秦을 배웠는데 이취理趣가 매우 깊었다. 절구絶句는 율령律令에 구애받지 않았는데도, 저절로 체재가 맞았다. 문장은 쉬우면서도 의미가 심장하여 담긴 뜻이 무궁하니, 독자들이 저절로 이해할 수 있었다"라고 평하였다.

　중년에 접어들면서 식견이 넓어지고 인간미가 깊어졌다. 많은 선배들이 그를 평하여 후배 중의 일류라고 평가하였다. 선비들 간에 이름이 나기 시작한 것이다. 그러나 혹 주변에서 저작을 권하면, 그는 "정주程朱 이후에는 제현들이 모두 드러내었으므로 남은 것이 없다. 게다가 우리 퇴계 선생이 왕철往哲을 잇고서 후학들을 열어 주시니, 조금도 유감이 없다. 후인들은 마땅히 이루어진 법을 삼가 지켜야지, 그 위에 설명만 덧붙여 마땅치 않은 비난만 자초할 일이 있겠는가?"라고 말하였다고 한다. 그는 자신이 지은 시문의 초고조차도 자제들이 수습하지 못하도록 엄금하였다고 한다. 실제 『남야집』에는 선대의 묘갈문 등 비지문을 지어 달라는 위촉을 정중히 거절한 편지가 여러 통 실려 있다.

　박손경의 나이 65세인 1777년은 정조 임금의 원년이다. 정조는 세종과 더불어 조선 시대의 임금 가운데 문예를 매우 애호하였던 군주로서 이름이 나 있는 분이다. 정조는 전국의 지방관들에게 명령하여 재주와 실천이 탁월한 인재를 천거하라고 하였다. 당시 경상감사는 박손경의 이름을 첫머리에 올렸다. 이에 따라 나라에서는 영릉참봉英陵參奉을 제수하였으나 그는 나가지 않았다. 1779년에는 어사 황승원이 문학이 훌륭하며 유림의 종사宗師가 되었다고 임금에게 보고하였다. 이때에는 동몽교관을 받았으나 역시 사양하고 나가지 않았다. 앞의 안정복이 글 제목에 '박교관손경'이라고 한 것은 이러한 직함을 받기 때문에 그렇게 적은 것이다. 왕명이 내려오던 날에, 박손경은 여러 아들들에게, "내가 평생토록 실제로 한 것도 없이 헛된 이름만을 얻었구나. 지금은 위에까지 소문이 나서 임금의 귀에 잘못 전해졌다. 그런데도 너희들은 두려워할 줄 모르고 오히려 기쁜 일이라고 생각하느냐?"라고 말하면서 전혀 좋아하는 기색을 보이지 않았다고 전한다. 이렇듯이 평담한 일생을 지낸 박손경은 1782년 2월 세상을 떠났다. 향년은 70세였

▲ 박충좌, 박눌 및 박손경의 위패를 모신 금곡서원의 숭덕사

다. 뒷날 고을의 유림에서 발의하여 회산서원에 그의 위패를 봉안하여 그의 학덕을 기렸다. 그러나 이 서원은 대원군의 전국적인 서원 철폐 때에 없어졌다. 1983년에 후손들이 금당실에 금곡서원에 세우고 그의 위패를 배향하고서 춘추로 제향을 지내고 있다.

4. 박손경의 저술과 학문 연원

그의 저작을 모은 『남야집』은 두 종이 있다. 하나는 박한동이 시문과 함께 행장 등을 편찬하여 1802년에 펴낸 것인데, 모두 8권 4책이다. 다른 하나는 그로부터 180년이 지난 1910년, 박손경의 대표 저작이라고 할 『주서강록간보차의朱書講錄刊補箚疑』를 추가하여 엮은 10권 5책의 중간본이다. 1986년 족후손 박정로가 주선하여 여강출판사에서 영인 간행한 것은 10권

5책의 중간본이고, 2002년 안동대학교 퇴계학연구소에서 표점 간행한 저본은 8권 4권의 초간본이다. 중간본은 초간본에 비하여 『주서강록간보차의』를 추가하였을 뿐 차이가 없다.

중간본을 위주로 하여 『남야집』에 실린 그의 저작을 대충 소개하면 다음과 같다. 권1~2는 시詩와 부賦를 수록하였는데 모두 170여 수이다. 권3~4와 권5의 앞부분은 서간문으로서 모두 76편이다. 정옥鄭玉, 이상정李象靖, 김낙행金樂行, 김행원金行源, 김광현金光鉉, 권정택權正宅, 김위金偉, 이유원李猷遠 등 같은 시대를 살았던 선배 학자와 주고받은 편지가 있고, 유례柳澧, 이수정李守貞, 이진동李鎭東, 정의모鄭義謨, 정중섭鄭重燮, 김도행金道行 등 지구문인知舊文人, 또 박중경朴重慶, 박신경朴申慶, 박지경朴趾慶 등 문내 후배들에게 보낸 글도 적지 않다. 편지글에는 별지를 붙여, 경전의 뜻과 주자의 글은 물론 예설이나 시문 등에 대한 다양한 학술적인 토론을 담고 있다. 권5는 편지글에 이어서 잡저雜著와 서序, 기記들을 담고 있다. 잡저는 두 편인데, 도내 유림을 대표하여 관찰사에게 올린 정문인 「대도유정순상문代道儒呈巡相文」과 「임열부전후林烈婦傳後」가 있다. 1756년의 글인 「대도유정순상문代道儒呈巡相文」은 그보다 꼭 백이십 년 전인 1636년, 병자호란의 와중에 성균관 유생으로서 전란을 뚫고서 남한산성의 행궁으로 공자孔子의 위패를 모셔 갔던 세 선비에 대한 포상을 요청하는 내용이다. 서문은 「유엽배서柳葉盃序」 등 세 편이 있고, 기문은 「금선각기錦仙閣記」 등 8편이 있다. 금선각은 풍기에 살았던 퇴계의 제자 황준량黃俊良(호는 錦溪)의 유적이다. 또 금당실 인근에 있는 권문해權文海(호는 草澗)의 정자, 「초간정사중수기草澗精舍重修記」가 있다.

권6은 발跋, 명銘, 상량문上樑文, 제문祭文이다. 6편의 발문 중에는 「인각사비본발문麟角寺碑本跋文」과 「서황석공소서후書黃石公疏書後」가 이채롭다. 명문은 그의 고조 박정시의 유물 태랑금泰娘琴의 내력을 요약한 「태

▲ 『남야선생문집』. 안동대 퇴계학연구소에서 영인 간행한 퇴계학자료총서 59책에 수록된 것(사진의 좌측)이 초간본이고, 여강출판사에서 축쇄 영인한 것(우측)이 중간본이다.

랑금명泰娘琴銘」이다. 제문은 모두 23편이다. 이 중에는 향선배들을 모신 옥천서원玉川書院의 「추향봉안문追享奉安文」으로부터 권만權萬(호는 江左), 권상일權相一(호는 淸臺) 등 유림 선배, 또 문중의 친지들의 죽음을 애도하는 글들이 있다. 권7~8은 『주서강록간보차의朱書講錄刊補箚疑』이다. 그 내용은 다음 절에 소개하겠다. 권9는 묘갈墓碣과 묘표墓表, 행기行記, 지識인데 그 조상들의 생애를 기록한 글이 많다. 권10은 부록으로서 박손경의 일생을 적은 행장(朴漢東 찬), 묘갈명(丁範祖 찬), 제문 6편(李光靖 등), 만사 10편(李守貞 등)과 중간본의 후지(朴義集 찬)가 실려 있다.

이제 박손경의 학문 연원淵源에 대하여 살피고자 한다. 퇴계는 그 문하에 300여 명의 문도를 배출하였다. 이렇게 많은 문도를 양성하기는 그 이전의 조선 역사에는 없던 일이었다. 대체로 퇴계학파는 4개의 학맥으로 후세에 전해진다. 첫째는 조목趙穆의 학맥이다. 주로 그가 살았던 예안 지방을 중심으로 유지되었다. 둘째는 유성룡柳成龍의 학맥인데, 그가 살았던 안동의 서부 풍산 지역과 상주에 그 문도들이 많았다. 셋째는 김성일金誠一의 학맥이다. 안동의 동부 내앞 마을을 중심으로 안동의 동부와 남부 지역에 그 학맥이 이어져 갔다. 넷째는 정구鄭逑의 학맥이다. 정구는 성주 출신으로서 조식曺植의 문하에서도 수학한 일이 있었다. 그러므로 그의 학맥은 영남 지방의 중남부에 걸쳐 폭넓게 분포하였고, 그의 만년 제자인 허목許穆을 통하여 기호 지방에도 그 학문이 전해졌다.

그런데 박손경이 살았던 18세기에 이르면, 그 이전에 각기의 학맥을 통하여 진수된 퇴계학은 이미 각 문중의 가학家學으로 발전된다. 예컨대 김성일의 제자인 장흥효張興孝로부터 퇴계의 학문을 전수받은 이는 이휘일李徽逸, 이현일李玄逸 형제이다. 이 두 사람의 근거지는 영해, 영양인데, 두 형제 이후 이 지역의 재령이씨는 그들의 학문을 계승하여 가문 안에서 문한을 대대로 이어 나갔다. 안동의 김성일金誠一 가문도 근세의 김흥락金興洛에 이르기까지 대대로 선비와 학자들을 배출하였고, 안동 하회와 상주 지역에 세거하였던 유성룡의 후손 중에도 유주목柳疇睦, 유도성柳道性의 세대에 이르기까지 명현달사가 끊이지 않았다. 예천 지방의 퇴계학파는 정탁鄭琢의 가문을 들 수 있는데, 그 아들 정윤목鄭允穆 형제 이후, 예천과 영주, 안동에 분포한 청주정씨 가문도 글하는 선비들이 끊이지 않았다. 박손경이 살았던 시대의 영남 각 문중은 전래의 가학이 있어, 굳이 밖으로 나가지 않아도 가문 안에서 깊이 있는 학문을 전수받을 수 있었던 것이다.

박손경이 학문의 길로 전환을 하였던 초기에 문장학에 심취하였던 배경에도 대대로 사환을 하였던 선대의 영향이 있었을 것으로 짐작할 수 있다. 과거를 준비하기 위한 학업이 명경明經과 더불어 사장詞章이다. 과시科試를 위하여 서울을 출입하면서 서울 문인들의 문장학이 당송으로부터 이미 진한秦漢 이전 고문古文의 세계로 가 있던 것을 익히 보았을 것이다.

그런 중에도 『남야집』을 통해 보면, 박손경의 시대에도 당대의 사상계에 영향을 준 학자들이 있었다. 그의 문집에는 선배 학자로서 권만權萬, 정옥鄭玉, 이상정李象靖, 김낙행金樂行 등과 여러 차례 시문을 주고받은 것이 보인다. 권만은 그의 외조 권규와 가까운 일가로서, 권두인 권두경을 이어 닭실 안동권씨의 문한을 대표했던 학자이다. 그는 특히 문장가로서 유명하였다. 당대 닭실의 선비들 가운데 박손경에게 영향을 준 선비였던 것으로 짐작이 된다. 정옥은 정탁의 5대손으로 영주에서 살았고, 이상정과 김낙행은 이현일의 아들 이재의 학문을 계승하였으며, 영해의 선비 이유원은 이휘일의 증손자이다.

이 중에 주목할 학자는 이상정(호는 大山)이다. 그는 안동 일직에서 평생 학문을 탐구하면서 수많은 저술을 남겼고, 많은 문도를 양성하여 당대에 소퇴계小退溪라는 별칭으로 불렸던 대학자이다. 이상정은 이현일의 아들로서 그 학문을 이어받은 이재李栽(호는 密庵)의 외손자이다. 이상정의 학문은 외가를 통하여 전수를 받은 것인데, 박손경의 경우도 모친 권부인이 권두인의 손녀이고, 권두인은 이현일의 제자임은 앞에서 말한 바와 같다. 이상정이나 박손경 모두 이현일로부터 퇴계의 학문을 전수받은 선비들의 외손인 것이다.

5. 『주서강록간보차의』의 체계와 내용

이상정의 스승이며 외조부인 이재는 일찍이 『주서강록간보朱書講錄刊補』라는 저술을 남겼다. 이것은 퇴계의 『주자서절요朱子書節要』와 그 제자들의 『주서강록朱書講錄』을 검토하여 보완한 책이다. 퇴계가 『주자전서』를 직접 본 것은 그가 서울에서 벼슬을 하였던 시기인 1543년 즈음이다. 그러니까 주자학이 이 땅에 들어온 지 250여 년이 지난 뒤이다. 퇴계는 주자의 서간문을 특히 좋아하였다. 그런데 『주자전서』에 실린 주자서는 그 분량이 삼천여 편에 달하는 방대한 분량이었다. 이것은 주자 당대 중국의 전고와 역사, 문자에 밝지 않으면 이해할 수 없는 것이었다. 이런 이유로 퇴계가 주자서 중에 중요한 것을 추려서 편찬한 것이 『주자서절요』이다. 주자서가 제자들을 가르치는 강의 교재가 된 것은 물론이다. 그런데 문제는 수업을 받은 제자들이 작성한 강의록이었다. 금난수琴蘭秀, 이덕홍李德弘 등 여러 제자들이 스승 퇴계로부터 수업을 받은 내용을 각기 기록하였고, 이것이 경향 각지의 선비들 사이에 전사傳寫되어 읽히곤 하였다. 전사 과정에서 오류가 생길 수도 있었고, 애초 기록 당시부터 잘못된 것도 있었.

이재는 그의 부친 이현일이 종성鍾城에 귀양을 가 있던 1694년, 그 고을의 향교에서 『주자서절요』를 빌려 보고, 부친에게서 그에 대한 강의를 받았다. 그리고 여러 종의 『주서강록』이 있는데, 각기 내용이 다를 뿐 아니라 적지 않은 오류가 있는 것을 발견하였다. 이리하여 퇴계의 『주자서절요』를 검토하여 주자서 원본과 비교하는 한편, 『주서강록』들을 수집하여 그 오류를 정리해 갔다. 책의 이름을 『주서강록간보』라고 하였는데, 이는 '간기오이보기궐刊其誤而補其闕', 오류는 잘라 내고 빠진 것은 보충한다는 뜻이다. 이재는 1713년에 그 초고를 완성하였다.

그러나 이 책의 간행은 그 다음 세대로 넘겨진다. 그의 외손이면서 수제자인 이상정의 일이 된 것이다. 이상정은 김낙행 등 동문들과 함께 『주서강록간보』를 몇 차례에 걸쳐서 꼼꼼하게 교열하면서 오류를 바로잡았다. 그리하여 이 책의 정본을 완성한 것이 1776년의 일이다. 이것을 안동의 호계서원에서 6권 3책으로 간행한 것은 1785년인데, 이때는 이미 이상정도 세상을 떠난 뒤의 일이다. 이 책의 교정과 간행에 온갖 정성을 다했던 이상정은 "터럭 하나만큼도 흠잡을 것이 없다"고 자신하였다고 한다.

그런데 이보다 앞선 1778년경, 그 초고를 구해 본 박손경은 그래도 『주자전서』, 특히 퇴계의 『주자서절요』와 비교할 때, 여전히 의심스러운 부분이 남아 있음을 확인하였다. 그리하여 그것을 조목조목 지적하여 기록한 것이 바로 『주서강록간보차의』이다. 이 글은 『남야집』 중간본의 권7~8에 실려 있다. 원서인 『주자서절요』나 『주서강록강보』에 비하여 많은 분량은 아니지만, 수백 조의 차의箚疑를 모두 검토하기는 쉬운 일이 아니므로, 앞부분의 한두 조목의 내용을 소개하여 그 성격을 확인하기로 한다.

첫머리의 제1조는 '서序, 차서유론어지지이무유탈지해此書有論語之旨而無誘奪之害'라는 제목을 붙이고, 줄을 바꾸어 다음과 같은 설명을 달았다.

『도산언행록』에 말하기를, "주선생이 일찍이 말씀하신 성학聖學은 사서四書에 지나지 않는다. 배움에 뜻을 둔 선비가 이 책을 버리면 무엇으로써 하리오. 다만 지금 사람들은 단지 요령 있게 외워서 과거시험에 대비하는 일에만 익숙해진 것이 이미 오래되어, 계발啓發하기 어려운 지경이 되었다. 절요節要 같으면, 그런 폐단이 없다. 이 책을 읽으면 사람을 쉽게 감발感發시킨다"라고 하였다. 이 단락의 말씀은 서문과 상발相發하여, 후학에게 주는 경계의 뜻이 깊다. 마땅히 절취하여서 이 뒤에 붙여야 할 것이다.

제목 가운데 서序는 퇴계가 지은 『주자서절요』의 서문이다. "이 글은 논어와 같은 취지를 갖고 있지만, 유탈誘奪하는 해가 없다"는 글귀는 바로 퇴계의 서문 중에서 가려 낸 글귀이다. 박손경은 『퇴계선생언행록』에서 『주자서절요』에 대하여 언급한 글을 보고서, 이것이 바로 『주자서절요』의 서문과 취지가 같으므로 『주서강록간보』의 주에 덧붙이면 좋겠다는 제안을 한 것이다. 박손경이 『주서강록간보』를 검토하면서 『주자서절요』는 물론이고 퇴계의 저작에서 그와 관련된 사항을 모두 가려 내어 숙지하고 있음을 알려 주는 부분이다.

또 이 책의 제1편에는 다음과 같이 기록되어 있다.

> 與曹晉叔書, 敬夫不可辭, 註, 南軒居長沙, 近嶽麓. 晉叔爲湖湘間縣尉, 故致意如此.

이것을 풀이하면, "『여조진숙서與曹晉叔書』의 '경부가 사양해서는 안 된다'에 대한 주석. 남헌이 장사에서 살고 있었는데, 악록서원과 가까운 곳이다. 진숙은 호상 지방의 현위였으므로, 이와 같은 뜻을 전하라고 한 것이다"라는 말이다. 이 글에서 『여조진숙서』는 주자가 조진숙에게 보낸 편지글이고, '경부불가사敬夫不可辭'는 그 편지의 본문이다. 주 이하는 이재가 『주서강록간보』에 붙인 해설이다. 박손경은 그 아래에 다음과 같이 이의를 제기하였다.

> 치의致意 두 글자는 진숙이 남헌에게 의사를 전할 것을 말한 것으로 생각된다. 당시 선생은 남헌이 있는 곳에 있었는데, 어찌하여 진숙을 통하여 의사를 전하겠는가? 남헌이 자기의 책무를 사양할 수 없음을 말한 것으로 짐작된다.

주자가 조진숙이라는 문인에게 보낸 편지글을 설명한 것인데, 『주서강록간보』는 주자서의 '치의' 두 글자는 남헌 장식張栻의 거처 가까운 곳인 호상의 현위로 있는 조진숙을 통하여 주자가 장식에서 책무를 사양하지 말라는 뜻을 전해 달라고 했다는 설명이다. 이에 대하여 박손경의 생각은 당시 주자가 장식과 가까운 곳에 있었는데, 그랬을 리가 없다는 주장이나. 나시 말하여, 주자서의 문맥을 잘못 읽었다는 것이다. 이러한 주장이 가능한 이유가 있다. 이것은 퇴계의 『주자서절요』뿐만이 아니라 그 원본인 주자서, 더 나아가 주자의 연보나 행장을 면밀히 검토하여, 이 편지를 보냈을 당시 주자의 행적을 세밀히 확인하고 단언한 것이다. 『주서강록간보차의』는 그

다지 많은 분량은 아니지만, 주자서에 대한 완벽한 검토를 끝낸 뒤에 만든 것이다. 따라서 엄청난 공력이 들어 있는 저술임은 이 몇 가지만을 보아도 충분히 짐작할 수 있다.

『주서강록간보』에 대한 박손경의 언급은 1778년에 이상정에게 보낸 편지글 「여이경문무술與李景文戊戌」에 보인다. 이 글에 따르면, 그는 수십 년 전부터 간보刊補 한 부를 구하여 소장하고 있었다. 이에 앞서 이미 김낙행金樂行(호는 九思堂)과 한 차례 토론을 한 적도 있었다. 이 글을 쓴 1778년 즈음에는 이종수李宗洙(호는 后山)를 통하여 정본을 구하여 읽었다. 이종수는 이상정의 문인이다. 이것을 통하여 전날의 의문점은 많이 풀렸으나, 그래도 남은 문제가 있었다. 위 글은 이러한 사정을 적은 뒤에 아직 간역이 시작되지 않았다면 자신의 의견을 담은 차록箚錄을 보낼 터이니 검토하고서 이를 반영해 주기를 정중히 요청하는 내용이다.

이 글을 통하여 주자서에 대한 박손경의 관심은 매우 오래된 것이었음을 알 수 있다. 그리고 『주서강록간보』는 미처 간행되기에 앞서 영남 선비들 사이에 전사되어 읽혔음을 알 수 있다. 그와 이 책에 대하여 한 차례 토론을 하였던 김낙행도 『주서강록간보』의 교정 일에 적극 참여하였던 일이 있었다. 박손경의 편지글에서 말한 바, 『주서강록간보』의 간행에 그의 견해가 어느 정도 반영되었는지는 아직 확인하지 못하였으나, 이에 대한 그의 탐구는 매우 일찍부터 진행되었던 것이다.

박손경의 『주서강록간보차의』는 이것으로 종결된 것이 아니었다. 그의 족제로서 평생 이웃에서 함께 학문을 탐구하며 살았던 선비인 박신경朴申慶(호는 能皐)도 두 권의 『차의』를 지었다. 이웃 맛질의 권택모權宅模는 『독주서절요차의讀朱書節要箚疑』를 남겼다. 근방의 후학들이 이 문제를 둘러싼 탐구를 계속하였던 것이다. 그리고 박손경의 저작이 이상정에게 전해지면서, 그가 제기한 문제들은 김종덕金宗德과 이만운李萬運 등 이상정의 문인들 사이에 논의가 이어졌다. 이런 과정을 거치면서 이 시기 영남유학은 학문적 깊이를 더한 것이다.

6. 박손경의 삶이 갖는 의미

박손경의 일생은 위대하거나 화려한 행적이 전혀 없었다. 그는 우리 역사에 길이 남을 치열한 토론의 장을 만들지도 않았고, 방대한 분량의 저작을 남긴 학자도 아니었다. 박손경은 오히려 그러한 것들을 거부하였다. 따라서 그의 일생과 저작을 통하여 역사에 길이 전할 진리를 찾는다든가 하는 일은 가능하지 않다. 그러면 박손경의 삶이 우리에게 주는 의미는 무엇인가?

박손경은 평생에 걸쳐 자신이 좋아하는 학문의 세계에 충실하였다. 그 학문이 담고 있는 진리를 생활 속에서 실천하였다. 박손경의 효행과 우애를 소개하였던 안정복은, 다른 글에서 박손경을 이상정李象靖, 최흥원崔興遠과 함께 당대 영남삼로嶺南三老의 한 사람이라고 칭송하였다. 박손경은 그 학문과 더불어 효우의 실천으로 그 이름이 생전에 널리 알려졌다. 실상 이것 또한 그가 의도한 것이 전혀 아니었다. 그의 행의에 감복한 주변의 지구들의 입을 통해 저절로 알려진 것이다. 그러나 이것이야말로 진리를 탐구하며 깨달은 진리를 삶 속에 구현하는 학자의 참 모습이 아닌가 한다. 존경받을 만한 위대한 업적을 남긴 사람만을 우리는 위인이라고 칭한다. 그러나 그만이 위인은 아니다. 몸소 깨달은 올바른 진리를 자신의 삶을 통하여 실천해 가는 이가 바로 참다운 사람이요, 그러한 사람이 바로 위인인 것이다.

예천 금당실의 함양박씨 문중은 박손경의 시대에도 박중경朴重慶, 박지경朴趾慶 등 관인들을 계속 배출하였다. 그런데 박손경을 시작으로 하여, 박신경朴申慶, 박기령朴箕寧, 박휴령朴休寧, 박주대朴周大, 박주종朴周鍾

등 학덕이 풍부한 선비들이 줄지어 나왔다. 그 시작을 연 선비가 바로 박손경이었다. 박손경을 통하여 함양박씨는 예천을 대표하는 유가儒家로서의 전통을 확립한 것이다. 예천의 금당실은 박손경을 배출하였고, 그 이후 그를 닮고자 하는 선비들이 줄지어 나옴으로써, 영남의 정신사를 지탱하는 고장이 된 것이다. (안병걸)

6장

금당·맛질 문인들의 삶과 문학
— 함양박씨가를 중심으로

1. 집성촌의 형성 배경

안동을 비롯한 경북 북부 지역은 산업화의 물결 속에서도 지금까지 같은 성씨들이 한 마을을 이루며 모듬살이를 해 오고 있다. 뿐만 아니라 구체적인 유무형의 유적들이 아직까지 고스란히 남아 전해 오고 있다. 이렇게 집성촌을 이루며 그들만의 생각과 행동 양태를 유지 존속해 올 수 있었던 것은, 이곳이 가장 원초적인 혈연 공동체로 이루어진 동성마을이기 때문이다.

이들 지역의 집성촌들은 멀리로는 고려말 조선초로부터 가깝게는 17세기 초반 인조반정과 병자호란 이후에 연고가 있는 전장을 따라 낙향하여 터전을 잡고, 그 이후 후손들에 의해 형성되어 왔다. 그러나 600여 년을 지켜온 집성촌도 처음부터 지금의 모습처럼 형성되었던 것은 아니다. 마을에 들어와 살기 시작한 입향조로부터 한 세대 두 세대 모여 살기 시작하면서 시간과 세월의 무게가 더해져 그들만의 문화와 색깔을 지니게 되었다고 할 수 있다.

애당초 집성촌의 입향조가 이주 정착하게 된 원인을 살펴보면 세 가지로 정리될 수 있다. 첫째는 먼저 마을에 정착한 토성과의 혼인 관계에 의해서이고, 둘째는 역사적 사건과 관련하여 낙향한 경우이고, 마지막으로 좀 더 나은 삶의 터전을 찾아 정착한 경우를 들 수 있다.

토성과의 혼인 관계의 경우는 처가살이와 외가살이를 허용하는 당시 사회제도상의 관습이 중요한 몫으로 작용하였다. 그러나 한 가지 재미있는 점은 이 경우, 입향조가 들어온 시기가 거의 여말 선초, 늦어도 16세기까지라는 사실이다. 두 번째의 경우는 입향조의 자발적 선택에 의해서가 아니라 이거할 수밖에 없는 역사적 요인이 있다는 것이다. 이를테면, 왕조가 바뀐 여말 선초의 변혁기, 조선 초기의 왕자의 난, 세조의 계유정란, 4대사화, 임진왜란과 병자호란, 광해 난정亂政과 인조반정 등, 역사적 사건에 의해 부득이하게 낙향하여 정착한 경우이다. 마지막은 기존의 삶의 터전에서 좀 더 산수 좋고 한적한 곳을 찾아 나서는 경우이다. 우리 지역의 집성촌은 이 셋 가운데 첫 번째와 두 번째의 경우가 대부분을 차지한다. 그렇지만 이 세 가지 요인이 복합적으로 연관되어 나타나는 곳도 있다.

예천 용문면의 금당·맛질 지역도 예외는 아니다. 금당실은 15세기 초 감천문씨甘泉文氏(文獻)가 마을을 개척한 이후, 그의 손자 대에 이르러 함양박씨咸陽朴氏 박종린朴從鱗과 원주변씨原州邊氏 변응녕邊應寧이 문씨 집안의 사위가 되어 이주하여 정착하게 된다. 그런데 이들 두 성씨의 정착이 단순히 처향과의 관계만이 아니라 일차적 요인으로 역사적인 외부 조건을 들 수 있다. 박종린은 김안로의 횡포, 변응녕은 을사사화로 인해 낙향할 처지였는데, 이때 처향과의 인연을 고려한 것이라고 할 수 있다. 작은맛질의 경우도 문경송씨가 터전을 개척한 이후, 밀양손씨 사위에게 물려주었고, 밀양손씨가 후사가 없어 사위 안동권씨 권의權檥(1449~1535)에게 물려주었다. 이후 금당·맛질 지역은 이들 성씨들과의 혼인 관계로 얽히고설킨 인척 관계를 맺어 왔다. 그래서 이들 지역은 지금까지 함양박씨·원주변씨·안동권씨, 그리고 예천권씨·의성김씨 등이 각기 집성촌을 이루며 그들만의 고유한 문화를 지켜 가고 있다.

한편, 함양박씨가 예천 금당·맛질 지역에 들어와 정착하게 된 것은 박종린(1496~1553)에 의해서이다. 그 이후, 조선조 말엽까지 이 지역의 함양박씨 문중은 수많은 인물들을 배출해 왔다. 그 중에 문과에 급제한 이들로는 박수서朴守緖(1567~1627, 호는 尤溪: 承旨), 박정시朴廷蓍(1601~1672: 郡守), 박정설朴廷薛(1612~?, 호는 遯愚堂: 工曹參議), 박거위朴居葦(注書), 박세신朴世臣(校理), 박희민朴希閔(正言), 박성옥朴成玉(1690~1743, 호는 晩命軒: 持平), 박중경朴重慶(호는 東園: 忠淸道事), 박지경朴址慶(持平), 박주운朴周

雲(1820~?. 校理) 등이 있고, 생원·진사 합격자로서는 박수선朴守先(1554~?), 박이위朴履葦(1599~?), 박인대朴寅大, 박정협朴廷莢(?~1633), 박정영朴廷英(1599~1659), 박남朴藍(1602~1663), 박세중朴世重(1636~1684), 박기령朴箕寧(1779~1857), 박주교朴周教(1836~1861), 박주대朴周大(1836~1912), 박두수朴斗洙(1873~1942), 박홍진朴洪鎭 등이 있다. 뿐만 아니라 문한과 학덕을 겸비한 학자로는 박동신朴東臣(『松圃集』), 박손경朴孫慶(『南野集』), 박신경朴申慶(『能皐集』), 박의집朴義集(『直齋集』), 박봉진朴鳳鎭(『國樵集』), 박주종朴周鍾(『山泉集』), 박면진朴冕鎭(『文坡集』), 박우진朴祐鎭(『後松集』), 박조수朴祖洙(『文溪集』), 박근수朴根洙(『石堂集』) 등을 들 수 있다.

요컨대 예천 금당·맛질의 함양박씨가는 15세기 말에 입향한 이후 20세기 초까지 사환과 문한이 끊어지지 않고 있음을 확인할 수 있다. 여기서는 이 가운데 남야南野 박손경朴孫慶과 하수荷叟 박기령朴箕寧, 그리고 산천山泉 박주종朴周鍾에 대해 연구를 진행하기로 한다.

2. 박손경의 삶과 문학

박손경朴孫慶(1713, 숙종 39~1782, 정조 6)은 자가 효유孝有이고 호는 남야南野이다. 1713년 지금의 예천 용문면 금당실에서 아버지 박성옥朴成玉과 어머니 안동권씨安東權氏(荷塘 權斗寅의 손녀이며 通德郎 權葵의 따님) 사이에서 태어났다.

박손경은 약관弱冠의 나이에 부모의 명에 의해 과거에 응시하지만 불리不利하게 되자, 이후 과거를 포기하고 자신이 하고 싶은 고학古學에 몰두하게 된다. 부친상을 당한 후로는 아우 민경民慶과 함께 계모 신씨申氏부인을 지극 정성으로 섬겼다. 신씨부인은 이들 형제의 효성을 손자들에게 늘 말하기를 "나에게 너의 아버지 형제가 있는 것이 남의 집 열 아들 부럽지 않다. 어찌 내가 낳은 자식이 없는 것을 근심하겠는가?"라고 하여, 이들 형제의 효성에 칭찬을 아끼지 않았다.

박손경은 하나뿐인 아우 민경과 우애가 돈독하였다. 그런데 영조의 공신이자 먼 일족에게 아우 민경을 빼앗기는 뜻밖의 일이 생기게 된다. 박손경은 그 억울함을 임금께 아뢰려고 했지만 어쩔 수 없어, 두 형제는 눈물로써 이별을 하게 되었다. 박손경의 아우에 대한 그리움은 시간이 갈수록 커져만 갔다. 명절을 앞두고 있는 시점이나 계절이 바뀌는 길목에 서면 그 그리움은 더욱 사무쳐 시로써 형상화하기도 하였다.

섣달 그믐날 밤 아우 선유善有(민경)를 생각하며 회포를 쓰다
(「除夜憶弟善有民慶遣懷」)

迢迢京國各山川	멀고 먼 서울은 산천마저 달리하니
椒酒寒燈又一年	찬 등불 아래 초주 한 잔 해는 바뀌네.
長憶紙窓風雪夜	길이 추억하네, 눈보라 창문을 치던 밤
交頭同抱凍衾眠	나란히 찬 이불 덮고 함께 자던 그때를!

이 시는 섣달 그믐날 아우를 생각하며 지은 것으로, 박손경이 아우를 그리는 애틋한 정감이 물씬 배어 있다. 설날을 하루 앞둔 그믐밤, 어느덧 서울 하늘 아래 살고 있는 아우를 생각하게 되고, 그 그리움은 견딜 수 없어 차가운 등불 아래에서 한 잔의 술로 달래 본다. 이 밤이 지나면 새해가 밝아 온다. 온 가족이 모여 조상에게 제사를 모시고, 오순도순 모여 맛있는 음식을 먹으며 정겨운 시간을 보낼 것이다. 그러나 박손경은 새해가 도래한다는 희망찬 생각보다는 늘 한 자리가 비어 있는 듯한, 아우에 대한 상념에 사무치게 된다. 아우는 지금 무엇을 하고 있을까? 아우에 대한 생각이 클수록 박손

경은 아우와 함께 했던 지난날을 떠올려 본다. 눈보라 치던 어느 겨울 밤, 베개를 나란히 하고 차가운 홑이불을 함께 덮고 잠을 잤던 추억이 아련히 떠오른다. 따뜻한 솜이불이 아니어도 그때는 서로 간의 체온으로 감싸 주었기 때문에 추위를 잊을 수 있었다. 마냥 그 시절이 그리우며, 아우가 더욱 보고 싶어진다.

삼월 삼짇날 높은 곳에 올라 아우를 생각하며 (「踏青日登高憶弟」)

東風驛柳雨淸塵	역의 버들에 봄바람 불고 비가 세상을 맑게 하니
芳草萋萋遠入秦	무성한 향풀 향기 멀리 서울까지 스며드네.
秦裏踏青今日事	서울 안의 답청절도 오늘의 일이건만
不知何處望鄕人	알지 못케라, 어느 곳에서 고향 사람 바라볼꼬?

이 시는 답청절踏青節에 높은 곳에 올라 아우를 떠올리며 지은 것이다. 답청절에 대해서는 몇 가지 설이 있다. 정월 7일날 마이산蟆頤山 꼭대기에서 남녀가 함께 유희하며 술을 마시는 일이라는 것과 진중세시기秦中歲時記에 기록된 삼월 삼짇날 곡수曲水의 잔치를 말하는 것으로, 곡강曲江 가에서 음식과 술을 마시며 생풀을 밟는다고 한다. 그러나 여기서는 '높은 곳에 오르는' 답청절의 풍습을 시적 소재로 인용하고 있다. 박손경은 고향에 있으면서도 늘 아우를 생각한 나머지, 아우가 있는 서울의 풍습을 떠올려 본다. 꽃 피고 향기로운 봄바람이 부는 삼월 삼짇날, 아우는 과연 무얼 할까? 풍습에 따라 높은 곳에 올랐을까? 올랐다면 부모형제가 있는 땅, 아니 고향에 있는 이 형을 생각이나 할까? 박손경은 아우에 대한 만감이 교차함을 깨닫게 된다. 이렇게 해서라도 아우에 대한 내 마음을 전하고 싶은 심정뿐이다. 이렇듯 박손경은 명절이나 날씨가 좋은 날이면 항상 아우에 대한 생각을 떨쳐 버릴 수가 없었던 것이다.

그럭저럭 세월은 흘러 십여 년이 지난 1755년(영조 31, 44세), 예기치 못했던 일이 일어나게 된다. 아우를 데려갔던 그 집안이 역모에 연루되어 온 가족이 노비가 되는 처지에 놓이게 된 것이다. 박손경은 이 소식을 접하고 하늘이 무너지는 것 같은 충격을 받았을 것이며, 나아가 아우를 위해 백방으로 힘을 쏟았을 것으로 짐작된다. 아니나 다를까 박손경의 아우에 대한 우애가 임금에게까지 통해서인지 임금은 박민경을 본가로 돌려보냈다. 이 같은 처사는 당시로서는 보기 드문 특이한 경우라고 할 수 있다.

그 뒤 정조 즉위년(1777년, 65세)에 재주와 행실이 뛰어나 영릉참봉英陵參奉에 제수되었고, 3년 뒤에 어사御使 황승원黃昇源이 그의 문학이 유림儒林의 종사宗師가 될 만하다고 보고하여, 동몽교관童蒙教官에 임명되었다. 그러나 박손경은 어머니가 연로하다는 이유로 모두 사양하고 나아가지 않았다.

박손경의 일생에 있어서 특기할 점은 한 마디로 부모에 대한 효성과 형제 간의 우애, 그리고 그것의 현실에서의 실천을 들 수 있다. 조선 후기 실학자인 안정복安鼎福(호는 順庵)은 『상헌수필橡軒隨筆』에서 박손경의 일생에 대해 두 가지 일화를 소개하고 있다. 첫째는 자기보다 한 살밖에 많지 않은 계모 신씨부인을 가난한 살림에도 지극 정성으로 모셨다는 기록이고, 두 번째는 위에서 언급한 형제 간의 우애를 그린 것이다. 즉 형제 간에 헤어져야 할 기구한 운명과, 영원히 만나지 못할 것 같은 처지에서 극적으로 재회하여 그간 못다 나눈 우애를 이어 나가는 진솔하고 아름다운 모습을 기록으로 남기고 있다. 요컨대 안정복은 효와 우애를 몸소 실천한 박손경을 실천을 중시하는 동한東漢의 선비상으로 자리매김하였던 것이다.

이렇듯 박손경은 평생 동안 부모에게 효도하고 형제 간의 우애를 실천한 인물이다. 따라서 그가 추구한 학문을 한 마디로 요약하면 '효우孝友'라고 할 수 있다. '효우'는 유가의 실천 덕목으로, 당시 유자라면 누구나 이를 소중히 생각하고 현실에서 실천하려는 자세를 가졌음은 당연하다. 그러나 17세기 이후 성리학의 사상적 모순이 노정된 현실에서 생각해 볼 때, 박손경의 '효우'의 실천은 남다른 면이 있다. 조선 후기 영남학자들의 문집을 일별해 보면 대부분 지리 번쇄한 리기심성론과 예학, 그리고 신변의 안부나 묻는 한수작의 편지글들이 다수 차지하고 있는 것이 사실이다. 이와 달리 박손경은 그의 문집에서 리기심성에 관한 내용이나 예학에 관해서는 작품을 남기고 있지 않다. 심지어 저술할 것을 권하면 "정자와 주자 이래로 제현諸賢들이 드러내어 다 밝혀서 남은 것이 없고, 또 우리 퇴도退陶 선생께서 지나간 철인哲人을 잇고 후학들을 열어 주어 털끝만 한 유감도 없게 하였으니, 뒷사람들은 마땅히 삼가 이루어 놓은 법을 지켜야 할 것이다. 어찌 반드시 평상을 가로대고 학설을 중첩하여 옳지 않은 비난을 취하겠는가?"라고 하며, 유사한 학문적 저술을 남기기보다 선현들이 밝혀 놓은 것을 실천할 것을 주장하였다. 흡사 16세기 조식曺植(호는 南冥)이 '정주程朱 이후 불필저서不必著書'라고 하면서 학문의 이론적 측면보다는 실천을 강조하는 것과 맥락이 비슷하다고 할 수 있다. 이렇게 박손경은 평상시에 문자저술을 남기려고 하지 않았다. 만년에 학문적인 저술로 『주서강록간보차의朱書講錄刊補箚疑』를 남겼는데, 이 책의 간행 경위와 내용 및 특징에 대해서는 여기서 언급을 피하기로 한다. 다만 지적하고 싶은 것은 박손경의 학문적 자세에 대해서다. 기존의 학설을 묵수하지 않고 조그마한 학문적 결점이나 의심에 대해 용납하지 않으려는 진지한 학자적 태도는 당시 학문적 분위기에 비춰볼 때 의미가 있을 것으로 생각된다.

한편 진지한 학문적 자세와 실천을 중시했던 박손경도 한때는 문장학에 심취하였다. 그래서 문장의 풍격風格, 영웅의 성패成敗, 고금의 치란治亂에 대해 논하기를 좋아하였다. 뿐만 아니라 당시 문체가 비약卑弱함을 걱정하여 항상 선진先秦의 문자 보기를 좋아하였다. 젊은 시절 고문古文을 좋아했던 박손경은 인생의 중·후반기로 들어서면서 인식의 전환을 가져오게 된다. "문장은 시세時世의 풍기風氣와 서로 오르내리므로 그것을 본뜨려 해도 될 수가 없다. 비록 문장을 본뜬다 해도 나에게 그것이 무슨 의미가 있겠는가?" 하고는 그 후 일체 전날의 좋아했던 문장학을 버리고 날마다 사서四書와 정자·주자의 책을 탐독하였다. 고문을 추구하던 경향에서 성리학으로 학문적 방향을 전환한 것이다. 고문을 추구하던 젊은 날의 문장학에서 인생의 후반기에 성리학으로 전환한 의미는 무엇이며, 어떻게 해석해야 할까?

사환의 길을 포기한 이상, 그것에 따른 문장 공부는 박손경에게 아무런 의미가 없으며, 이제 자유롭게 자신이 하고 싶은 공부를 할 수 있는 여건이 조성되었다고 할 수 있다. 또한 평소 문장의 문체에 대한 반성적인 태도를 취하고 있던 터라 그 해결책으로 고문에 경도된 것으로 볼 수 있다. 이것은 봉화 지역의 문예성이 짙은 문인학자, 이를테면 권두인權斗寅(호는 荷塘), 권두경權斗經(호는 蒼雪齋), 이광정李光庭(호는 訥隱), 권만權萬(호는 江左)의 고학적 문예 경향이 직·간접적으로 영향을 미쳤던 것으로 여겨진다. 박손경은 이들과는 인척 관계를 맺고 있었고, 문집에는 이들의 문학에 대해 직접적으로 언급을 하고 있다. 그럼에도 이 같은 문예 경향이 성리학으로 돌아설 수 있었던 것은 뿌리 깊은 영남성리학의 전통과 가학家學적 측면을 들 수 있으며, 아울러 만년에 김낙행金樂行(호는 九思堂), 이상정李象靖(호는 大山) 등 퇴계학의 정맥에 놓인 이들과의 교유가 적잖은 영향을 끼쳤다고 할 수 있다. 이렇게 다양한 학문적 경향이 한 인간에게 혼효되어 나타나고 있지만 여기에서 더욱 주목하고자 하는 것은 그가 추구한 고학, 고문이다. 고학적 경향은 영남 성리학의 보편적 현상에서 보면 특수한 경우이고, 바로 이 점이 박손경이 추구한 또 다른 면이라고 할 수 있다.

평생 동안 같은 이웃에 살면서 학문적 동지였던 동갑내기 족제族弟인 박신경朴申慶(호는 能皐)은 박손경의 시문詩文에 대해 "그의 문장은 침울沈鬱하면서 돈좌頓挫하고, 억양抑揚하면서도 반복反復하고, 고건古健하지만 간극艱棘에 가깝지 않고, 평이平易하지만 진부陳腐함에 빠지지 않았다. 체단體段이 저절로 갖추어져 승삭繩削을 번거롭게 하지 않아 남들이 미치지 못함이 있었다. 고시古詩는 위진魏秦을 배웠지만 이취理趣는 그보다 뛰어났으며, 절구絶句는 율령律令에 구애받지 않았지만 저절로 체재體裁와 합치되었다. 뜻을 사물에 의탁하고 흥을 부치는 말에 이르러서는 평원용여平遠容與하여 지귀指歸가 무궁無窮하니 보는 사람들이 잘 이해할 수 있었다"라고 하여 종합적인 평가를 내리고 있다. 이것을 정리하면 영남 지방의 정통 성리학자들의 일반적인 문풍과는 달리 당시 중앙에서 일고 있던 고학적 문풍과 어느 정도 기맥이 닿아 있다고 할 수 있다.

실제 그의 문집에는 한시漢詩 116제題 195수首가 실려 있다. 외형적으로는 죽음을 애도하는 만시輓詩(80수)와 차운시次韻詩(42수)가 대부분을 이룬다. 그러나 문집 앞부분에는 고시古詩와 가행체歌行體의 악부시樂府詩를 싣고 있다. 이를테면 「춘일휴동자수배소행유작春日携童子數輩小行有作」・「명일독행지소계속성고시明日獨行至小溪續成古詩」・「전부사田婦辭」・「화주음花酒吟」・「어름동성가御廩東城歌」・「훼연빈루부毀讌賓樓賦」 등을 들 수 있다. 이런 점으로 미루어 볼 때 초기에 창작된 시문은 위진魏秦 이전의 고시 계열임을 확인할 수 있다.

그의 시 세계는 대체로 죽음을 애도하는 만시輓詩와 산수 간의 자연을 노래하고 친구 간에 주고받은 경물시, 그리고 자연에 묻혀 조용히 사색하고 완상하면서 읊은 영물시로 이루어져 있다. 그 가운데 오늘에까지 인구에 회자되고 있는 시가 많은데, 그 대표적인 작품을 들어 본다.

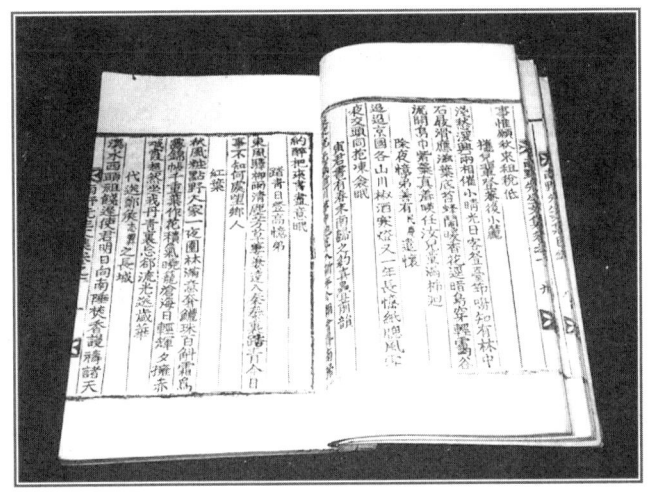

▲ 『남야집』 소재 「홍엽」 시詩

가을단풍 (「紅葉」)

秋風粧點野人家	가을바람이 시골 집을 조금씩 단장하더니
一夜園林滿意奢	하룻밤 사이 동산 수풀 너무나도 호사스럽네.
驪珠百斛霜爲露	서리는 이슬 되어 맑은 구슬 백 섬이요
錦帳千重葉作花	잎은 꽃이 되어 비단 장막 천 겹이네.
積氣曉籠滄海日	기운 쌓인 새벽에는 창해의 해를 머금고
輕輝夕擁赤城霞	달 비치는 저녁에는 적성의 노을 안았네.
超然坐我丹靑裏	초탈한 듯 단풍 속에 그대로 앉았자니
忘却流光送歲華	흘러가는 시간일랑 어느덧 잊었더라.

이 시는 송기식宋基植이 편찬한 『시화운총詩話韻叢』에 수록되어 소개될 정도로 유명한 작품이다. 늦가을 단풍 숲의 아름다움을 시인 특유의 맑고 깨끗한 필치로 그려 내고 있다. 하룻밤 사이에 찾아온 단풍의 경관을 표상

할 수 있는 갖가지 시어詩語를 동원하여 예찬하고 있다. 한 점 속기俗氣가 끼어들 여지가 없이 주위 단풍의 객관 경물과 시인 자신의 주관 서정이 만나 혼연일체가 된다. 끝내 시인은 자신도 모르게 단풍 숲에 끌려, 내가 지금 어디에 있는지 세월이 가고 오는지도 모를 정도로 흠뻑 취하고 만다. 어느 시인이 말한 "이 몸이 그림 속에 있는지를 알지 못한다"(不知身在畵圖中)의 이미지와 흡사하다. 시어가 청신하고 의치가 유장하여 읽는 이로 하여금 한 폭의 진경산수화를 감상하는 것처럼 감동을 불러일으킨다.

3. 박기령의 삶과 문학

박기령朴箕寧(1779, 정조 3~1857, 철종 8)은 자가 치승穉承이고 호는 하수荷叟이다. 1779년 아버지 박한용朴漢龍과 어머니 풍산유씨豐山柳氏(西厓의 후손, 湖의 따님) 사이에서 태어났으며, 뒤에 한호漢虎에게 출계出系하였다.

박기령은 태어날 때부터 신골神骨이 빼어났고 안광眼光이 빛나 밤에도 물건을 분별할 수 있었다. 점차 성장하여 종숙從叔 침헌공寢軒公 박한동朴漢東(박손경의 장자)에게 나아가 글을 배웠으며, 그 이후 더욱 학문에 분발하여 게으르지 않았다. 천성이 효우孝友하여 할아버지 첨추공僉樞公 박필경朴必慶을 지극 정성으로 받들었고, 20세 전후에 아버지 상을 당해서는 너무 지나치게 애상哀喪한 나머지 병을 얻어 좀처럼 낫지 않았는데, 꿈속에서 처방전을 얻어 약을 조제하여 복용하자 병이 말끔히 나았다. 사람들은 이를 두고 효감孝感의 징조라고 하였다. 그 뒤 상을 마치고는 마을에서 얼마간 떨어진 형님 박태령朴台寧의 정자인 녹문정鹿門亭에서 독서하며 글을 짓곤 하였다. 이때 박기령은 문장력이 보통이 아니어서 권사호權思浩에게 칭찬을 받는 등 선배 학자들에게 인정을 받았다.

1807년(순조 7, 29세) 문사門師인 침헌공이 돌아가시자 박기령은 의지할 곳을 잃은 것처럼 애통해하였고, 기일忌日이 다가오면 손수 제수를 장만하여 평생 동안 제사를 모셨다. 1816년(순조 16, 38세) 박기령은 부모의 명에 따라 과거에 응시하여 진사시進士試에 합격하고, 그 뒤 성균관에서 공부를 하였다. 당시 재상이자 대문장가인 홍석주洪奭周가 박기령의 명성을 듣고 만나려고 했지만, 그는 어머니가 연로하여 원유遠遊할 수 없다는 핑계로 사양하고 곧장 고향으로 돌아왔다. 그의 삶의 태도와 인품의 한 단면을 엿볼 수 있다. 반면 이 시기 성균관에서 공부할 때 그는 장석우張錫愚(호는 領旅), 이원조李源祚(호는 凝窩), 이휘재李彙載(호는 雲山) 등과 도의교道義敎를 맺고, 한가한 틈을 타서 책을 보기도 하고 시를 담론하기도 하였다. 그의 문집에는 이들과 주고받은 편지글이 다수 수록되어 있는데, 이들의 우정은 삶을 마칠 때까지 지속되었음을 알 수 있다.

고향으로 내려온 박기령은 오직 노모를 봉양하며 학문에 힘을 쏟았다. 1825년(순조 25, 47세)에 생모生母가 돌아가시자 박기령은 후모後母 장부인張夫人에게 문안하는 일 이외에는 생모의 빈소를 지켰다. 그런 경황 중에서도 박기령은 주문공朱文公의 『가례家禮』와 고금古今의 명유名儒들이 문답한 것에서 가려 뽑아 「상제잡의喪祭雜儀」를 편찬하였다. 이는 자신이 상喪·제례祭禮에 대해 몸소 실천해 온 것을 기록으로 남긴 것으로, 자손들에 대한 권계의 의미와 실천지향의 학문관을 엿볼 수 있게 한다.

박기령은 1829년(순조 29, 51세) 어머니의 명에 의해 다시 성균관에 올라갔다. 당시 익종翼宗(순조의 아들, 추존됨)의 총애를 받았지만 익종이 세상을 떠나자 진취進取할 뜻을 완전히 접었다. 고향으로 내려온 박기령은 1832년(순조 32, 54세) 가솔을 데리고 단양의 적성산중赤城山中에 들어가 소요자적하며 한적한 삶을 구가하였다. 주로 이 시기의 생활은 자제子弟들에 대한 교육이거나 수석水石을 품평하는 일이었다. 또한 「적성산사赤城山史」와

「적성십육경赤城十六景」을 지어 산거山居의 그윽한 심사를 형상화하였다. 1840년(헌종 6, 62세) 적성산중으로부터 형님이 사는 녹문정 곁으로 다시 돌아왔다. 인근에서 학업을 청하는 사람들이 다투어 모여들었다. 박기령은 정성을 다해 그들을 권면하고 교도하며 조금도 게을리 하지 않았다. 이후 박기령의 삶은 녹문정 주인인 형님과 우애를 돈독히 하며, 세속에 물들지 않는 청고淸高한 삶을 지향해 나간다. 다음의 기록에서는 형제 간의 우애와 그들의 삶의 자세를 엿볼 수 있다.

나의 백씨가 녹문산鹿門山에 들어가 연소蓮沼 위에 띠집을 지어 놓고 거처하였다. 오래된 분매盆梅가 있었는데 품격이 매우 기이하여 사랑하였다. 매년 섣달이면 꽃을 피워 암향暗香과 성긴 그림자가 사람의 정신을 맑게 해 주었다. 그 뒤 내가 적성산중에서 돌아와 형님이 계신 이 정자에서 생활하게 되었다. 백씨가 본가로 떠난 이후 매화는 꽃을 피우지 않았고, 곧이어 있지도 않은 연꽃이 연못에서 생겨나 수개월 만에 수면을 덮어 버렸다. 나는 탄식하며 "이는 까닭이 있을 것이다. 초목에도 냄새와 맛이 있어 각각 기氣의 종류에 따라 응하는 법이니, 매형梅兄은 내가 감히 벗할 바가 아니다. 나를 알아주는 것은 연蓮이다"고 하였다. 백씨가 "어찌 그렇게 생각하느냐?"고 하자, 내가 "백씨가 이곳에 거처할 때는 맑고 엄하며 은거하여 도道를 구하고 독실하게 덕을 지켜서 그 뜻과 지조가 깨끗하고 고상하여, 마치 엄동설한에 고결하게 피어나는 매화와 같았습니다. 반면에 나는 용렬하고 우둔하여 그 뜻과 지조가 천하고 보잘것없어 진흙 뻘에 물들지 않는 연꽃의 모습을 오래도록 지키지 못하고, 또한 서리를 업신여기는 국화의 지조도 없습니다. 이 둘의 품격은 각각 처하는 곳도 같지 않기에 억지로 합할 수 없습니다. 그렇다면 매화의 벗은 의당 맑고 고결하며 굳은 지조가 있는 선비라야 어울리니, 이는 내가 가형家兄에게 미치지 못할 부분입니다. 연을 사랑하는 이는 스스로 낮은 곳에 처하여 쓸데없이 속세를 따르는 것 같지만 탁한 세상에 처하여 맑은 물에 씻기어도 물들지 않는다면 군자들에게 버림받지는 않을 것입니다"고 하였다.

녹문정의 주인이 바뀌자 공교롭게도 항상 꽃을 피웠던 매화는 시들어 가고, 대신 심지도 않은 연꽃이 연못에 가득하게 피어났다. 박기령은 이 같은 현상을 정자 주인의 인품과 관련시켜 설명하고 있다. 청고독수淸高篤守한 삶을 견지한 형님의 인품을 매화에 견주었고, 속세에 물들지 않고 깨끗하게 살려는 자신의 인간 자세를 연꽃에 비유하였다. 아울러 만년에 자신의 호를 '하수荷叟'라고 한 것도 여기에서 연유한 것이다. 형님인 박태령은 고율시古律詩 12운으로 된 「연매시蓮梅詩」를 지어 이 사실을 상기시켰고, 박기령은 형님의 시에 차운하여 「경차가형연매시敬次家兄蓮梅詩」와 그 소서小序를 지어 일의 전말을 기록하여 형님에게 화답하여 올렸다. 여기에서 우리는 자연 현상의 사실 여부를 떠나 매화와 연꽃이 상징하는 그런 삶을 살려는 삶의 자세와 형제 간의 우애의 한 단면을 확인할 수 있다.

그 후 박기령의 집안 살림은 더욱 어려웠다. 그러나 후모後母 장부인張夫人에 대한 효성은 지극하였다. 박기령의 나이 70에 장부인이 세상을 떠났다. 3년 동안 수질과 요대를 벗지 않고 손수 음식을 올리는 등, 거상居喪에 지나친 감이 있었다. 어떤 사람이 "노인의 집례執禮가 너무 지나치지 아니한가?"라고 하자, 박기령은 "거상에는 미치지 못할 것을 걱정해야지 어찌 지나치는 것을 걱정하겠는가?"고 하였다.

한편 박기령은 장부인의 상복 기간 중에도 틈나는 대로 손에서 책을 놓지 않았다. 특히 『중용』과 『대학』에 심취하였다. 그 결과 「중용삼십삼장도中庸三十三章圖」·「중용팔장선악부응지도中庸八章善惡符應之圖」·「용학표리지도庸學表裏之圖」 등을 저술하고 각각 도설圖說을 두었다. 그리고 경전과 선현先賢의 언행 중에 본받을 만한 것을 취하여 「일용비고日用備考」를 편찬했는데, 이것은 일상생활의 쓰임에 대비하고자 한 것이다. 만년에는 더욱 『대학』과 『중용』 장구를 외우며 즐거워하였다. 심지어 병이 들어 정신이 혼몽할 때면 자제들을 시켜 읽히게 하고 듣고 난 뒤, "이것이 내가 나의 정신을 일깨우는 방법이다"(喚惺法)라고 하였다.

죽기 한해 전인 1856년(철종 7, 78세) 섣달 그믐날 저녁에 박기령은 그의 생애에서 마지막 시를 남기고 있다.

섣달 그믐 밤에 병든 몸으로 벽에 쓰다 (「除夕病中題壁」)

行年七十九　해 바뀌면 내 나이 일흔아홉
臘月三十日　오늘이 벌써 섣달그믐이구나.
天下達道五　누구나 지킬 도리 오륜五倫이지만
五以三爲一　삼강三綱도 오륜처럼 한 가지라네.
一有不能誠　하나라도 성실하지 않는다면
五三皆非實　삼강오륜 모두가 실實이 아니라네.
墨卿司我戒　글로 써서 경계를 삼노니
敢此天君質　이 마음 질박하게 하지 않으랴!

박기령은 죽음의 문턱에서 조용히 자신이 살아온 삶을 되돌아보고 있다. 인간의 삶에서 가장 중요한 것은 오륜五倫의 실천이라고 생각하였다. 이 오륜의 실천은 하나같이 진실된 마음에서 나오는 것이다. 성실한 마음에 근거하지 않은 모든 행위는 실질적인 것이 되지 못한다. 나의 이 말을 마음속에 되새기고 실천한다면 속세에 찌든 인간의 마음이 순수하고 질박한 데로 돌아갈 것임을 강조하고 있다. 이처럼 이 시는 자신의 삶에 대한 반성과 아울러 후손들에게 윤리 규범의 실천을 권면하였다.

1857년(철종 8, 79세) 박기령은 정월에 몸소 사당과 부모님의 묘소를 배알하였다. 그리고 그해 8월 16일에 자질子姪들의 부축을 받으며 일어나 구름 한 점 없는 가을 하늘을 보고 "상쾌하도다, 내 마음이여! 시원하구나, 속루俗累가 없도다" 하고는 운명하니 향년 79세였다. 박기령은 이렇게 마지막

순간까지 청고한 인간 자세를 간직하고 세상을 떠났다.

박기령의 한평생은 단양의 적성산중의 은거기를 제외하면 부모에 대한 효성과 형제 간의 우애, 그리고 그런 가운데서 자신의 청고한 삶을 추구하고자 한 것으로 일축된다. 문집에 수록되어 있는 많은 비지문자들도 박기령의 이 같은 점에 초점을 맞추어 기술하고 있다. 이처럼 일상생활 속에서의 '효우'에 대한 실천은 가학家學의 영향과 "우리 집안의 학문은 강설講說을 뒤로 하고 실천實踐을 먼저해야 한다"는 자신의 학문관에서 연유한 것이다.

실제 그가 지은 「상제잡의喪祭雜儀」・「일용비고日用備考」・「중용삼십삼장도中庸三十三章圖」・「중용팔장선악부응지도中庸八章善惡符應之圖」・「용학표리지도庸學表裏之圖」 등의 면면을 살펴보면 이 점을 확인할 수 있다. 이 저술들은 한결같이 어머니의 상복 기간 중에 편찬되었다. 「상제잡의」는 상례와 제례에 대해 『가례』와 명유名儒들의 문집에서 가려 뽑은 것이고, 「일용비고」는 경전과 선현의 언행 중에 본받을 만한 것을 취해 편찬한 것으로 일상생활의 쓰임에 대비하고자 하였다. 아울러 「중용삼십삼장도」・「중용팔장선악부응지도」・「용학표리지도」 등은 초학자들에게 『중용』을 이해하기 쉽게 도식화한 것이다. 박기령은 「중용도설」을 지어 『중용』 33장의 체제와 구성, 그리고 내용에 대해서 총괄적인 견해를 나타내었다. 그 말미에 『중용』은 깊고 은미하고 넓기 때문에 초학자는 알기 어렵다고 전제하면서, 초학자들이 이 도圖를 통해 공부한다면 『중용』을 이해하는 데 도움이 될 것이라고 그 저술 동기를 밝혀 놓고 있다. 특히 「중용팔장선악부응도」는 『중용』 33장 중에 별도로 한 도를 만들어 세 아들에게 준 것이다. 그 도설에서 박기령은 이들이 아침저녁으로 보고 반성하여 수양 공부에 도움이 되기를 희망하였다. 결국 박기령의 도설은 난해한 『중용』의 학문 체계를 그림으로 알기 쉽게 제시한 것이며, 이 같은 도설식 편찬은 퇴계학풍의 전통의 기반 위에 있다고 할 수 있다. 그러나 이처럼 『중용』을 깊이 공부하고 많은 도설을 남긴 사람은 당시에 드물었다. 그래서 주위 사람들에게 주목을 받았으며, 특히 호중湖中의 판서判書 민치성閔致成이 예천군에 귀양을 왔는데 「중용도」를 보고 크게 놀라 "평소 용력用力이 깊지 않다면 어찌 이 도가 귀한 줄을 알았겠습니까?"라고 하며, 그의 『중용』의 학문적 업적을 인정하였다. 요컨대 박기령의 저술들은 공허한 이론적 측면보다는 현실 생활 속에서의 강한 실천을 전제하고 있으며, 이 같은 학문 경향은 퇴계학풍의 정통 유자들과는 다소 다른 점이 아닌가 한다.

　박기령의 문집에는 한시漢詩 73제題 129수首가 실려 있다. 크게 만시輓詩(39제), 차운시次韻詩(9제), 송별시送別詩(8제)로 유형을 분류할 수 있으며, 그 중 특기할 작품은 유둔幽遯의 뜻을 피력한 「적성십육경赤城十六景」(5언 절구), 118운으로 된 「설중즉사雪中卽事」(5언 배율), 그리고 140운으로 이루어진 「남정기행南征紀行」(5언 140운) 등을 들 수 있다. 우선 장편시를 쓰고 있다는 점에서 그의 문학적 역량을 가늠해 볼 수 있는데, 이 작품들은 한결같이 평소 그가 추구한 삶의 자세와 그 속에서 배어 나온 탈속한 세계를 형상화하고 있다. 이휘재李彙載(호는 雲山)는 일찍이 그가 지은 「남정기행南征紀行」 시詩를 보고, "수백 년 전의 작자作者의 구기口氣이다"라고 하며 칭찬을 아끼지 않았다. 또 「적성십육경」의 작품은 적성 주위의 경관이 뛰어난 16경景을 묘사한 것으로 당시 인사들에게 상당한 반응을 불러일으켰고, 많은 사람들이 이 작품에 화답을 하였다. 특히 유이좌柳台佐(호는 鶴棲)는 「산관십육경山館十六景」을 지어 그에게 주기까지 하였다. 또한 단양 적성에서의 은거 생활은 「적성십육경」의 시로 형상화했을 뿐만 아니라 「적성산사赤城山史」를 지어 적성산중의 주위 경관과 자신의 삶의 지향점을 담아 내고 있다. 「적성산사」는 작품의 제목에서 알 수 있듯이 적성산중에 대한 객관적인 기록이다. 적성을 중심으로 그 주위의 산천과 그 속에 남아 있

▲ 박기령의 문집인 『하수집』(6권 3책)

는 역사 유적, 그리고 지금껏 전해오고 있는 전설 등을 가급적 자신의 주관이 묻어나지 않게 객관적·사실적 필치로 담담하게 기록하고 있다. 적성에서 보면 원경에서 근경으로 다가오는 서술 양태를 보여 주고 있다. 한 마디로 이 작품은 적성에 대한 인문지리지의 성격을 갖는 것이라고 할 수 있다. 여기서는 「적성십육경」 가운데 마지막 작품인 「적성赤城」을 감상해 보기로 한다.

적성 (「赤城」)

莫道山中苦　산중의 괴로움 말하지 마오.
我自山中樂　나에겐 산중의 즐거움 있네.
待他紅葉時　붉은 단풍 물들 때를 기다려
期以烟霞約　연하烟霞의 약속을 기약하세나.

요란한 속세의 삶을 벗어나 산거山居의 그윽하고 유유자적한 즐거움을 묘사하고 있다. 이렇게 한 점 티끌 없는 탈속한 삶은 바로 박기령이 평생 동안 추구한 삶의 지향점이었다. 그가 만년에 '하수荷叟'라고 자호自號한 데에서도 엿볼 수 있듯이, 그는 더러운 물에 물들지 않고 고고하면서 깨끗하게 은은한 꽃과 향기를 피우는 연의 자태를 닮으려고 했던 것이다. 「적성십육경」의 작품을 위시하여 그가 추구한 시 세계는 청고淸高한 그의 삶의 시적 형상화라고 할 수 있다.

4. 박주종의 삶과 문학

박주종朴周鍾(1803, 순조.3~1887, 고종 24)은 자가 문원聞遠이고 호는 산천山泉이다. 아버지는 첨지중추부사를 지낸 박필녕朴弼寧이며, 어머니는 유성룡柳成龍(호는 西厓)의 후손인 정조貞祚의 따님으로, 그는 1803년 예천醴泉 금곡리金谷里에서 태어났다. 어려서부터 족부族父 박기령朴箕寧에게 수학하였다. 일찍이 아우 주운周雲·주상周庠과 함께 과거공부를 열심히 하여 향시에는 여러 번 합격 또는 장원도 하였으나 회시會試에서는 번번이 고배를 마셨다. 1852년(철종 3, 50세) 둘째 아우가 과거에 급제하자 박주종은 부모를 기쁘게 해드린 것에 고마워하며, 아우에게 더욱 권면할 것을 당부하였다. 1862년(철종 13, 60세)에 삼정三政의 폐단을 구제하는 일만여 자의 「삼정책三政策」을 올렸고, 1877년(고종 14, 75세)에는 훼철된 서원의 복설을 청하는 소를 올릴 때 소수疏首에 추대되었으며, 1884년(고종 21, 82세) 갑신정변이 일어나 의복 제도를 고치라는 령슈이 있자, 도내 유림을 대표하여 소장의 초고를 지었다. 조정에서 그에게 벼슬을 주자는 논의가 있었지만 박주종은 개의치 않았으며, 평생을 재야 유림의 큰 학자로 삶을 마감하게 된다. 1887년(고종 24, 85세) 봄, 병이 깊어지자 박주종은 문하門下의 제인諸人들을 불러 뜻을 견고하게 세울 것을 깨우치고, 둘째 아우에게 '청신겸졸淸愼謙拙' 네 글자를 써서 후손들에게 남기도록 하였다. 그리고 유연히 세상을 떠났으니 향년 85세였다.

박주종의 삶을 좀더 구체적으로 살펴보면, 대략 두 가지로 나누어 생각할 수 있다. 가정과 친족 간에 있어서의 삶과 지방 유림의 대표로서의 역할을 들 수 있다.

박주종은 자신의 몸가짐을 법도에 맞게 하여 조금도 태만하지 않았고, 삼가고 겸손하여 스스로 잘난 체하지 않았다. 평생 동안 옷은 깨끗하게 빨아 입었고, 음식은 담박한 것만 먹었으며, 술과 담배를 가까이하지 않았다. 날마다 새벽에 일어나 사당을 참배하고, 물러나 하루종일 책을 보았으며, 집이 매우 가난했지만 마음에 두지 않았다.

어버이를 섬길 때는 온화한 낯빛으로 부모의 마음을 즐겁게 해주었으며, 심지어 '깊이 온화한 기운을 사랑한다'(深愛和氣)는 뜻을 취하여 당堂의 이름을 '심화深和'라고 하고, 「심화당명深和堂銘」을 지어 자신의 경계로 삼았다. 어머니 상을 당했을 때는 3년 동안 손수 제수를 올렸고, 뒤이어 아버지 초상 때는 박주종의 나이 환갑에 가까웠지만 예를 지킴에 게으르지 않았으며, 추우나 더우나 요대와 수질을 벗지 않았다. 박주종은 이 모두가 "외선조外先祖 졸재拙齋(柳元之) 선생의 가르침"이라고 하였다. 또한 박주종은 두 동생과의 우애가 돈독하였는데, 동생이 궁하게 되면 자기의 아픔으로 여겼고, 동생이 현달하게 되면 자신의 불우함을 잊어버렸다. 특히 서원 복설에 관한 소를 올렸을 때, 서울까지 올라가 형님을 도운 아우의 모습에서 의기투합한 형제 간의 우애를 확인할 수 있다.

박주종은 조상의 제사를 모시는 데 있어서도 예를 극진히 하였다. 기일이 다가오면 반드시 목욕재계하여 정성스러움과 공경하는 마음을 갖추었다. 혹시 병이 나서 제사에 참여하지 못할 경우에도 부축을 받아 일어나 의관을 정제하고 제사를 마친 뒤에 그만두었다. 뿐만 아니라 방계 선조의 제사에도 반드시 소식素食을 하였고, 제사 음식을 보내 주면 반드시 갓을 쓰고 받았다.

집안을 다스릴 때는 화목함과 엄격함을 동시에 강조하였고, 종족 간에는 친소親疎의 구별을 두지 않고, 가난하여 초상을 치를 수 없는 경우 약간의 돈을 주어 여러 친척들의 도움을 이끌었고, 혼인할 형편이 되지 못한 사람에게는 그를 위해 힘을 써서 때를 놓치지 않도록 해주었다. 나아가 큰 종가에 후사後嗣가 끊어지지 않게 함은 물론 작은 종가를 위해 경제적인 토대를 마련해 주기도 하였다. 그리고 문중 사람들이 지켜야 할 「문약門約」 20조를 지어 일가친척들이 모이는 날에 반드시 읽고 따라서 행하도록 하였다. 반면 박주종은 세상을 살면서 사람을 대할 때는 온화하고 부드러운 뜻이 있으나 의리의 판별에 있어서는 조금도 꺾임이 없었으며, '벽립천인壁立千仞 일도양단一刀兩段'이라는 여덟 글자를 벽에 걸어 두고 스스로를 독려하였다.

요컨대, 박주종의 집안 내에서의 삶을 한 마디로 요약하면 "효도와 우애를 돈독히 하고(篤孝友), 제사를 신중히 모시며(謹祭祀), 친척간의 화목함을 닦고(修敎睦), 명예와 절조를 중히 여기는 것(重名節)"이라고 할 수 있다. 이것은 바로 박주종 자신이 늘 말했듯이 효도와 우애의 윤리적 실천 위에서 가능하고, 또 확산되어 가는 것이다.

한편 집안 내에서의 윤리적 실천은 사회에 대한 관심으로 나타나게 된다. 박주종은 한평생 재야의 선비로서의 삶을 살아가지만 19세기의 정치 현실을 방관만 하고 있을 수 없었다. 이를테면 삼정의 문란, 서원훼철, 의복 제도의 개혁, 영남 유림의 문묘 종향, 병산서원과 여강서원의 보합保合 문제 등에 대해 자신의 의견을 개진하여 문제점을 제시하였다. 여기서는 이 몇 가지 점에 대해 그의 활동과 역할을 살펴보기로 한다.

첫째, 삼정三政의 폐단에 관한 문제이다. 1862년(철종 13, 60세)에 삼정의 폐단이 노골화되었다. 임금은 조정의 신하들뿐만 아니라 재야에 있는 유생들에게까지 삼정의 구제책을 제진製進하라는 명령을 내렸다. 이때 박주종은 일만여 자에 달하는 무실팔조懋實八條, 즉「삼정책三政策」을 올리게 된다. 박주종은「삼정책」의 서두에서 "옛날의 성제聖帝와 명왕明王께서 크게 천하국가를 다스리고자 할 때는 반드시 천하에 실심實心을 세우고, 천하에 실정實政을 행하고, 천하에 실혜實惠를 펴고, 천하에 실공實功을 이루었다"고 전제하면서, '실實'이란 바로 생민生民을 보호하고 인극人極을 세우는 큰 근본임을 강조하였다. 그리고 전정田政에 대해서는 "정해진 제도의 실을 헤아려서 이루어진 법을 받들고, 경계經界의 실을 바로잡아 민역民役을 균등히 할 것"과, 군정軍政에 대해서는 "원액原額의 실을 살펴서 모자라고 넘치는 것을 바로잡고, 전수戰守의 실을 가르쳐서 완급에 대비할 것"과, 환정還政에 대해서는 "상평常平의 실을 회복하여 소모와 이식을 조절하고, 수장守藏의 실을 엄격히 하여 범하고 훔치는 것을 방지할 것"을 주장하였다. 그의「삼정책」은 '실지에 힘을 쓰는 것'(懋實)으로 요약할 수 있다. 결과적으로 그의 대책문은 우등優等으로 5인 안에 채택되어, 네 사람은 관직을 제수받았고, 박주종은『아송雅誦』한 질을 하사받기에 이르렀다.

둘째, 서원훼철에 관한 문제이다. 1868년(고종 5, 66세) 홍선대원군에 의해 전국적인 규모의 서원철폐령이 내려진다. 서원은 중종 이래로 면세 면역의 특권이 부여되어 국가 재정과 왕실에 엄청난 손실을 가져다주었다. 그래서 홍선대원군은 서원을 철폐하여 왕실의 위엄을 드높이고 왕권을 강화하려고 하였다. 뿐만 아니라 관학官學을 외면하고 사학私學을 선호하는 당시의 풍조를 서원의 철폐로 만회하려고 하였다. 그러나 그것은 전국 유림의 반대에 부딪히는 등 상당한 역효과를 낳았다. 그렇지만, 한편으로 선비들의 사기士氣가 꺾이는 계기가 되기도 하였다. 10여 년 뒤인 1877년, 영남 사림은 훼철된 서원의 복설을 청하는「청국내사원복설소請國內祠院復設疏」를

▲ 서원의 복설을 청한 「청복설서원소請復設書院疏」(『산천집』)

올리게 된다. 이때 박주종은 영남 유림을 대표하여 소수疏首에 추대되었다. 이보다 앞서 영남 유생 정민병鄭民秉이 상소를 올려 형조刑曹로부터 강외江外로 내쫓긴 일이 있었다. 그래서 모든 사람들이 지금 소를 올리는 것은 위험하다고 염려하였다. 박주종은 이 일은 화환禍患이 닥친다고 해서 그만둘 일이 아니라고 하며, 소장을 들고 도성으로 들어가 50여 일을 대궐 앞에 엎드려 있었으나 비답을 받지 못하였다. 고향에서 이 소식을 들은 아우 학사공學士公이 대궐로 달려와 소를 올려 빨리 처분해 줄 것을 청하였다. 결국 형제 간의 간청으로 임금은 승정원에 명하여 유생의 소를 받아들이도록 하였다. 그러나 시대의 흐름을 바꾸지 못하여 서원의 복설은 실현되지 않았다. 그렇지만 재야 유림의 입장에서 유학의 맥을 부지하려는 박주종의 숭고한 정신 자세만큼은 의미가 있다고 여겨진다.

셋째, 의복 제도에 관한 문제이다. 1884년(고종 21, 82세)은 갑신정변이 일어난 해이다. 갑신정변은 김옥균, 박영효, 홍영식 등 혁신파의 개화당이 왕조의 내정을 개혁하기 위해 일으킨 정치적 변란이다. 특히 의복 제도를 고치라는 령슈이 있자, 도내의 유림들은 전통적으로 내려온 의복을 바꿀 수 없음에 뜻을 같이하였다. 그리고 조정에 소를 올리기로 하였는데, 박주종이 소장의 초고를 맡아 썼다. 「청물개의제소請勿改衣制疏」가 바로 그것이다. 박주종은 이 소장에서 우리나라 복식의 변천에 대해 역사적으로 개괄하면서, 우리의 복식은 하은주 삼대와 송나라의 제도에서 가져온 것으로, 유구한 전통과 문명에 대한 자부심도 내재해 있어서 바꿀 수 없음을 주장하였다. 그러나 소장은 받아들여지지 않았고, 그해 10월에 의복 제도를 고치게 되었다. 뒤에 임금은 도감都監을 보내어 이 소장을 보고, 편의를 좇아 하라고 하였다. 하지만 박주종은 날로 기울어 가는 국운을 갈대 하나로는 버티어 갈 수 없음을 예감하게 된다.

넷째, 문묘文廟 종향從享과 관련된 사안이다. 박주종은 서원철폐령으로 인한 사림의 위축을 의식하여 복설을 청하는 소장을 올리는 동시에 영남 학맥의 큰 줄기를 이루는 선현들을 문묘에 종향해 주도록 수차례 상소를 올렸다. 이를테면 유성룡柳成龍(호는 西厓), 김성일金誠一(호는 鶴峯), 정구鄭逑(호는 寒岡), 장현광張顯光(호는 旅軒)을 비롯하여 김종직金宗直(호는 佔畢齋), 김일손金馹孫(호는 濯纓) 등이다. 뿐만 아니라 상언上言의 형식을 통해 영남 지역의 선배 학자들, 윤상尹祥(호는 別洞), 김난상金鸞祥(호는 甁山), 채득기蔡得沂(호는 雩潭), 서사원徐思遠(호는 樂齋), 이민환李民寏(호는 紫巖) 등에게 관작과 시호를 추증해 줄 것을 청하였다. 이 모든 소장과 상언이 일개인의 뜻이 아니라 사림 사회의 공론임을 전제할 때, 이는 그만큼 영남 남인의 위기의식이 반영된 결과물이라 할 수 있으며, 박주종이 사림을 대표하여 글을 지었다는 것은 그의 학문과 문학이 중망을 받았다는 것을 의미하는 것이기도 하다.

다섯째, 병려屛廬의 보합保合 문제이다. 박주종은 병산서원屛山書院과 여강서원廬江書院이 둘로 갈라져 있는 상황을 하나로 보합하는 데 있어서 지방 유림의 학자로서 주도적인 역할을 수행하였다. 이 같은 정황은 하회유씨河回柳氏 문중에 보낸 「여하상유씨문중與河上柳氏門中」이라는 편지를 통해서도 확인할 수 있다. 박주종은 일찍이 병산서원과 여강서원을 둘로 가르자는 논의에 대해 영남의 커다란 아픔으로 생각하고 근심과 우려를 늘 품고 있었다. 그래서 두 서원 간의 불화를 떨쳐 버리고 하나로 보합할 수 있는 계책을 세워, 유림의 덕망 있는 사람들과 편지를 왕복하며 열렬한 토론을 벌였다.

병산과 여강을 보합하는 이 한 가지 일은 우리 영남에서 만세토록 이루어야 할 계획입니다. 그런데 지금 이 두 서원을 갈라야 한다는 논의가 있은 지 벌써 60년이나 되었습니다. 우리 고을의 노성한 분들이 탄식해하며 300년 전에 한 사당에 모셔졌던 때로 되돌리려는 것은 바로 하늘의 뜻입니다. 그런데 지금 위패가 이미 거두어졌고 뜰에는 풀만 가득하니, 지나가는 부녀자와 초동급부도 서성이며 상심해하거늘 하물며 우리들은 어떠하겠습니까? 앞서의 어지러웠던 일들을 정리하여 기약을 완료하지 않는다면, 이것이 어찌 하늘의 이치로 볼 때나 사람의 정으로 볼 때 편안하겠습니까?

박주종은 위와 같이 두 서원 간의 보합을 강조하였으며, 두 서원의 보합은 지방 유림의 단합을 다지는 중요한 일로 인식하였다. 외세가 점점 국가를 유린하는 시점에서 서원의 보합은 유림의 단합으로 발전하고, 유림의 단합은 외세에 대항할 수 있는 힘으로 작용할 수 있다는 것이 그의 생각이었다. 이런 상황에서 박주종은 다음과 같은 시를 통해 당시의 심경을 읊었다.

澄江洗却百是非　온갖 시비 씻겨 나간 깨끗한 강물처럼
甲乙糾紛都兩忘　갑론을박 얽힌 일들 모두 다 잊었으면

이상과 같이 박주종의 삶을 살펴보았다. 그는 19세기 조선의 말기적인 폐단이 노출되고 외세의 침탈이 자행되는 시기에 살았다. 국가적으로는 삼정의 문란, 서원의 철폐, 복식의 개혁 등에 부딪혔고, 지역적으로는 지방 유림들 간의 서원의 세력 다툼 등 총체적인 어려움에 직면하였다. 이때 그는 지방 유림의 대표로서 유교의 이념을 충실히 수행하였고 유림의 단결로 외세의 침탈에 맞서려고 하였다. 그의 일생을 한 마디로 요약하면 '퇴락해 가는 풍속을 경계하고 외세에 흔들리는 나라를 바로잡고자 했던 것'(警俗匡世)이다.

박주종은 19세기 재야 남인의 큰 학자로 많은 저술들을 남기기도 하였다. 문집에 수록되지 않은 별개의 저술로는 『동국통지東國通志』(24권)와 『면학유감勉學類鑑』(8권), 그리고 『향약집설鄕約集說』과 『수양만설修攘謾說』 등이 있다.

『동국통지』는 『한서漢書』를 모방하여 십지十志를 만들고, 거기다가 학교學校·선거選擧·백관百官·여복輿服 등을 추가하여 14개 항목으로 만들었다. 그 내용은 위로 단군과 기자로부터 시작하여 조선의 순조純祖대에 이르기까지 제도와 연혁을 명료하게 고찰할 수 있게 하였다. 『동국통지』는 『증보문헌비고』(1908)보다 30년 앞서 이루어졌고, 『증보문헌비고』는 정부의 편집 간행이지만 『동국통지』는 개인 저술이라는 점에서 그 가치가 크다. 아울러 『문헌비고』에서 빠진 부분도 수록된 귀중한 사료라고 할 수 있다. 뿐만 아니라 『동국통지』는 19세기 조선 사회 내부의 축적된 학문 성과를 바탕으로 백과사전류의 편찬이 활발해지는 시점에서 편찬된 책으로서, 이규경의 『오주연문장전산고五洲衍文長箋散稿』, 이유원李裕元의 『임하필기林下筆記』, 홍경모洪敬謨의 『대동장고大東掌攷』 등과 그 궤를 같이하는 것이다.

『면학유감』은 경전經傳과 『사기史記』, 백가百家의 책에서 학문과 관련이 깊고 실용에 절실한 것들을 모아 부류별로 정리한 책으로 8권 4책 24조목으로 구성되어 있다. 성현의 격언과 가르침을 모았기에 모두 성정제치誠正齊治의 요체라고 평가된다. 『향약집설』과 『수양만설』은 퇴락한 풍속을 끌어잡고 사교邪敎를 배척하는 내용으로 이루어져 있다.

아울러 그의 문집 중에 대표적인 몇 작품을 들어 보면 다음과 같다.

「청경모궁전례소請景慕宮典禮疏」(「典禮私議」)와 「경모궁전례사의景慕宮典禮私議」는 장조莊祖(思悼世子)의 추숭追崇에 관한 글로서, 한 편은 사림을 대표하여 지었고, 다른 한 편은 개인의 입장에서 지었지만 내용은 거의 비슷하다고 할 수 있다. 이 소장에서 박주종은 "당일 정조가 장조를 추숭하지 못한 것은 영조의 처분 때문이었다. 그런데 오늘 신하들이 전례典禮를 행할 것을 청하는 것은 정조께서 애통해하기 때문이다. 오늘 정조의 애통함을 잊을 수 없는 것은 당일 영조의 처분을 어길 수 없는 것과 마찬가지이다. 지금 이 논의가 정조에 관계된 것이라면 추숭하지 않는 것이 중中이 되고 묘호廟號를 받지 않은 것이 중이 된다. 그러나 그 뒤를 잇는 임금에게 있어서는 추숭하고 묘호를 올리는 것이 중이라고 할 것이다"고 하였다. 사도세자의 추숭 문제는 정조 당시부터 정치적 현안 문제였으며, 정치적 열세를 면치 못하던 영남 남인에게는 초미의 관심사가 되었다. 정조의 정치적 안정과 맞물려 올린 「영남만인소」는 남인에게 새로운 정치적 돌파구를 마련해 주기도 하였다. 그러나 이 문제는 집권 노론층과 긴밀한 관계에 놓여 있었기 때문에 쉽게 결정날 수 있었던 것은 아니었다. 박주종의 소장은 사도세자에 대한 영남 남인의 인식의 바탕 위에서 논의되었다. 그의 논증은 명확하고 증거가 있어 정미한 의리를 드러내었다고 인정을 받았다. 또한 박주종은 남야 박손경과 능고 박신경이 저술한 『주서강록간보차의』에 대해 더욱 교감을 가하여 완성본을 만들기도 하였다. 이 저술은 가학家學으로 내려오는 학문의 전통을 잇고 있다는 점에서 그 의의가 있다고 할 수 있다.

문집의 「잡저雜著」에서는 학문적 업적이 수록되어 있다. 『주역』·『중용』·『논어』 등에서 일정한 몇 부분에 대해 여러 사람의 논의를 소개하고, 더러 자신의 견해를 드러내기도 하였다. 그리고 「잡저」 중에 특기할 만한 작품으로 「수득만필隨得漫筆」을 들 수 있다. 「수득만필」은 60여 편의 짤막한 내용으로 이루어져 있다. 내용에 등장하는 사람은 우리나라의 인물에 한정되는 것이 아니라 중국 인물도 포함되어 있다. 한 개인의 신변잡사에서부터 인조반정과 병자호란 등, 국가적 변혁기에 있어서의 출처관, 그리고 학문과 예에 관한 내용으로 채워져 있다. 이처럼 '만필' 식 저술은 영남 학풍의 학문적 전통에 비추어 보았을 때, 또 다른 의미가 있는 것으로 생각된다.

이제까지 박주종의 저술들을 살펴보았다. 박주종 저술의 특징적인 점은 사변적인 학풍을 지양하고, 현실에서의 실천적·실용적인 면을 강조한 데에서 찾아질 수 있다.

박주종의 문집에는 한시漢詩 155제題 215수首가 수록되어 있다. 외형적으로 분류해 보면 역시 만시와 차운시가 많은 부분을 차지한다. 시 경향은 대체로 자연 경물을 읊조리거나 수양과 학문에 대한 내용, 그 가운데 「근차계집소당시운謹次溪集小塘詩韻 이절二節」·「근차계집한거이십영謹次溪集閑居二十詠」·「방퇴도선생유상구적유감訪退陶先生遊賞舊蹟有感」 등, 퇴계시에 차운한 것이 수록되어 있다. 그러나 박주종의 특징을 잘 드러낸 시는 서원훼철과 복설, 문묘 종향, 전례 문제 등 당시 정치적 큰 사건이나 지방 유림의 현안 문제를 담은 작품이다. 예를 들면, 「을묘소청차운乙卯疏廳次韻」·「경모궁태실유감景慕宮胎室有感」·「청여헌선생승무시소청차운請旅軒先生陞廡時疏廳次韻」·「무진戊辰(1868) 춘春 조가유사원훼철지령朝家有祠院毁撤之令…」·「정축丁丑(1877)지월지망至月之望…」 등이다. 그의 대표적인 작품이라고 할 수 있는 「정축지월지망…」을 감상해 본다.

我東書院三代制	삼대 제도 이어받은 우리나라 서원
明宣盛際佐治隆	명종 선조 태평성대 훌륭하게 보좌했네.
石鼓嶽麓爭慕效	석고서원 악록서원 앞다투어 본받아서
百年鄕國振儒風	백년토록 온 나라에 선비기풍 떨치었네.
斯文盛衰關雲氣	유학의 흥망성쇠 구름 기운에 닫혀 버려
一朝邱墟生蒿蓬	하루아침 서원 터엔 쑥대밭이 되었네.
列聖璿扁猶墮地	성인들의 위패는 땅바닥에 나뒹굴고
遑論坊曲衣冠恫	고을마다 급히 논하고 유생들 상심하네.
慘憺相看一十載	참담하게 바라보던 십 년의 세월
無人能祖錢塘胸	전당의 품은 마음 뉘 있어 조술하리.
鄒魯一函西上洛	추로를 스승 삼은 상락의 서쪽에서
萬儒聯聲陳苦衷	모든 유생 한소리로 고충을 진술하네.
嶺路漫漫江漢冰	영남길은 아득하고 한강은 얼어붙어
極望平蕪叫寒鴻	들판 저 멀리서 찬 기러기 울부짖네.
諸公秉志貫金石	여러분들 굳센 의지 쇠와 돌도 뚫을 듯
光依日月瞻玄穹	해와 달은 의구하여 하늘을 바라보네.
經冬闉闍凜鬐烈	겨울 지난 대궐에는 찬 기운 매섭지만
弊褐不怕霜華籠	해진 갈옷으로 서리조차 두려워 않네.
九陛深嚴不可梯	구중궁궐 깊고 엄해 오를 수가 없으니
雖有至懇那能通	정성만 간절할 뿐 말씀 전하기 어렵네.
卯君有文眞勝僕	아우의 문장솜씨 나보다 훨씬 뛰어나
囊封感激回天聰	봉한 글에 감격하여 임금 귀를 되돌렸네.
須臾頒旨進儒章	잠깐 사이 분부 내려 소장을 들이고선
憐爾積久輸輿忠	너희들의 넉넉한 충성 사랑스럽다 하시네.
示以鄭重難遽意	급히 하기 어렵다는 정중한 뜻 보이시니
闔闢旋斡佇天工	열며 닫고 빙빙 돌며 하늘 뜻 기다리네.
遠可歲年邇朝暮	멀리는 일 년이요 가까이는 하루 사이
暾如出日回生東	밝은 해 다시 솟아 동쪽에 회생하네.
會看陽德來復七	마침 생육의 덕으로 칠묘를 회복하고

次第有漸興儒宮	차례로 서원을 차츰차츰 일으키네.
太平萬世行復見	만세의 태평한 행적을 다시 보니
莫恨鬢髮俱成翁	귀밑머리 세었다고 한하지 마오.
報答聖旨修經業	임금님께 보답코자 경전 공부 익히어
要盡吾人責受中	우리들의 마음 속 책임 모두 다하려네.
蒼茫別意臨長途	이별의 뜻 슬퍼하며 장도에 임하니
燕谷鄒律生和融	연곡과 추율에 온화한 기운 생겨나네.
此行益知交道重	이제 가면 그리운 마음 더욱 간절하리니
互戒子孫垂無窮	서로서로 자손들에게 이어가게 해야지.

이 시는 서원을 복설해 줄 것을 형상화한 작품이다. 크게 세 단락으로 구분할 수 있다. 첫째 단락은 1구에서 12구까지로 우리나라에 서원이 세워진 이후 훼철령이 내려지고 유생들이 소를 작성하기까지의 과정을 그리고 있고, 둘째 단락은 13구에서 26구까지로 대궐의 입성에서 소가 받아들여지기까지의 과정을 묘사하였고, 마지막 단락은 27구에서 끝까지로 임금의 비답이 내려지고 그 이후의 임금에 대한 기대감과 자신들의 마음가짐을 표현하고 있다.

삼대의 유풍을 이어받아 우리나라에 서원이 세워진 이후, 서원에서 배출된 인재에 의해 선비의 기풍은 한층 드높아졌고, 그것은 태평성대의 밑거름이 되었다. 서원훼철은 유구한 전통과 인재의 보고寶庫인 서원이 하루아침에 문을 닫는 계기를 만들었다. 서원 터엔 잡초만 무성하고 성현들의 위패는 바닥에 나뒹굴었다. 전국의 유생들은 그야말로 참담한 심정이었다. 그 뒤 10년의 세월이 흘렀다. 마음을 추스른 유생들은 서원훼철의 부당함을 조정에 알리게 된다.

동짓달 보름, 서울로 향하는 길이 가볍지만은 않다. 한강은 꽁꽁 얼어붙었고 차가운 하늘엔 기러기만 울부짖는다. 대궐이 가까워지자 마음은 더욱

조여든다. 그러나 나라를 향한 충심은 변하지 않을 것임을 해와 달에게 다짐해 본다. 천신만고 끝에 올라간 궁궐이지만 혹독한 시련을 겪게 된다. 임금은 50여 일 동안 소장을 받아들이지 않는다. 소식을 접한 고향의 아우가 한숨에 달려와 형님과 유생들의 간곡한 뜻을 들어 줄 것을 청하였다. 정성이 통했는지 임금께서 소장을 보시고 넉넉한 비답을 내려 주셨다.

박주종은 깊은 기대감을 나타내며 어찌할 줄 몰라 한다. 일 년, 아니 하루 만에 좋은 소식이 있겠지? 태양은 다시 동쪽에서 생기를 찾을 것이고, 또한 허물어진 서원도 다시 활력을 찾아 세워지겠지. 박주종은 이 늙은이 인생 말년에 태평세월을 다시 볼 수 있음에 고마워한다. 우리들이 임금께 보답하는 길은 학업에 더욱 정진하고 자손만대에 이 숭고한 뜻을 길이 전하는 것이리라.

박주종은 이 시의 서문격인 소서小序를 두어 직접 시의 배경을 다음과 같이 적고 있다.

1877년 동짓달 보름에 영남 유생들은 서원의 복설 문제로 서울 도성에 올라가기로 약속을 정하였다. 마침 박주종은 소두疏頭가 되어 소장을 가지고 도성으로 올라갔다. 50여 일 동안 궁궐에 있었지만 소장은 받아들여지지 않았다. 고향에서 소식을 들은 아우가 서울로 올라와 다시 소를 올려 빨리 처분해 줄 것을 간곡히 청하였다. 임금은 그제서야 소장을 받아들이고, 다음날 아침 비답을 내려, 이 일은 갑작스럽게 행할 일이 아니니 너희들은 돌아가 자신의 생업에 힘쓰라고 하였다. 박주종은 큰 기대감을 지닌 채 남쪽 고향으로 돌아왔다.

5. 함양박씨 문중이 남긴 것

예천의 금당·맛질 지역의 함양박씨는 박종린이 이곳에 정착한 이후,

20세기 초반까지 수많은 인물들을 배출하여 명실공히 영남학파의 유수한 한 문중을 이루었다. 이들 함양박씨 문중은 영남학파의 일반적인 경향과는 달리 그들만이 지향하는 몇 가지 특징적인 점이 있음도 확인할 수 있었다.

첫째, 사환이 끊어지지 않고 이어져 왔다는 점이다. 1680년 경신대출척 이후 사실상 영남남인의 벼슬길은 막혀 있었다고 해도 과언이 아닐 것이다. 그래서 유자들은 과거의 길을 포기하고 학문 연마와 후학들을 가르치는 것으로 유자의 역할을 다하고자 하였다. 그러나 함양박씨 문중은 이 같은 영남학풍의 대체적인 분위기와는 달리 17세기 이후, 19세기 전반기까지도 대대로 사환의 길을 걸어 왔다. 중앙의 변화에 둔감한, 아니 관심을 두지 않으려는 이 지역의 분위기와는 다르게 중앙의 변화 양상에 귀 기울이며, 그리고 때로는 능동적으로 대처를 해왔다. 언제부터인지는 모르지만 이 지역을 가리키는 대명사로 '금당·맛질 반 서울'이라는 말이 통용되고 있다. 그만큼 이 지역은 사환을 통해 서울과의 내왕이 잦았음을 의미하는 것이며, 시대에 떨어진 낙후된 지방이 아니라 문화적으로도 서울의 반쯤은 된다는 자긍심의 표현이었던 것이다

둘째, 함양박씨 문중은 별다른 사승 관계 없이 가학家學으로 학문이 내려오고 있다는 점이다. 박종린 이후 가학으로 내려온 가풍家風은 박손경 때에 이르러 우뚝하게 한 획을 긋는 계기가 되었다. 이 점은 안정복이 이상정, 최흥원崔興遠(호는 百弗庵)과 함께 이들을 '영남삼로嶺南三老'라고 일컬은 것에서도 짐작할 수 있다. 박손경 이후, 박한동朴漢東(호는 退寢軒·寢軒·寢翁)―박휴녕朴休寧(호는 汝菴)·박일령朴一寧(호는 石圃)―박기령―박주종으로 그 가학의 맥은 이어져 왔다. 이들이 추구한 가풍은 우선 '효우孝友'의 실천을 들 수 있다. 일반적인 경향이라고 할 수도 있지만 이들 집안의 경우는 형식적인 언표가 아니라 집요하게 유별나다는 것을 느낄 수 있다. 다음으로 지리 번쇄하고 사변적인 학문적 담론을 지양하고 현실의 쓰임에

대비한 실용·실천적인 학문 경향을 지향하고 있다는 것이다.

셋째, 예천의 금당·맛질 지역은 안동을 기점으로 볼 때 서쪽에 위치해 있다. 반면 퇴계학풍의 정맥은 안동의 동남부 지역에 걸쳐 형성되어 있다고 할 수 있다. 위에서 언급한 몇 가지 특징은 퇴계학파의 동남부 지역과는 다소 다른 학문적 성향을 보이고 있다. 향후 많은 자료를 통하여 보강을 해야겠지만, 퇴계학풍이 역사적 흐름에 따라 지역적으로 차이가 있다는 것이다. 그 차이가 미세한 것이라도 퇴계학풍의 계승적 발전이라는 측면에서 보면 분명 중요한 의미를 지닌다고 할 수 있다. 이 같은 관점은 중앙 집중적인 현상을 탈피하여 지방 분권화를 추진하고 있는 현 상황에 비추어 보아도 의미가 있는 것이다. 한 지역의 연구를 통해 그 지역의 특성을 파악하고, 그 지역적 특성과 정통 퇴계학풍과의 비교를 통해 그 변별성을 찾아 내고, 나아가 중앙 학단의 실상과는 어떤 상관 관계가 있는가를 확인하는 작업까지 맞물려 있기 때문이다. 예천의 금당·맛질 지역의 연구는 우리에게 이런 점을 시의적절하게 시사해 주고 있다. (권진호)

7장

금당실 사람들의 민족운동

1. 시작하면서

열강의 침략과 통치에 맞서 싸운 근대 민족운동은 1894년 이래 1945년까지 51년 동안 전개되었다. 그 첫머리에 의병항쟁이, 다음으로 계몽운동과 3·1운동, 그리고 농민운동과 사회운동이 뒤를 이었다. 이와 마찬가지로 예천 지역도 민족운동의 대열에 동참하였고, 금당실 사람도 그러하였다.

예천은 퇴계학맥을 계승하는 문화권의 한 부분이다. 대개 예안과 안동 지역을 핵으로 삼는다면 그 바로 외곽을 둘러싼 지역은 테두리에 해당하고, 다시 그 바깥으로 주변부 문화 지역이 자리 잡고 있다. 따라서 예천은 퇴계학맥의 핵심부 바로 바깥을 둘러싼 준중심부 지역이고, 양반 유림의 학맥도 철저하게 그것과 관계를 가지고 있었다. 물론 이러한 점은 통혼권과도 밀접한 관련을 가지고 있어서 거대한 퇴계학맥의 범주에서 이해할 수 있다.

이러한 특성은 근대에 들면서도 마찬가지였다. 특히 동학의 도전이 서쪽으로부터 거세게 밀어닥칠 때 전통적인 지배 질서를 유지하기 위해 이에 맞서 싸운 것이 예천의 유림이었고, 이로 인하여 예천은 많은 피해를 받은 지역의 하나로 기록될 정도였다.

금당실도 예천 지역 양반 유림들의 전반적인 흐름과 일맥상통하였다. 예천권씨와 함양박씨, 그리고 원주변씨가 주축을 이루는 이 마을은 학문적으로 퇴계학맥을 계승하고, 혼반도 그러하였다. 따라서 근대사회로 들면서 영남만인소를 비롯한 위정척사운동에도 참여하였고, 민족운동의 출발점에서도 같은 행보를 취하였다.

2. 의병항쟁

의병항쟁은 한국 독립운동의 출발점이다. 이후 해방에 이르기까지 51년 동안의 기간을 독립운동기로 잡는다. 의병항쟁은 다시 전기와 중기 및 후기로 크게 삼분된다. 전기는 1894년의 갑오의병과 1895~1896년의 을미·병신의병으로 나뉜다. 따라서 갑오의병이 독립운동의 출발점이고, 그것이 경북 안동과 평남 상원에서 일어났다.

예천에서 의병이 일어난 것은 1896년 2월 17일(음 1896. 1. 5)이다. 1월 20일(음 1895. 12. 6) 일어난 안동의병보다는 한 달 가까이 늦은 시기이지만, 주변 지역에 비해 비교적 일찍 의진이 조직된 셈이다. 을미·병신의병의 계기는 명성왕후 시해 사건과 단발령(음 1895. 11. 15일)인데, 특히 단발령의 영향이 컸다.

예천의 전기 의병은 금당실과의 관련이 크다. 초대 의병장이 제곡(渚谷, 맛질)의 박주대朴周大였고, 바로 그를 이어 2대 의병장을 맡아 활약한 인물이 금당실 출신인 박주상朴周庠이며 부장이 박주학朴周學이기 때문이다. 박주대는 12대조 박종린朴從鱗이 금당실에 정착했다가 둘째 아들 박지朴芝를 거쳐 금당실에서 세거하던 중 5대조인 박세주朴世柱가 가까운 맛질로 이거함에 따라 이곳에서 태어났다. 그리고 박주상은 박종린의 셋째 아들인 박운朴蕓의 후손으로 금당실에 자리 잡은 대표적인 양반 후예였다. 또 박주학은 박주상의 동생이었다. 박주대가 의병장을 맡은 지 보름 만에 병으로 인하여 물러나고, 박주상이 2대 의병장에 취임하면서 전투 활동이 본격화되었다.

예천 의병은 지리적인 위치로 인하여 격랑 속에 휩싸였다. 우선 동학과의 처절한 전투를 치른 직후라서 에너지가 넉넉하지도 않을 뿐만 아니라, 동학군의 잔여 세력이 주변 지역에 남아 있기도 했다. 그런 와중에 단발령이 시행되자 안동으로부터 의병이 조직되기 시작했다. 낙동강과 충주를 잇는 일본군 병참선 차단 작전이 공통된 전략으로 떠올랐기 때문이다. 대구에서 충주로 이어지는 병참선을 차단하기 위해서 일단 함창 태봉에 주둔하던 일본군 수비대를 공격하면서, 한편으로 수안보로 연결되는 조령을 폐쇄하는 것이 작전의 핵심이었다. 이를 위해 집결할 중심 지역이 바로 예천이었다.

1896년 3월에 박주상이 이끈 예천 의병만이 아니라 안동·예안·봉화·풍기·순흥·영천(영주)·호좌 의진 등 7개 의진이 예천으로 모여들었다. 이들이 강가에서 말을 잡아 맹약 의식을 가졌으니, 이것이 예천회맹醴泉會盟이다. 지금까지 산양에서 예천회맹이 맺어졌다는 연구가 있었으나, 산양이 예천에 속한 일이 없다는 점이나 날짜를 따져 본다면, 예천 읍내 한천 강변일 가능성이 더 크다. 예천에 의진이 집결한 날짜가 3월 22일이고, 회맹을 맺은 것이 3월 26일, 연합 의진이 용궁을 거쳐 산양에 진을 친 것이 3월 28일이며, 다시 그 날로 점촌 지역 인근에 분산했다가 다음날 이른 아침부터 전투를 벌였다. 그러므로 회맹을 맺은 날은 예천에 주둔하던 시기라고 판단되며, 백마를 잡아 맹약 의식을 가진 예천회맹의 장소는 예천 읍내라 생각된다. 7000명이나 되는 인원의 집결지라야 한다는 점과 산양이 예천 영역이 아니었던 사실도 이를 뒷받침한다.

이어서 연합군이 태봉으로 진격할 무렵, 예천 의진은 거기에 참가하지 않고 지역 방어에 나섰다. 문경의 이강년 의진은 조령으로 들어가는 관문을 막고, 예천 의진은 적성으로 이동하여 또 다른 남북 연결로를 차단하면서 또 안동 방향에서 들어올지도 모르는 관군과 일본군 지원 부대를 차단하는 임무를 맡았다. 그래서 3월 29일에 펼쳐진 태봉전투에서 의병의 대오가 무너지고 사상자가 발생하였지만, 예천 의병의 손실은 없었다. 하지만 일본군이 의병을 추격하면서 예천을 쓸고 가는 바람에 예천 지역의 피해를 막을 길이 없었다. 그런 뒤 6월에 가서 안동 방향에서 밀려든 관군과 일본군에 맞서 고평전투를 치렀고, 여기에서 크게 피해를 입고 사실상 해산의 길에 들었다.

예천 전기 의병을 구성한 중심 인물이 금당실의 함양박씨 문중이었다. 대장이 박주상이요, 부장이 박주학과 향리 출신 장문건이었다는 사실에서도 알 수 있지만, 문중별로 배정된 금액 가운데 금곡 박씨문중 80냥과 제곡 박씨문중 40냥이라는 점도 그를 말해 준다.

예천에서 중·후기에도 의병이 일어났다. 대개 중기 의병을 1904년에서 1907년 7월 말일까지, 후기 의병을 1908년 8월 1일부터 1909년 말까지로 잡고 있는 것이 현재 학계의 통설이다. 예천에서는 장진우·장진성·한양이 등이 중기 의병에 참가하였고, 장윤덕·윤국범·최성천·이소영李紹永 등이 후기 의병으로 활약하였다. 이 가운데 이소영이 바로 금당실에 이거해 온 이유인李裕寅의 아들이다. 선산군수와 예천군수를 지낸 그는 1908년에 150명의 의병을 이끌고 예천 일대에서 활약하였는데, 김천 석평石坪 출신인 안기팔安騎八이 부대를 맡아 지휘하기도 했던 것이다.

금당실이 이유인과 관계가 있는 곳이므로, 주제와는 다르더라도 그에 대해 간단히 언급하고 넘어가자. 지금도 '금당·맛질 반半 서울'이란 말이 전해진다. 주민들의 이야기에는 법부대신을 지낸 이유인으로 인해 이 말이 생겼다는 주장이 가장 많았다. 필자는 이 주장이 근거가 있다고 여기고 있다. 왜냐하면 이유인은 당시 정환직·강석호·이봉래 등과 함께 고종의 대표적인 별입시別入侍로서 고종의 가장 측근 인물 가운데 한 사람이었기 때문이다.

이유인은 근본이 확실하지 않은 사람이다. 명성황후의 측근인 무당 진령군과 마찬가지로 점술로 벼슬길에 오른 것으로 전해지는 그는 1890년에 양주목사, 12월에 한성부 판윤, 1894년에 함경도 관찰사, 1898년에 법부대신이 되었다. 그러나 1898년에 칙령을 사칭한 죄로 유배 10년형에 처해졌다가, 다음 해에 풀려나면서 법부대신이 되었다. 또 1900년에는 평리원재판장 임시서리가 되어 을미사변과 연루된 안경수·권형진을 황제에게 보고하지 않고 교형에 처한 죄로 유배되었지만, 7월에 금방 풀려났다. 이런 것이 모두 황제와의 사전 교감을 바탕으로 추진된 일이었으리라 추정할 수 있는 대목이다. 1900년 이래 고종의 관심 아래 전국에 향약이 실시될 때, 그는 경상도 책임자를 맡으면서 특히 경북 지역에 상당한 영향력을 가진 인물로 부상했다. 1900년에 금당실에서 새로 향약을 만든다고 계를 조직한 것이라거나, 1901년에 '신정향약'을 결성하면서 이유인이 서문을 쓴 것도 그러한 활동 가운데 하나였을 것이다. '금당·맛질 반 서울'이란 표현은 바로 이러한 분위기에서 나온 말이 아닌가 짐작된다. 그런데 이유인이 금당실에 99칸 집을 지은 시기가 1895년이라 전해지는 것은 정확하지 않은 것 같다. 1895년이면 그가 양주목사(1890), 한성부 판윤(1890)에 이어 함경도 관찰사(1894)를 지내던 시기였으므로, 그가 예천에 관계를 가진 시기는 이보다 뒤라고 생각된다.

3. 3·1운동

예천 지역 3·1운동은 모두 네 군데에서 네 차례에 걸쳐 일어났다. 호명면 원곡동(3월 28일), 용문면 금당실(4월 3일), 풍양면 우망리(4월 6일), 용궁면 읍부리(4월 12일) 등이 그것이다. 시위가 발생한 시기는 다른 지역에 비해 늦었다. 서울에서 3월 1일에 비롯되고, 그것이 지방으로 확산되면서 대구에서 3월 8일, 포항과 의성에서 3월 12일, 안동에서 13일에 시작되어 대개 3월 20일 무렵이면 경북 지역 전역으로 확산되었다. 그것과 비교한다면 예천 지역의 시위는 늦게 일어난 편이다. 그렇다고 해서 시위를 시도하는 것 자체가 늦은 것은 아니었다. 예천면 장날인 3월 13일과 18일에 이미 금당실의 권석인權錫寅(1898~1970)에 의해 시위가 시도된 일이 있기 때문이다. 용문면 금당실의 시위는 호명면을 이어 일어났다.

▲ 용문면 3·1운동 시위 장소

용문면에서 일어난 만세시위의 계기는 죽림동 대수에 자리 잡은 예천권 씨 종가의 종손 권석인에 의해 마련되었다. 그가 광무황제의 국상을 맞아 서울로 갔고, 그곳에서 전개되던 시위에 '한국독립만세'를 외치며 참가한 뒤에 예천으로 돌아오면서 그 계기가 마련된 것이다. 그가 귀향한 뒤에 재종형이면서도 나이가 18세나 위인 권석호權錫虎와 방향을 논의하고, 먼저 예천면 장날에 시위를 일으키고자 계획을 세웠다. 그 날이 3월 13일과 18일이었다. 당시 예천면의 장날은 음력으로 2·7장이어서 2월 12일과 17일에 시위를 일으키고자 하였다. 이를 양력으로 환산하면 3월 13일과 18일이다. 그러므로 예천면 장날에 시위를 계획했다면서 3월 12일과 17일이라고 기록된 것은 잘못이다.

이들은 먼저 독립선언서를 등사하여 각 마을로 나누어 주고 군중 동원에 나섰다. 하지만 두 차례 모두 일본경찰의 감시망에 걸리게 되자 연기하였다. 그러다가 4월에 들면서 더 이상 미루지 못하고 용문면 소재지에서 시위를 일으키게 된 것이다.

용문면에서 일어난 시위를 정리하자면, 가장 먼저 시위 날짜부터 정확하지 않다는 사실을 발견하게 된다. 4월 2일과 3일, 두 자료가 전해지기 때문이다. 4월 2일이라는 것은 15년이 지난 1934년에 경상북도경찰부에서 발간된 『고등경찰요사高等警察要史』에 기록된 것이고, 4월 3일은 1919년 당시 「판결문」과 『매일신보』(1919. 4. 8) 기사에 근거한 것이다. 그렇다면 당시의 기록을 따르는 것이 옳다. 4월 3일은 음력으로도 3월 3일이다. 그렇다면 당시 용문면의 장날이 4월 1일(음력 3월 1일)이었으므로 일단 장날 일어난 시위가 아니라는 점은 확인되는 셈이다. 대개 장날에 시위가 일어난 다른 지역의 경우와는 다르다.

다음으로 시위가 일어난 시각에 대한 자료가 세 가지로 엇갈려 나타난다. 권석인의 「판결문」은 밤 9시이고, 『고등경찰요사』는 밤 10시이며, 『매일신보』 기사는 밤 11시 30분이다. 일단 모든 기록이 시위가 밤이 깊어 일어난 것임을 보여 주고 있다. 하지만 더 큰 문제는 시위 장소가 다르다는 점이다. 권석인을 비롯한 예천권씨 문중 인물(권석인·권석호·권석효·권세원)들의 「판결문」에는 예천권씨 마을인 '죽림동의 밭'에서 시위를 일으킨 것으로 적혀 있다. 그런데 『고등경찰요사』에는 면사무소 앞 도로를 행진한 것으로, 그리고 『매일신보』에는 '면사무소 부근'이라 기록되어 있다. 그렇다면 시위를 세 단계로 나누어 이해하는 것이 옳을 것 같다. 첫째, 첫 시위는 권석인을 비롯한 예천권씨 일문에 의해 밤 9시경에 죽림동에서 먼저 일어났다. 둘째, 사전에 약정된 것처럼 이들이 상금곡동으로 행진해 와서 면사무소 앞에 집결하던 군중과 결합한 시각이 10시였을 것이다. 시위 이후에 주동자로 체포된 박태원을 비롯한 주역들이 상금곡동으로 집결했다가 죽림동 대수에서 내려온 권씨문중 인물과 결합한 것이다. 그리고 그곳에서 「독립선언

▲ 사괴四槐 중 유일하게 남은 면사무소 앞 느티나무. 권석인이 선언문을 읽었고 시위 행렬이 출발한 곳이다.

서」를 낭독한 뒤 장터를 따라 시위 행진에 들어간 것이 11시 30분을 전후한 시각이라고 판단된다.

　현재 마을에 전해지는 이야기로는 면사무소 앞 느티나무 아래가 시위 출발 장소였다고 한다. 그곳에서 권석인이 선언문을 읽었고, 이어서 대오를 이루어 장터로 행진하며 만세를 불렀다고 전해진다. 4월 초 깊은 밤에 장터를 돌면서 외친 만세 함성은 용문면소재지 전체를 뒤흔들고 남았을 것이다. 또한 횃불을 들고 시위를 벌인 행렬은 초사흗날 캄캄한 밤에 금당실 사람들의 가슴에 투쟁의 불길을 타오르게 만들었을 것이다.

　시위가 전개되는 가운데, 예천면에 주둔하던 헌병과 수비대가 출동하였다. 일본 헌병과 군대가 총검으로 군중을 해산시키는 한편, 주역들에 대한 체포에 나섰다. 시위 현장에서 11명이 체포되고 그 뒤에 다시 6명이 검거되어 모두 17명이 체포되었는데, 실형을 언도받고 옥고를 치른 인물은 10명이며, 이 가운데 9명이 금당실 사람이었다.

이들 주역 대다수가 양반 유림 출신이요, 서너 가지 주요 성씨로 구성된다는 점을 알 수 있다. 우선 권석인을 비롯한 예천권씨가 4명이나 되어 단연 눈에 띈다. 권석인은 용문면 죽림리 166번지 출신으로 비록 23세라는 젊은 나이지만 예천권씨 권문해權文海의 종손으로서 가지는 영향력은 컸다. 당시 유림들은 광무황제의 국상에 조의를 표하기 위해 상경하는 것이 관례였는데, 이와 같은 일반적인 경향을 감안한다면, 그가 혼자 상경한 것이라기보다는 문중과 마을을 대표하여 참석한 것으로 이해하는 것이 옳을 것이다. 그리고 그가 서울을 다녀와 소식을 전하면서 재종형 권석호(추강 김지섭의 손위 처남)를 비롯하여 권석효와 권세원 등 같은 집안의 주요 인물과 구체적인 논의를 가졌다. 특히 권석호가 권석인보다 18세나 위일 뿐만 아니라 학문을 가르친 사이였으므로, 시위에 대한 논의와 지침이 이들을 중심으로 만들어졌을 것이다. 다음으로 많은 성씨가 함양박씨 문중인데, 박태원과 박규수 및 박내창이 그들이다. 이어서 원주변씨 문중의 변용구와 변두규가 있고, 나머지 한 명이 김형식이다.

이들은 일제에 강한 부정적 인식을 표현하였다. 예를 들어 권석인이 재판 과정에서 표현한 "나는 한국이 일본과 합병한 것을 싫어하며 한국이 종래와 같이 한국으로서 독립하는 것을 희망한다"는 부분은 일본의 침략과 통치에 대한 반발 의식을 그대로 전해 주고 있다. 또 권세원과 권석효가 "현시 한국이 일본과 합병하고 있지만 우리 조선인으로서는 분한 일이다. 언제라도 기회가 닿는다면 종전과 같이 한국이 독립되기를 바라고 있던 바, 각지에서 독립운동을 개시하고 있지만, 예천에는 아직 이 운동이 시작되지 않음을 유감으로 생각하여 앞의 인물 외에 30명과 함께 한국독립만세를 고창하였다"라고 밝힌 「판결문」(대구복심법원)의 내용도 마찬가지다. 법정에서 일제의 지배를 부정하고 독립을 희망해 온 자신들의 심정을 당당하게 표현한 것이다.

용문면 시위에는 「독립선언서」가 등장하였다. 국장에 참가하고 돌아온 권석인에 의해 전달된 이 선언서는 등사되어 시위 현장에 나타났다고 전해진다. 구체적으로 등사기의 소재가 확인되지는 않으나 등사된 이야기는 전해지고 있다. 그리고 시위 규모에 대해서는 대개 최소치로 보고된 일제 관헌의 자료(『고등경찰요사』)에 100명 정도로 기록되어 있으므로, 실제로는 이보다 훨씬 많았으리라 짐작되고, 300명 정도로 기록한 후대의 기록이 결코 과장된 것이 아니라고 생각된다.

4. 1920년대 이후의 민족운동

1. 군자금 모집 활동

일제에 강점되자마자 안동문화권에서는 압록강을 건너 남만주 지역으로 망명하여 독립군 양성을 위한 군사기지 건설에 나섰다. 그러한 노력이 3·1운동 이후에 봉오동·청산리 승첩으로 나타났다. 그러자 금당실에서도 만주로 망명하여 군사간부로 성장하는 사람이 나타났다. 하금곡 출신인 권원하權元河(1898~1936)가 대표적인 인물이다. 그는 하금곡 471번지 출신으로 자는 도장道壯, 호는 중산中山, 본관은 예천이다. 어려서 한학을 공부하고 안동 협동학교協東學校를 졸업하고, 왜관공립보통학교를 1회 졸업한 뒤, 부산 제2상업학교를 졸업했다. 그러나 협동학교가 중등 과정이었으므로, 다녔더라도 정규 과정이 아니라 예비과를 다닌 뒤에 왜관공립보통학교로 진학한 것으로 짐작된다. 그리고 3·1운동에 참가했다는 말이 전해지지만 증거가 발견되지 않고 있다. 그는 3·1운동 직후에 망명한 것으로 짐작된다.

▲ 권원하 기념비

　권원하는 1919년 8월에 유하현柳河縣 삼원포三源浦에 있던 서로군정서 소관 신흥학교에 제4기생으로 입학하였다. 그가 여기에 입학한 데에는 무관학교 생도 모집을 위해 노력하던 조직의 권유와 안내가 있었다. 즉 최재화崔載華(선산 해평 탑동)가 중심이 되고 배승환裵昇煥(안동 풍산 하리, 상주 인봉 거주)·김두칠金斗七(안동)·강수남康壽男(수원) 등이 권유를 맡은 조직에 의해 그도 무관생도로 입교한 것이다. 이 가운데 배승환이 권유한 인물이 권원하를 비롯하여 이체영李締榮(예천 노하)·조태연趙台衍(상주 낙동)·권재수權在壽(안동 풍서 가곡)였다. 권원하는 1920년 1월 하순에 신흥무관학교를 졸업한 뒤 2월에 귀국하였고, 군자금 모집을 위해 노력하던 중 칠곡군 왜관에서 경찰에 검거되었다. 당시 권원하가 대동단총재大同團總裁 김가진金嘉鎭의 이름으로 발행된 독립운동자금모집 수령증 1장을 갖고 있었는데, 그것이 단순히 대동단원 김병두金炳斗에게서 받은 것인지 그 자신이 대동단과 관련을 가진 것인지는 확인되지 않는다. 그는 1920년 7월에 최재화·조강제趙强濟·배승환·김영철金永哲 등 동지들과 함께 체포되어 징역 2년형을 선고받았으며, 1922년 8월 하순에 대구형무소 안동분감에서 가출옥하였다.

2. 사회운동과 신간회

3·1운동 이후 1920년대에 들면서 전국적으로 청년회가 조직되기 시작하였다. 그런데 지역에 따라 청년회는 성격이 매우 달랐다. 예천청년회의 경우는 예천군수와 예천경찰서장을 고문으로 영입하는 한편, 실제 활동에서도 친일적인 성향을 보였다. 따라서 예천청년회 자체를 민족적인 면에서 가늠한다면 반민족적인 면이 많은 것으로 평가될 수 있다.

청년회의 성격 변화는 1925년 9월에 예천청년연맹이 결성되면서 나타났다. 사회주의의 영향이 예천에도 미치면서 '혁신', '개신'의 바람이 불어 닥친 것이다. 1925년 말에 용문청년회는 위원장 연령을 35세로 제한하고 170여 명의 회원을 확보하였다. 이런 분위기 속에서 금당실에 용문청년회관이 준공되어 문고를 설치하는 등 내실을 다져 나갔다. 이어서 10월 2일에는 용문청년회 제3회 정기총회가 열려 김태진金台鎭의 사회 아래 김상기金相起와 박창호朴昌鎬 등이 축사를 맡았고, 박창호를 비롯한 10명이 위원으로 선출되었다. 1926년에 주역으로 움직인 인물을 보면, 위원장 김봉규金鳳奎를 비롯하여 김상기와 박창호 외에도 김태진과 박경서朴更緖 등이 왕성하게 활동하고 있었다.

특히 1926년에 들어 개포프로청년동맹이 결성되면서 반일 민족적 성향의 청년운동이 두드러지게 나타났다. 개포 출신인 박창호朴昌鎬가 앞장섰고, 박창호와 사돈 사이인 금당실의 권원하도 주역 가운데 선두를 지키고 있었다. 권원하는 1927년 6월 김상기金相起·남병태南炳台·박창호朴昌鎬·장대발張大發 등과 함께 예천군내 청년대회를 개최하고 신간회를 적극적으로 지원할 것을 결의하고, 지회 결성을 이끌어 내기에 이르렀다.

예천청년연맹은 1927년 3월에 신흥청년회와 결합하면서 예천청년동맹으로 조직이 변경되고 성향도 더욱 강해졌다. 그러자 용문청년회는 예천청년동맹 용문지부로 변경하였다. 1928년 8월 23일에 제1회 총회가 박운조朴雲祚의 사회로 열렸고, 김재영金宰榮을 위원장, 박영구朴榮九 외 8인을 위원으로 각각 선출하였다. 이 회의에서 강령이나 규약 등이 심의되고 회관 수리 문제도 의제로 다루어졌다.

　1927년 9월 6일에 신간회 예천지회가 결성되었다. 안동지회보다 열흘 정도 뒤에 결성된 셈이다. 회장에 안국, 부회장에 이대일이 각각 선임되고, 권원하가 총무를 맡았다. 신간회 예천지회에 간부로서 참가한 인물 가운데 금당실 출신으로는 간사를 맡은 박영진朴榮鎭과 맛질 종가의 종손이자 천석꾼으로 이름 높던 박영근朴榮根이 대표적이다. 당시 권원하는 동아일보 예천지국 기자로도 활약하였다.

　한편 금당실에도 농민운동과 노동운동이 나타났다. 1923년 11월에 안동 풍산에서 풍산소작인회가 결성된 뒤 그 여파가 주변으로 확산되었는데, 특히 예천 지역에 그 영향이 컸다. 하리면에 풍산소작인회 은풍출장소가 개설된 것도 그러한 현상을 보여 주는 증거이다. 은풍과 지보농민회가 사회주의 세력 가운데 화요회계였다면, 하금곡농민회와 개포농민회는 서울청년회계였다. 예천형평사 사건이 터진 1925년 8월에 하금곡에서 유전노동친목회柳田勞動親睦會가 결성되었는데, 이것이 다음해 2월에 조직을 일신하여 하금곡농민회로 명칭을 바꾸었다. 따라서 금당실의 농민운동은 노동운동과 함께 펼쳐졌고, 농민운동이 주류를 이루었음을 알 수 있다. 당시 회원이 1백여 명에 이르렀고, 간부로는 권원하를 필두로 강필한康弼漢·유창영柳昌榮 등이 주도적으로 활동하였다. 간부 명단은 다음과 같다.

　　집 행 위 원 : 권두진權斗鎭·권경섭權景燮·권병규權秉奎·여규익呂奎益·
　　　　　　　　이병수李竝秀·권익주權益周·김정하金正河·강진동姜鎭東·
　　　　　　　　강필한姜弼漢·이종진李鐘鎭·권신주權新周·권창영權昌榮

사무집행위원: 강필한(서무부)·이종진(교양부)·이병수(조사부)·권창영(선전부)

(조선일보 1926. 4. 8)

1927년에 예천 지역의 농민운동은 조선노농총동맹을 조직하면서 활동 성향을 발전시켰다. 관념적 운동 형태에서 노농민의 실제 생활의 이익을 전취하는 대중투쟁으로서의 조합운동, 농민총동맹과 노동총동맹으로 분화, 노농운동을 정치운동으로 인정하는 것 등이 바로 그 방침이었다. 이에 따라 하금곡농민회에서 '군농민연맹'의 발기를 결의하고 나섰고, 여기에 개포농민회도 찬성하고 나섰다. 그리하여 1927년 7월 17일 예천군 농민운동의 지도자들인 권창영(하금곡)·김영희(은풍)·박정상(개포) 등이 예천농민연맹발기회를 조직하였고, 8월에 용문·은풍·개포·지보 등 4개 농민회가 참여하는 예천농민연맹을 조직하였다. 따라서 예천농민운동에서 용문면, 특히 하금곡의 역할이 상당했음을 알 수 있다. 한편 권원하도 1920년대 후반을 거쳐 1930년대에 들어서도 여전히 농민운동을 지속해 나갔다. 1930년 2월에 33일 동안 예천경찰서에 구금되었다가 경북경찰부로 호송된 기록도 그러한 정황 가운데 하나이다.

3. 무명당과 조공 재건운동

사회주의자들은 1929년에 들면서 점차 좌우합작운동에서 이탈해 나갔다. 1928년 12월에 발표된 코민테른의 「12월 테제」에 따라 민족 문제를 핵심 과제로 삼고 신간회로 집결했던 대열에서 이탈하기 시작하였다. 그러면서 「12월 테제」에서 표명된 일국일당一國一黨, 즉 한 국가에 하나의 공산당이라는 원칙이 적용되었다. 한국은 일본의 식민지 상태였으므로 조선공산당원은 일본공산당원이 되라는 것이었고, 또 만주나 중국 본토 지역에서 활동하던 한국인들은 중국공산당에 가입하게 되었다. 따라서 1차부터 4차까지 결성되고 변천하던 조선공산당이 소멸되기에 이른 것이다. 그러다가 1930년대에 들면서 조선공산당 재건운동이 시작되었다. 안동 콤그룹과 김천 그룹 및 영덕·영양 그룹 등이 그러한 조직이었다. 이와 마찬가지로 예천에도 조선공산당 재건운동이 일어났으니, 바로 1932년 11월에 조직된 무명당無名黨이다.

무명당에 참가하여 활동한 금당실 출신은 권원하가 단연 대표적이다. 그는 상부 그룹 가운데 실업가를 담당하고, 직업 그룹에서도 실업을 담당하였다. 판결문에 그의 직업이 음식점으로 기록된 점이나 실업을 담당한 점으로 보아, 당시 그가 음식점을 운영하면서 그것을 방패막이로 삼아 조공 재건운동을 벌인 것으로 짐작된다. 그리고 면 그룹 가운데 용문면을 담당한 인물이 하금곡 출신이자 권원하와 가까운 친척인 권창영權昌榮이었다. 무명당의 존재가 일제 경찰에 의해 추적된 뒤에 주역들이 체포되었고, 권원하는 1년 6월형을 언도받고 옥고를 치렀다. 당시 관련된 인물들의 형기는 한일청 5년, 박창호 3년, 김기석 3년, 황창섭 2년 6월, 이병기 2년, 윤우식 사망, 이홍기 2년, 윤태혁 2년, 이효종 2년, 권원하 1년 6월(직업 음식점으로 기록), 황윤구 1년 등이었다.

〈무명당 조직 부서와 담당책〉

조직	부서별 담당책
지도부	서무: 한일청, 조직: 박창호, 선전: 김기석, 자금: 황창섭
상부 그룹	언론: 한일청·김기석, 실업가: 박창호·강대일·권원하·권창섭, 통신: 이병기, 학교: 이효종·박찬원·성주영·이봉구, ○○: 윤성호
하부 그룹	면: ○○○·변해동, 사방: 박봉출·황윤구, 역: 이인○·황모, 교통: 이모·심○망·○○○·김규호 외 1명

5. 외지에서 독립운동에 참가한 금당실 사람

금당실 사람으로 외지로 나가 활동한 인물로 상금곡리 출신인 김정연金正演이 있기도 하다. 그는 일찍이 안동군 임하면 오대동梧垈洞으로 이주하였고, 1919년 3월 31일 길안면 천지 장날에 일어난 만세시위를 주도하다가 피신하였다. 그리고서 1920년에 들자마자 상해에 자리 잡은 대한민국임시정부로 가려 하였다. 그는 1920년 2월 11일 김정익金正翼과 함께 의성군義城郡 의성읍 박재하 집에서 의성군 산운면山雲面 만천동晩川洞의 박훈朴勳으로부터 여비를 조달하고자 논의하다가, 그만 일제 경찰에 체포되고 말았다. 그는 5월 21일 대구지방법원에서 소요 및 보안법 위반 혐의로 징역 5년형을 언도받고 대구형무소에서 복역하였다.

1940년에 들면서 학생운동이 독립군적인 성향으로 강성화되었다. 1937년 중일전쟁 이후부터 실시된 노력동원이 1941년에 이르러 학생근로보국대의 상설화로 나타나고, 그 후 학도전시동원체제확립요강(1943)·학도동원비상조치요강(1944) 등으로 중등 고학년 이상은 360일, 저학년은 180일씩 동원되었다. 이러한 일제의 혹심한 탄압과 발악은 학생들로 하여금 일제의 패망을 멀지 않은 일로 예견하게 만들고, 항쟁 의지를 불태우게 하였다. 따라서 이 시기에 결성된 학생 조직은 학생들 스스로가 광복의 역군으로 참여한다는 투쟁적 의지를 분명하게 드러내고 무력항쟁을 당면 목표로 삼은 독립군적 성향을 표방하였다. 이것이 이 시기 학생운동 조직의 특성이라 할 것이다. 이러한 정황 아래 드러난 조직 가운데 결사대(계성중)·흑백당(경복중)·근목당槿木黨(경복중)·화랑회(이리농)·건국위원회(마산중·김해농)·조선독립당(동래중)·순국당(부산)·백의동맹(춘천사범)·조선회복연구단(안동농)·태극단(대구상)·무우단無憂團(대구사범) 등이 대표적이다.

금당실 출신으로 이러한 활동에 참가한 사람은 대구사범학교 다혁당茶

革黨에 참가한 박호준朴祜雋이다. 간혹 박우준朴祐雋이라 기록된 경우가 있지만 박호준朴祜雋이 옳다. 대구사범학교 학생들은 1940년에 들면서 일시적이고 산발적인 저항보다는 조직적이고 장래성 있는 투쟁의 필요성을 절감하고, 비밀결사체 결성에 나섰다. 일제의 감시를 피하기 위해 일단 외형으로는 문예 활동을 내세운 '문예부'와 학술 연구를 표방한 '연구회'라는 이름을 내걸었으나, 실제로는 민족 의식과 항일 정신을 고취하는 조직이었다. 9회생이던 박호준은 문예부에 가담하였다가 1941년 2월에 유홍수·문홍의·이동우·이주호·권쾌복·배학보 등과 함께 문예부와 연구회를 확대 개편하여 항일비밀결사체인 다혁당을 조직하는 데 주도적으로 참가하였다. 그러다가 그 해 7월에 일제 경찰에 발각되면서 재학생만이 아니라 교사와 학부형 및 졸업생까지 300여 명이 체포되고 6개월 동안의 혹독한 취조를 겪은 뒤 34명이 실형을 선고받았는데, 박호준은 그 가운데 여섯 번째로 긴 기간인 3년형을 선고받고 옥고를 치렀다.

6. 마무리

금당실은 전통적으로 함양박씨와 예천권씨 및 원주변씨 등이 중심을 이루어 온 반촌이다. 따라서 민족 문제가 발생하자 이들 문중이 전면에 나섰다. 독립운동의 첫 단계인 의병항쟁에서는 함양박씨 문중이 단연 앞을 섰다. 전기의병을 이끈 제곡의 박주대와 상금곡의 박주상·박주학 형제가 대표적이다. 그러다가 후기 의병에 가서는 이유인의 아들인 이소영의 활약이 잠시 드러났다.

계몽운동은 금당실에서 확인되지 않는다. 완전히 없으리라 생각되지는 않으나, 변혁의 바람이 이 마을에 닥치지 않은 것 같다. 그러다가 3·1운동에 가서는 죽림(대수)의 예천권씨와 상금곡의 함양박씨 문중이 앞을 서고, 원주변씨 문중도 참여하였다. 권석인이 계기를 마련하고 문중세력을 규합하는 가운데, 박태원을 비롯한 상금곡의 박씨 문중이 치밀하게 준비하면서 전체 주민이 참여하는 시위를 이끌어 낸 것이다. 여기까지에도 전통적인 양반 문중이 민족운동을 이끌었다고 평가할 수 있다.

1920년대에 들면서 민족운동의 양상이 크게 변하였다. 권원하가 신흥무관학교를 졸업하고 귀국하여 군자금 모집에 나섰다가 옥고를 치렀다. 그 뒤 예천 지역의 사회운동에 뛰어든 권원하의 활약이 단연 돋보였다. 친일적인 성향의 예천청년회를 넘어서서 상금곡에서 결성된 용문청년회는 투쟁적 성향이 강하였다. 또 하금곡농민회가 조직되어 1920년대 후반에서 1930년대에 걸쳐 농민운동을 독립운동으로 승화시켜 나갔다. 그러면서 농민운동의 주도 세력이 양반 출신 인물의 계몽적인 활동을 넘어서서 점차 피지배 계급 출신들이 중심으로 나서는 양상을 보였다. 즉 민족운동의 중심축이 양반에서 평민 출신으로 점차 이동하게 된 것이다. 이를 거치면서 금당실의 사회운동은 상·하층 구별이 없는 큰 틀의 민족운동을 일궈 내게 되었다.

금당실은 전통적인 반촌이자 퇴계학맥 범주에 드는 대표적인 곳이기도 하다. 그럼에도 불구하고 3·1운동 당시 파리장서에 서명한 인물이 없다는 점은 당시 서명을 추진하던 인물과 맥이 쉽게 닿지 않은 결과로 생각된다. 그리고 외지로 나가서 활약한 인물은 그리 눈에 띄지 않는다. 대구사범학교 다혁당에 참가한 경우가 있지만, 서울이나 국외로 망명하여 활약한 두드러지는 인물은 확인되지 않는다.

예천 지역의 민족운동은 용궁과 용문이 쌍벽을 이룰 만하다. 사실상 용문이 용궁보다 아주 작은 곳이라는 점을 감안한다면, 이 지역의 독립운동은 상당히 높게 평가할 만하다. 그 중심에 금당실이 있었다. 따라서 이 마을이 예천 지역 민족운동에서 차지하는 위상은 높은 편이 아닐 수 없다.　　(김희곤)

8장

금당실의 축제 문화

1. 전통사회의 축제

　인간이 시간의 흐름을 자각하고 시간의 단위를 설정하면서부터 축제는 존재해 왔다. 인간은 해와 달, 그리고 계절의 바뀜과 같은 물리적 시간의 전환점이나 생업력상의 전환점에 지연地緣을 바탕으로 한 축제를 배치함으로써 그들이 몸담고 있는 공동체의 시간에 마디를 만들고 리듬을 부여하였다. 또한 생로병사의 과정에서 지위의 변화를 겪을 때마다 통과의례를 배치하고 사후의 조령에 대한 의례를 혈연집단의 축제로 인식하여 연례적으로 행함으로써 산 자와 산 자, 산 자와 죽은 자 간의 연대를 확인할 수 있었다. 이처럼 지연과 혈연을 매개로 하는 축제 문화는 우리 축제 전통의 근간을 이루면서 전승되어 왔다.

　오늘날 우리가 확인할 수 있는 마을 단위의 공동체 문화가 제자리를 잡아가고, 종법의 제도화에 따라 적장자 중심의 가부장적 혈연 의식이 정착되던 조선후기에, 지연을 바탕으로 하는 마을 단위의 축제 문화는 어느 정도 정형성을 갖춘 것으로 판단된다. 이 시기의 마을 단위 축제는 크게 보아 세말연초의 새해맞이 축제와 단오 축제, 백중 무렵의 풋구(호미씻이) 등으로 나눌 수 있다. 새해맞이 축제가 월력상의 전환점에서 묵은해를 보내고 새해를 맞이하는 공동체 차원의 축제라면 단오 축제는 보리 수확과 모심기를 마친 뒤에 벌이는 수확과 성장 기원의 축제이고, 풋구는 논매기를 마친 공동체의 일꾼(下民)들이 주도하는 농업 노동자들의 축제였다.

　새해맞이 축제는 동신에 대한 제사와 대동놀이를 중심으로 펼쳐졌다. 동제는 지역에 따라 차이가 있지만 대개 대보름에 행해졌으며 그 형태는 독축고사형讀祝告祀型, 무당굿형, 풍물굿형 등으로 다양하였다. 한편 대동놀이는 가장 보편적인 것으로 지신밟기와 줄다리기, 그리고 윷놀이가 있었고, 이 밖에도 홰싸움, 강강술래, 놋다리밟기, 팔매싸움 등이 다양하게 배치되었다. 새해맞이 축제는 특히 동제와 경쟁적인 대동놀이의 결합 양상에 따라 나누어 볼 수 있는데 동제를 먼저 지내고 대동놀이를 하는 '선제사후놀이형'과 대동놀이를 먼저 하고 동제를 올리는 '선놀이후제사형'이 있다.

단오 축제는 보통 특별한 공동체 제의와 결합하지 않은 채 대동놀이 중심으로 펼쳐지게 마련이었다. 단오의 대표적인 대동놀이로는 씨름과 그네가 있었다. 씨름은 대개 노소를 불문하고 공동체의 남성들이 함께 참여하는 대동씨름의 형태를 취하였고 그네는 남녀노소가 함께 참여하여 즐기는 가운데 종종 높이 오르기를 겨룸으로써 경쟁성을 갖추기도 하였다.

한편 풋구는 '풋구 먹는다'라는 관용적 표현에서 알 수 있듯이 무엇보다 풍부한 먹거리를 바탕으로 하는 축제였다. 물론 씨름이나 풍물놀이 등이 함께 하기도 하였지만 일꾼들을 고용하거나 일꾼들의 힘을 빌려서 농사를 지은 지주 부농가에서 제공한 음식을 먹고 즐기는 것이 이 축제의 핵심이었다.

우리가 주목하고 있는 금당실, 특히 상금곡의 축제 문화도 이러한 축제의 흐름 속에서 파악할 수 있을 것이지만 조선 후기의 이 마을이 함양박씨와 원주변씨, 그리고 안동권씨와 같은 반족들이 세거해 온 곳이라는 점에서 일정한 주의를 필요로 한다. 알다시피 조선 정부는 개국 이래『홍무예제洪武禮制』에 입각하여 사전祀典을 정비하려고 하였다. 이에 따르면 전통적인 공동체신앙은 그 내용과 형태에 있어 대개 좌도음사左道陰祀에 해당하는 것이었다. 그러므로 전래의 공동체신앙은 혁파의 대상일 수밖에 없었고 유교 이데올로기의 실천자였던 사족들은 원칙적으로 민간신앙을 부정하는 입장에 있을 수밖에 없었지만, 지역에 따라 그리고 사족들의 가치관에 따라 다양한 대응이 나타남으로써 민간신앙의 혁파가 교조적으로 진행되지만은 않았음을 다양한 사례에서 확인할 수 있다.

상금곡과 함께 "금당·맛질 반半 서울"이라는 향언을 이루었던 맛질(大渚里)의 사례는 이를 잘 보여 준다. 맛질에 세거한 함양박씨가의 일기인『저

『상일월저上日月』은 19세기 중엽을 살아간 사족들이 민간신앙, 특히 공동체 신앙에 대응하는 방식을 담고 있다.

1838년(戊戌, 憲宗 4년)
1월 10일 : 동내 노소가 모여 입춘회立春會를 즐기며 밤이 새도록 놀았다.
1월 14일 : 날씨가 조금 따뜻함. 제관이 되어 한밤중에 성황당으로 올라가서 제사를 지냈다. 집에 온 후에 닭소리를 들었다.

1841년(辛丑, 憲宗 7년)
1월 15일 : 성황당 제사에 참여하였다.

1843년(癸卯, 憲宗 9년)
1월 15일 : 달이 일찍 떠서 빛이 하얗다. 성황당에 제사를 지냈다. 위아래 마을에서 윷놀이를 하였다. 60세 이하의 외처 손님들은 윗마을에서 놀았다. 돼지 세 마리를 잡았다.

1844년(甲辰, 憲宗 10년)
1월 15일 : 청명함. 사관이 되어 마을회관에서 밤을 지새웠다.

일기의 필자인 박득녕朴得寧(호는 味山)은 사족임에도 불구하고 7년 동안 네 번이나 직접 제관이 되어 동제에 참여하고 있다. 그가 참여한 동제가 어떤 성격을 지니고 있었을까?

맛질의 공동체신앙은 상당, 중당, 하당의 3당 체계를 이루고 있다. 상당에는 산신이 좌정하고 중당에는 서낭신이 좌정했으며 하당에는 동신이 좌정하고 있다. 특히 서낭신의 좌정에는 다음과 같은 당신화가 따른다.

상주 조판서댁의 따님이 있었는데 그 따님을 이 집의 종인 총각이 좋아했어. 따님이 보기에 안 되는 일이거든. 그래서 고마 도망을 쳐뿌렀네. 그러니 이 총각이 뒤쫓아온다. 처녀의 모친이 보니 자기 딸도 내빼뿌리고 종도 내빼뿌리고, 그러니 안 쫓아갈 수가 없나. 뒤쫓아간다. 그래 따님이 어디까지 왔나 하면 민틀이재 꼭대기까지 올라갔다. 지금의 상당(자리)에 올라가니 그래도 종이 쫓아오는 게 보여가 할 수 없이 목을 매 죽어 버렸다. 그래서 우리 마을의 서낭이 되었어. 그라고 저 건너 마을 제곡리의 서낭은 종인데 총각이라 그래 따님을 쫓아오다가 제곡리에서 이 처녀가 물을 건너 왼쪽으로 갔는지 오른쪽으로 갔는지 몰라서 물 건너기 전에 지금의 제곡리에 자리를 잡았고, 모친은 뒤쫓아오다가 딸을 찾아 물을 건너 와서 고마 오른쪽 아랫마에 정착을 했어. 지금의 하학리에 자리를 잡았어. 그래 각 마을의 서낭이 되었지. 그리고 별신은 처녀서낭이 하학리의 모친서낭에게 인사를 드리러 가는 것이야. 하학리의 모친에게 인사를 드리고 하학리 마을을 돌면서 지신밟기처럼 걸립도 하고 그랬지. (박태희 씨 제보, 69세, 대제리 거주)

전형적인 원혼형 당신화로서 서낭당에 좌정하고 있는 신이 인신人神임을 분명하게 보여 준다. 한편 맛질에서는 연례적인 동제뿐만 아니라 대규모의 별신굿도 벌였다. 제보에 나타나듯이 별신굿의 기본틀은 맛질의 딸 서낭이 하학리의 어미서낭을 찾아가서 배례하는 구조를 갖추고 있었으며 동리민뿐만 아니라 사방에서 구경꾼이 몰려들어 대성황을 이루었다.(『渚上日月』, 1867년 1월 15일자 일기 참조.) 경북 내륙 지역의 통례로 보았을 때, 맛질의 별신굿을 주도한 것은 무격이었을 가능성이 매우 높다. 또 하나 주목되는 것은 탈놀이의 존재이다. 맛질의 제보자들은 한결같이 동사에 나무로 만든 탈을 보관하고 있었고, 1907년 마지막 별신굿 때까지 탈놀이를 하였다고 전한다. 이렇게 보면 맛질의 별신굿은 신화적 혈연을 확인하는 과정과 탈놀이가 결합한 축제로서 하회의 별신굿을 방불케 하는 이벤트였다고 하겠다.

동제를 비롯한 민간신앙에 대한 사족들의 대응 방식은 첫째 교조적인 입장에서의 부정, 둘째 암묵적 용인과 간접적 참여, 셋째 적극적인 참여의 세

유형으로 나눌 수 있다. 제주목사로 간 이형상李衡祥(호는 甁窩)이 무속의 례가 중심이었던 본향당을 혁파한 것이 첫 번째 유형에 속한다면, 축문을 지어 주고 제비祭費를 부담하되 제의에는 관여치 않은 안동 하회나 문경 현리의 사례는 두 번째 유형에 속한다. 이제까지의 자료에 의하면 사족들의 행위 유형은 이 둘 가운데 하나이기 십상이었다. 그런데 맛질의 사례는 세 번째 유형에 속하는 것으로서 매우 파격적인 대응 방식이라고 아니할 수 없다. 이러한 태도는 용인을 넘어서서 사족 스스로가 전통적 가치의 전승자 역할을 감당하는 것으로서 각별한 주목을 요한다.

조선 전기 이래 민간의 공동체신앙에 대한 국가 정책은 유교식 예법에 맞지 않는 제사를 부정하는 것이었고, 특히 성황 신앙의 경우 그 핵심은 인신人神의 부정에 있었다. 예제에 의거할 때 성황은 인신이 아니라 지지地祇라는 것이 기본 입장이었던 것이다. 사정이 이러함에도 맛질의 사족들은 사람 신을 섬기는 동제를 주관하였을 뿐만 아니라 전형적인 음사에 해당하는 별신굿을 전승한 것이다.

상금곡에는 맛질의 박씨들과 혈연을 나눈 함양박씨의 큰집이 세거해 왔고 다른 세족들도 근동의 사족들과 사회적 교류를 지속해 왔다. 따라서 상금곡의 사족들도 민간의 공동체신앙에 대해 맛질과 유사한 대응 방식을 구사하였을 가능성이 높다.

2. 지연과 혈연을 가로지르는 새해맞이 축제

새해맞이 축제의 중심적 연행으로서 동제는 제관의 선출로부터 시작된다. 통상적으로 제관은 "생기복덕生氣福德이 맞고 깨끗한 사람" 가운데 뽑는다고 하지만 그 내막을 들여다보면 보다 복잡한 조건들이 발견된다. 동성

▲ 남촌 입구 돌섬

마을에서 타성을 배제하거나 역사가 오랜 마을에서 마을에 들어온 지 얼마 되지 않은 신입자新入者를 배제하는 것도 그 가운데 하나이다.

  금당실의 경우 전통사회의 동제를 살펴볼 수 있는 자료가 남아 있지 않아서 정확하게 알기는 어렵지만 20세기 이후의 사례와 주민들의 진술을 감안할 때 대체로 북촌과 동촌에 세거하고 있던 함양박씨 집안에서 제관을 가장 많이 배출했던 것으로 보인다. 비록 동제에 대한 신심信心이 약화하고 제관의 배출 체계가 흐트러진 이후의 일이지만 87년부터 95년까지 동제에 참여한 제관들의 성씨 분포를 보면 그런 사실을 짐작할 수 있다.

  이 시기에 제관을 지낸 이들은 모두 16명인데 이 가운데 함양박씨는 모두 9명으로서 전체의 50% 이상을 차지하고 있다. 마을 사람들은 이를 두고 함양박씨들의 세거지가 산신이 좌정한 오미봉에 가깝기 때문에 그러하다고 하지만 여기에는 지연의 역사성과 공동체 내에서 가문의 영향력 및 신분 등

8장 금당실의 축제 문화 191

이 복합적으로 작용하였을 가능성이 높다. 실제로 한 주민은 "농제의 제관은 양반이 한다"라고 하여 금당실 역시 맛질의 경우와 마찬가지로 사족들이 주도적으로 동제를 이끌어 갔음을 암시하고 있다. 한편 현재 금당실에서는 "마을의 어른들이 상의하여 제관을 정하던" 전통적인 방식을 벗어나 동·서·남·북촌의 이장이 당연직 제관으로 참여하고 별도로 두 명의 제관을 더 뽑아 그 중 한 명에게 제물을 전담하는 '도가' 의 소임을 맡기고 있다.

동제에는 제물 장만 등에 일정한 경비가 소요된다. 따라서 마을마다 경비를 충당하는 방식을 갖고 있게 마련이고 그 방식은 대개 동답洞畓과 같은 마을 공유 재산의 소출에 의존하거나 갹출 또는 걸립에 의존하는 게 일반적이다. 금당실의 경우 1965년 이전까지는 세 두락의 동답이 있어서 그 도지로 매년 제사를 지냈지만, 이후 동답의 소유가 개인 명의로 변경됨으로써 주민들의 성의에 의존하는 모금 방식으로 바뀌었다. 제관들은 성금을 낸 이들을 일일이 기록해 두었다가 제사를 지낼 때 집집마다 소지를 올려 준다. 성금을 내지 않은 사람은 자연스럽게 동신의 보호로부터 배제되는 것이다. 이에 따라 성금의 기부 행위는 곧 동신에 대한 믿음의 존재 여부를 구분하는 잣대가 되기도 한다. 예컨대 남촌에 집거하고 있는 기독교신자들의 경우 우상숭배에 대한 자신들의 태도를 성금 제출의 거부로 표시하는 것이다. 만약 성금이 모자라면 마을 공동 기금이 약 400만 원 가량 있기 때문에 이것으로 충당을 하면 된다. 그러나 지금까지 돈이 모자란 적이 없었고 해마다 4~50만원씩 예치할 수 있었다.

동제를 받드는 곳은 모두 다섯 군데로서 마을의 주산인 오미봉에 있는 소나무와 오미봉 동쪽의 동주산 4부 능선의 소나무, 면사무소 앞의 느티나무, 남촌 입구의 천방거리(돌섬거리)에 있는 팽나무 두 그루와 선돌, 그리고 마을 앞을 흐르는 개울과 마을이 처음 만나는 지점에 자리한 수구맥이 등이다.

▲ 팽나무 거리

　오미봉의 소나무를 마을 사람들은 산신 또는 영감나무라 하고 동주산에 있는 나무를 할마이나무라고 한다. 이로 미루어 오미봉의 신격은 남신男神으로서 산신이고 동주산의 신격은 여신임을 알 수 있으며 뒤에 살펴볼 축문의 내용을 볼 때 서낭신임을 알 수 있다. 한편 마을 가운데 자리 잡고 있는 느티나무는 축문의 내용으로 보아 동신(洞堂神)이고 수구맥이는 말 그대로 수구水口를 통해 들어오는 잡귀 잡신을 물리치는 수구막이신이며 남촌의 끝자락, 마을의 출입구에 자리 잡고 있는 선돌과 팽나무는 모든 재액을 물리치는 지킴이신이다. 이처럼 금당실의 동제는 5당 체계 속에서 움직이고 있다. 산신과 서낭신이 부부의 연을 맺고 있으며 나머지 신들은 직능신으로서 각자의 소임을 다하는 체계인 것이다. 주목되는 것은 서낭신과 동신이 분리되어 있다는 것이다. 이런 양상은 맛질에서도 나타나는 것으로서 대개의 마을에서 서낭과 동신이 일치하는 것과 구별된다.

동제를 거행하는 시간은 정월 대보름 사시(巳時)이나. 세관들은 두 패로 나뉘어 각기 오미봉과 동주산에 올라 시간을 기다리다가 자시가 되면 먼저 오미봉에서 산신제사를 올린다. 오미봉에서 축문을 읽는 소리는 동주산까지 들리는데 오미봉에서 축문을 다 읽으면 그제서야 동주산에서 서낭신에게 제를 지낼 수 있었다. 오미봉에서 제사를 마친 제관들은 수구맥이와 천방거리로 가서 차례대로 제를 올리고 동주산에서 제사를 봉행한 제관들은 마을로 내려와 동신에게 제사를 올린다. 모두 전형적인 독축고사형으로서 산신축山神祝, 동신축洞神祝, 성황축城隍祝이 남아 있다.

축문들은 1922년(壬戌)에 사용한 것으로서 왼쪽이 산신축이고 가운데가 동신축이며 오른쪽이 서낭축이다. 지금으로부터 180여 년 전에 박주종(山泉 어른)이 지은 것으로 전한다.

〈1980년 이전의 동제 축문〉

산신축	동신축	서낭축
維歲次 壬戌 正月 戊申 朔 十四日 辛酉 幼學 某 敢昭告于 城隍之神 蔚乎文峙 環渚有奕 穹林豊茂 荟永禮祀 克綽厥福 驅獲外邪 維神所宅 粢盛旣明 牲酒斯潔 掃壇告祝 冀仮芬苾 屛却妖孼 虔禱有常 上元之日 露壇屑玉 燭明四極 尚 饗	維歲次 壬戌 正月 戊申 朔 十四日 辛酉 幼學 某 敢昭告于 洞堂之神 維洞有舍 屢百年數 棟宇穹隆 主神所憩 神之吊矣 天●氣● 神人協諧 于以報賽 維民是庇 驅攘鄽黑 玆値上元 牲酒斯備 永賴神貺 太平歌笑 尚 饗	維歲次 壬戌 正月 戊申 朔 十四日 辛酉 幼學 某 敢昭告于 主山之神 噫于主山 來自小白 蜿蜒蹲踞 雄鎭一壑 有禱必應 如響斯答 吉祥靄靄 露降雲集 宿戒令辰 百禮旣洽 掃地設燎 冀降燁燁 尚 饗

한편 소지는 오미봉의 산신제에서만 올렸다. 독축과 헌작을 마치면 먼저 동네 소지부터 올린 후에 관련 있는 관공서의 소지를 올리고, 이어서 제관을 비롯하여 주민들의 소지를 올렸다. 소지의 내용은 우측 상단부에 가장의 성명과 생년生年을 적고 그 아래 가족의 성명과 생년을 나열하는 것이었다.

동제를 마치고 돌아오면 축시 가량이 된다. 날이 밝으면 도가에서 주관하여 환갑이 넘은 마을의 원로들에게 나이 순서대로 음복을 돌리는데 떡을 손가락 두 개 정도의 크기로 잘라 흰색 문종이에 쌌다.

금당실의 동제는 1980년(庚申)의 송계松契 이후 크게 변화하였다. 마을의 유력한 구성원들이 다수 참여한 이 해의 송계에서 동제 통폐합과 축소에 대한 의견이 제시되고 통과되었다. 제관 선정이 여의치 않고 경비 마련도 쉽지 않은 상황에서 다섯 군데의 제사를 모두 지내는 게 무리라는 것이 그 이유였다. 반대 의견도 없지 않았지만 결국 모든 제사를 오미봉의 제사로 일원화하여 그 뒤로 지금처럼 오미봉에서만 제사를 받들게 되었다. 이렇게 됨에 따라 제사의 대상이 되는 신격이 "고산지령高山之靈"으로 일원화하였고 제물의 진설도 다섯 신위를 합설하는 것으로 바뀌었다. 변화 이후의 축문과 제물진설은 다음과 같다.

〈1981년 이후의 진설도〉

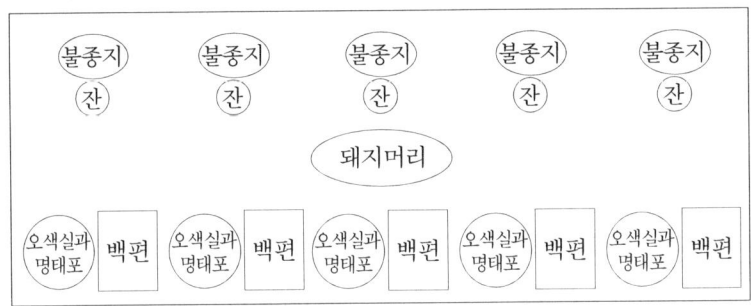

維歲次　正月　朔　十五日　幼學
敢昭告于
高山之靈　伏以　維嶽有神　各鎭土方　俾民奠麗
民俱瞻望　日維高山　鎭我金谷　扶與磅礴　神明攸宅
爰稽永祀　義起薦誠　每歲令辰　上元月正　虔誠
吉蠲　維嶽降神　消災遠疾　順豊迎寧　旣助且佑
萬福俱成　歲時歌鼓　同我太平　尙
饗

〈1981년 이후의 동제 축문〉

동제를 마치면 지난해의 마을 일이를 결산하고 새해의 마을살이를 설계하는 대동회를 개최하고 대동놀이판을 벌였다. 금당실의 대표적인 대동놀이는 줄다리기로, 마지막으로 행해진 것은 1930년경이었다. 당시만 하더라도 금당실은 600호 정도가 사는 대촌이었기 때문에 약 3000여 명 가량의 남녀노소가 나와서 줄을 당겼다. 줄다리기의 편은 면사무소 앞 도로를 기준으로 윗마와 아랫마로 나누어 구성하였다. 윗마에 해당하는 곳은 동촌과 북촌이었고 아랫마에 해당하는 곳은 남촌과 서촌이었다. 예전에는 남촌과 서촌에 사람들이 많지 않았기 때문에 인근의 성현이나 하금 등의 마을에서 사람들을 몰래 불러 힘을 보태기도 하였다. 윗마에서는 숫줄을 당기고, 아랫마에서는 암줄을 당겼다. 줄을 당기기 전에 각기 이삼백 명의 장정들이 줄을 어깨에 메고 골목을 누볐는데 그 위세가 대단하였다. 줄 위에는 대장이 타고 선소리를 하였다. 대장은 날쌔고 재빠른 사람을 뽑았는데 당시 대장으로 뽑혔던 사람은 아랫마 편에서는 양주대감 집의 일꾼이었던 이용환이었고 윗마에서는 박대진이 대장, 이삼봉이 부대장을 맡았다. 대장은 줄 위에서 놀이를 지휘했는데 머리에는 고깔을 쓰고 한 손에는 칼, 한 손에는 깃발을 들었다. 1930년 이후 주재소의 일인 경찰들이 상해의 위험이 있다고 중지시켜 전승이 중단되었다.

줄다리기와 함께 새해맞이 축제를 구성했던 연행은 지신밟기이다. 1950년대 초반까지만 하더라도 정초가 되면 각 마을별로 꾸려진 풍물패가 집집

▲ 동주산 성황

을 돌며 지신을 밟았다. 풍물패의 행렬을 보면 먼저 맨 앞에는 농기가 섰다. 농기에는 '농자천하지대본農者天下之大本'이라고 적었는데, 그 길이는 약 2.5m 가량 되었다. 농기의 뒤를 이어 상쇠, 징, 장구, 북 등의 순서로 줄을 섰는데, 각 1명씩이었고 소고수가 5명 가량 따랐다. 마지막으로 잡색이 따랐는데 총잡이·각시·양반 등이 있었다고 한다.

3. 공중을 노니는 단오 축제

김택규 교수는 한반도의 문화권을, 단오를 중히 쇠느냐 추석을 중히 쇠느냐에 따라서 추석권, 단오권, 단오·추석 복합권으로 나눈 바 있다.(김택규, 『한국농경세시의 연구』, 영남대출판부, 1989 참조.) 이 분류에 따르면 예천을 비롯한 경북 북부 지역은 단오를 중히 여기되 추석도 세시로서 일정한 비중를 사시하는 단오·추석 복합권에 해낭한다. 추석권이 도작稻作, 단오권이 전작田作에 치중한다면 단오·추석 복합권은 도작과 전작을 함께 중시한다. 단오·추석 복합권에 속한 지역에서 단오는 보리의 수확이 막 시작되고 모심기를 위해 물을 확보해야 하는 바쁜 시기이다. 따라서 이와 같은 농작업들이 순조롭게 진행되어야만 단오를 제대로 쇨 수 있었다.

단오가 되면 부녀자들은 머리에 궁궁芎藭을 꽂고 쟁피(창포)로 머리를 감았다. 처녀들은 댕기를 들이기도 하였고 부유한 집에서는 단오빔을 차려입기도 하였다. 단오의 절식節食으로는 쑥떡이 있었다. 집집마다 떡을 만들어 어른들에게 대접하고 이웃에 돌리기도 하였다. 경우에 따라서는 이날 개장국을 끓여 이웃간에 나누어 먹기도 하였고 그렇지 않으면 특별히 이 날을 위해 개장국을 장만한 집을 찾아가서 사먹기도 하였다. 한편 단오날 식전에 캐는 쑥을 약쑥이라고 하여 쑥을 캐러 가기도 하였으며 이날 캔 쑥은 잘 말려 두었다가 뜸을 뜨는 데 사용하였다.

금당실의 단오놀이는 그네뛰기가 으뜸이었다. 이 놀이는 그네줄을 만들기 위해 짚을 모으는 것으로부터 시작되었다. 5월 초이틀 무렵이면 크고 작은 아이들이 무리를 이루어 집집을 돌며 짚을 거두었다. 이때 짚을 내지 않으면 그네를 뛰지 못하게 했으므로 어느 집에서나 형편대로 짚을 내놓았다. 그네의 형태는 높은 나무의 벌어진 가지에 짚줄을 매는 것이었다. 예천읍의 경우에는 땅 위에 별도의 그네틀을 세우고 그네를 매는 땅그네도 있었지만 금당실에서는 나무그네만 만들었다. 그네를 맨 곳은 여러 군데였다. 마을을 길게 가로지르는 송림松林 안의 서너 군데에 그네를 맸고 북촌에서는 유기점鍮器店 앞 추자나무에, 동촌에서는 박풍산씨 댁 옆의 느티나무에 그네를 맸다.

그네는 흔히 여성들의 놀이로 알려져 있지만 사실은 그렇지 않다. 그네에 관한 기록이 나타나기 시작하는 고려 중엽 이후 그네는 남녀노소 상하귀천을 가릴 것 없이 즐기는 단오놀이였다. 『고려사高麗史』의 열전列傳 「최충헌전崔忠獻傳」에 의하면 그네는 귀족 남성들이 채붕彩棚을 설치하여 즐길 정도로 화려한 놀이였고, 같은 책 「신우전辛禑傳」에는 왕이 직접 그네를 즐긴 사실이 나타난다. 이런 양상은 조선조에 이르러 육체성의 발현을 폄시하는 성리학적 가치관 때문에 상층의 남성들이 그네를 뛰지 않음으로써 변화가 일어났지만, 여전히 그 밖의 남성들을 포함하는 대다수가 즐겼다는 점에서 크게 달라지지 않았다. 금당실의 경우에도 마찬가지였다. 체통 있는 집안의 남성들은 그네터에 나타나지 않았지만 나머지 사람들은 그네를 즐겼고, 특히 집밖 출입이 일정하게 제한되었던 미혼의 여성들은 이 날의 주인공 가운데 하나였다.

미혼의 여성들과 달리 기혼 여성, 특히 갓 시집온 며느리들은 그네판에 나서기 어려웠다. 이미 아이 몇을 가진 나이 지긋한 여성들의 경우에는 사정이 달랐지만 젊은 며느리들에게는 조신한 언행이 요구되었기 때문에 여간해서는 그네판에 나설 수 없었던 것이다. 그렇다고 해서 이들이 단오 그네를 영 멀리해야만 했던 것은 아니다. 처녀 시절의 그네뛰기를 잊지 못하는 며느리들은 시어른을 찾아가 "그네줄을 한 번이라도 잡지 못하면 여름내내 모기가 달려든다"는 주술적 이유를 들어 간청하였고, 어른들은 "해가 진 뒤에 가라"는 조건부로 나들이를 허락함으로써 늦으나마 그네판에 나설 수 있었던 것이다.

금당실에서 그네를 뛰는 방법은 두 가지가 있었다. 외그네와 쌍그네(맞그네)이다. 외그네는 말 그대로 혼자 뛰는 것이고 쌍그네는 둘이 마주서서 그네를 뛰는 것으로서 '어부럼그네'라고도 하였다. 개인의 기량을 겨룰 때는 외그네를 뛰었지만 친구나 동기 간에 우의를 다지기 위해 쌍그네를 뛰기도 하였다. 한편 그네뛰기의 기량은 얼마나 높이 오르는가로 평가하였다. 높이를 측정하는 방법으로는 통상 다음의 세 가지 가운데 하나가 채택된다.

셋째, 나뭇가시 또는 꽃가시를 목표물로 정하고 그것을 발끝으로 차거나 입에 무는 것으로 기량을 평가하는 것으로서 가장 오래된 방식이다.

둘째, 그네 앞쪽에 방울줄을 높이 달아 놓고 그것에 닿도록 하는 것인데, 밑에서 조종하여 방울 줄을 점점 높여 감으로써 최고 높이를 측정한다.

셋째, 그네줄의 앉을개(발판) 밑에 자눈(尺目)을 박은 줄을 달아 놓고 그네줄의 정지 지점에서부터 공중으로 얼마나 올라갔는가를 측정하여 우열을 가리는 방법으로, 가장 최근의 방식이다.

금당실에서는 첫 번째 방식으로 우열을 가렸지만, 서촌 장터의 번성을 위해 벌인 별신굿판에서처럼 본격적인 추천 대회에서는 세 번째 방식을 채택하여 기량을 겨루었다.

그네를 처음 뛸 때 뒤에서 밀어 주는데, 이것을 "물 먹인다"고 하였다. 그네를 뛸 때는 "뒷사람 밀어라, 앞사람 받아라", "해야디야 상사두야", "여이샤 군디야, 군디야 올라라" 등의 추임새 또는 소리를 메겨 신명을 고조시켰다.

금당실의 단오 그네는 1970년대 초 이후 전승력이 약화하여 지금은 전승이 단절된 상태이다.

4. 일꾼들이 주도하는 농민들의 축제, 풋구

근현대의 노동자들에게 노동절(May Day)이 있다면 전통사회의 농업 노동자들에게는 풋구(호미씻이, 草宴)가 있었다. 풋구는 농업 노동을 주도해 온 일꾼들의 축제로서 시종 공동체의 하민들인 그들 스스로에 의해 주도되었다. 이날만큼은 일꾼들이 축제의 주인공들이었고, 지주 부농들은 이들의 요구에 적절하게 호응하며 그들의 축제적 지위를 인정하였다. 역할의 전도까지는 아니더라도 평시와 다른 대접을 받고 고용주들이 선물한 의복을 입고 푸짐한 먹거리를 즐길 수 있었다는 점에서, 또한 노동 조직의 위계에 따라 움직이며 그들만의 축제를 즐길 수 있었다는 점에서 풋구는 한시적인 해방구의 성격을 지니고 있었다.

금당실에서는 풋구를 "일꾼들이 먹고 노는 날"이라고 했다. 두벌 논매기가 끝나면 음력 7월 초순경이 되는데 열흘부터 열닷새 사이에 날을 정해 "풋구를 먹었다." 금당실에는 일꾼(머슴)을 부려 농사를 짓는 부농이 15호 가량 되었다. 이들 집에서는 적게는 하나에서 많게는 셋 정도의 일꾼을 고용하였다. 이들 머슴들을 비롯해서 영세한 토지를 소유하여 소작이 불가피하거나 품팔이로 생계를 유지하는 이들이 바로 풋구의 주체였다. 일꾼들 가운데는 비단 타성의 하민들뿐만 아니라 함양박씨, 원주변씨, 예천권씨 등 금당실을 지배해 온 세족의 후예들도 있었다. 이들은 그 뿌리를 양반에 두고 있었지만 경제적 지위가 낮았고 이와 같은 신분과 지위의 불일치 속에서 그들은 일꾼들로 분류되게 마련이었다.

풋구날이 잡히면 풋구를 시작하기 전날 길닦이(治道)를 하였다. 치도는 주로 일꾼들이 나무하러 다니는 길을 정비하는 일이었다. 마을 일꾼들의 우두머리를 '상일꾼'이라고 했는데 작업은 그의 지시에 따라 이루어졌고 다음날부터 시작하는 본격적인 축제 역시 마찬가지였다. 상일꾼은 보통 나이도 많고 일도 잘하는 이로서 상일꾼으로 이름난 이는 함양박씨 집안 출신이었다. 치도는 오전 10시경에 상일꾼의 집에서부터 시작하여 옥거리에 있는 방수나무까지 길을 닦는 것으로 마무리되었다.

길을 닦고 나면 점심때가 되었다. 점심은 일꾼들을 고용한 집에서 마련하는데 이때 상일꾼이 각 집에서 보내온 음식을 평가하였다. 혹 어느 집에서 음식을 성의 없이 만들어 보낼라치면 "일꾼을 업신여긴다"고 하여 "다음해에 일꾼을 들이기 어려웠다"고 한다. 이 때문인지는 몰라도 부농가에서는 정성을 들인 음식을 넉넉하게 보내게 마련이었다. 이때 내오는 음식은 술과 떡, 부침개 등이었다. 부침개의 재료는 호박, 진저리, 명태 등이었고 형편이 넉넉한 집에서는 명태구이를 내오기도 하였다. 명태구이는 통명태에 고추장 양념을 발라 구운 것으로 한 사람당 한 마리씩 돌아가도록 준비하였다. 더러 명태와 함께 고등어 자반구이도 준비했는데 역시 한 사람당 한 마리씩 돌아가도록 배려하였다.

점심때가 되면 상일꾼은 나이가 어린 '젖일꾼'을 시켜 한몫을 제대로 하는 일꾼인 '중일꾼'들의 집을 돌며 음식을 거두어 오라고 지시하였다. 젖일꾼이 음식을 갖고 돌아오면 일꾼들 앞에 음식을 늘어놓고 품평을 시작하였다. 평가의 결과가 나쁜 집에는 그 집 일꾼을 통해서 경고를 보냈고, 우수한 집에는 도롱이를 비롯하여 별도로 마련한 답례품을 보내기도 하였다. 며느리 시절에 일꾼들이 먹을 음식을 장만했던 한 할머니는 도롱이를 받았는데 "자신의 음식 솜씨를 인정받은 것 같아서 그렇게 기분이 좋을 수 없었다"고 하였다. 음식 품평을 마치면 상일꾼이 "먹어도 좋다"라 하고, 그때부터 음식을 즐겼다. 점심을 다 먹고 난 오후에는 방수나무부터 시목실까지 길을 닦았다.

풋구는 치도를 마친 다음날부터 사흘 동안 마을 내부의 송림에서 벌어졌다. 풋구를 먹을 때는 일꾼들뿐만 아니라 살림살이가 비슷한 소작소농들, 그리고 여타의 고용인들이 참여하였으며 풋구를 먹을 때는 주로 풍물을 치고 놀았다. 이때 상일꾼은 삿갓을 거꾸로 뒤집어쓰고 풍물패들은 고깔을 썼으며 개중에는 상모를 돌리는 이도 있었다. 1930년대에는 면사무소에 고용되었던 이모씨가 상쇠를 하였다. 풋구 음식은 역시 일꾼을 고용한 집에서 제공하였다. 하루에 다섯 집씩 정해진 순서대로 음식을 가져왔으며 실컷 먹고 마시다 해가 질 무렵이면 특별히 정성들인 음식을 보내온 집을 찾아가서 풍물을 치며 신명을 풀었다. 풋구를 먹을 때 더러는 일꾼 집안의 아낙네와 아이들도 참여하여 떡 등을 나누어 먹기도 하였지만 반가의 가족들은 참여하지 않았다.

5. 맺음말

소략하게 둘러본 금당실의 축제 문화에서 우리는 세 가지 점에 주목하게 된다. 우선 새해맞이 축제이다. 금당실의 새해맞이 축제에서 동제는 사족들이 주관하였고 하민들은 이를 보조하는 입장에 있었다. 한편, 역시 축제의 주요 연행이었던 대동놀이의 경우에는 사정이 달랐다. 줄다리기와 지신밟기를 주도한 것은 하민들이었고 사족들은 이들을 후원하는 입장에 있었다. 이렇게 보면 금당실의 새해맞이 축제는 사족들이 제사를 전담하고 하민들이 놀이를 전담하는 이원적 체제를 갖고 있었으며, 제사와 놀이가 서로 만나는 지점에서 동·서·남·북촌의 소지역주의와 혈연의 배타성, 그리고 신분과 계급의 차별성이 일정하게 해소되어 '금당실 사람'으로서의 정체성을 확인할 수 있었던 것이 아닌가 싶다.

다음으로 단오 축제의 문제이다. 단오 축제의 전반적 양상은 다른 마을의 경우와 다를 게 없다. 주목되는 것은 며느리와 딸의 차별적 지위, 그리고 며느리들의 청원과 이를 조건부로 수락하는 반가 어른들의 태도의 문제이다. 전통사회의 공동체 문화에서 딸과 며느리는 같은 여성이면서도 차별적인 지위를 갖고 있었으며 이러한 양상은 놀이공간에서도 드러났다. 민촌이건 반촌이건 솔거하고 있는 미혼의 딸과 친정에 다니러 온 출가한 딸에 대한 공동체의 대우는 매우 너그럽다. 축제의 공간, 놀이의 공간에서 이들은 거의 집안의 남성에 준하는 대우를 받는다. 여기에 비해서 며느리는 분명히 가족의 구성원이면서도 사회가 요구하는 도덕적, 윤리적 기준을 따를 것을 강요받고 축제와 놀이에 대한 욕구를 자제할 것을 요청받는다. 대부분의 경우, 이와 같은 여성의 모순적 지위는 수차례의 출산, 특히 득남과 함께 약화하지만, 딸과 며느리의 차별적 지위가 완전히 해소되기는 어렵다. 이런 상황에서 금당실의 젊은 며느리들이 밤에라도 그네판에 나설 수 있기를 시어른들에게 청한 것은 시대성의 문제를 감안하더라도 상당히 적극적인 태도로 평가받을 수 있겠고, 더욱이 주술적 논거를 제시함으로써 자신들의 요청을 합리화한 것은 완고한 가부장적 질서 또는 내외법의 틈을 비집고 드는 여성들의 생존 전략으로서 주목되는 바가 있다.

마지막으로 풋구의 문제이다. 풋구에서 농업 노동자들은 경제적 또는 신분적 예속 관계에 있던 일상에서 벗어나 그 주종적 위계의 상부에 있던 이들의 후원과 협조 아래 그들만의 해방구를 설정하고 축제를 즐겼다. 뿐만 아니라 주인집에서 제공한 음식들을 품평하고 그에 상응하는 긍정적·부정적 환류를 시도함으로써 제한적이나마 지위의 전도를 실현하였다. 이와 같은 양상을 상층의 하층에 대한 '통풍장치' 제공으로도 볼 수 있겠지만, 맛질의 사례에서 드러나듯이 조선 후기 이후 실제적으로 성장한 하민들의 위상과 그에 대한 사족들의 불가피한 대응으로 이해할 수도 있다. 1860년 이후 1901년에 이르기까지 맛질에서는 고인雇人들의 태업, 송계에 대한 하민들의 도전 등이 심각한 양상으로 나타났다. 이것은 사족들의 하민 통제가 흔들리게 되었다는 것을 의미하는 한편, 사족들이 하민들의 입장을 일정하게 수용할 수밖에 없는 상황을 암시하고 있다.(이영훈, 「18·19세기 대저리의 신분구성과 자치질서」, 안병직·이영훈 편, 『맛질의 농민들』, 일조각, 2001을 참조.) 결국 지주 부농들은 그러고 싶어서 그런 게 아니라 그렇게 하지 않으면 자신들에게 경제적 사회적 불이익이 돌아올 수도 있기 때문에 어쩔 수 없이 풋구의 물적 기반을 제공하고 음식 품평과 그 결과까지 감내했을 가능성이 없지 않은 것이다. (한양명)

* 주요 제보자

박경식(남, 86) · 박노식(남, 66) · 박동수(남, 67) · 장성회(남, 81) · 남명환(남, 81) · 권창원(남, 80) · 김용휘(남, 75) · 권수종(남, 78) · 김일용(남, 77) · 김경출(여, 74) · 채숙묵(여, 78) · 지인석(남, 83) · 변병화(남, 73) · 박완수(남, 79) · 우성국(남, 66) · 김동교(남, 57) · 박길상(남, 58) · 권수만(남, 73) · 권상무(남, 88) · 박태희(남, 69, 맛질 거주)

9장

금당·맛질의 언어 생활

1. 농성마을 금당·맛질

　금당·맛질은 안동문화권에 속하는 지역으로, 500여 년 동안 유교적 전통을 구축하고 있는 예천의 대표적인 전통마을이자 동성마을이다. 유교적 전통은 일상적 삶 속에서 유교 이념의 실천을 지향해 온 양반 사족들을 중심으로 주로 전개되었다. 양반 사족들은 유교의 종법 원리에 따라 문중이라는 혈연공동체를 형성한 후, 응집성을 더욱 높이기 위해 일정 지역에 모여 동성동본의 사람들이 모여 동성마을을 이루었다. 제사의 계승과 종족의 결합을 위한 친족 제도의 기본이 되는 종법 제도는 사대부 집안의 혈연에 입각한 질서의 원칙이었다.

　동성마을의 인간 관계에 있어 유교적 전통 윤리에 바탕을 둔 가족 관계는 소위 친소 관계로 분류된다. 가족 개개인의 위치를 지정해 주는 친족호칭어는 유교의 이념에 따른 상하 서열, 위계질서, 부계父系·부계夫系 중심, 남성 중심, 결혼이나 연령, 항렬 중심으로 친족호칭 체계가 구성되었다. 동성마을의 성씨들은 강한 혈연 의식에 의해 형성된 집단이므로 배타적이고 보수적인 성향은 친족호칭어를 통해서 가장 잘 드러난다. 동성마을의 친족원을 일정한 범주로 구분 짓는 친족호칭어는 한 공동체 내에서 항렬과 나이와 성별, 세대 등에 따라 호칭어가 다양하게 분화된다는 점에서 동성마을 사람들의 의식 구조를 이해하는 데 도움을 줄 것이다.

　문화는 그 의미가 다양하지만, 인간이 살아오면서 생각하고 느끼고 만들어 온 물질적·정신적 내용 모두를 총칭하는 용어이다. 과거의 문화 내용은 주로 문헌 자료를 통하여 연구할 수 있지만, 문화의 한 산물인 '언어'는 문헌 자료뿐만이 아니라 현재 전해 내려오는 언어 표현 속에서 가장 생생하게 살아 있는 정신의 결정체이다. 어떤 사람이 특정한 사회에서 역할을 다하기 위해 알아야만 하는 모든 것, 즉 일상 생활을 영위하기 위해 지녀야 할 지식

▲ 큰맛질 전경

이 문화라면, 그 지식은 선천적으로 타고난 것이 아니라 사회적으로 획득된 것이며, 필요한 행동은 습득되는 것이다.

언어 습관이 인간의 경험과 사고 양식의 한 반영이라고 할 때, 혈연공동체로 이루어진 동성마을의 구성원으로 그 역할을 다하기 위해 고수하고 있는 유교적 전통성은 변화하는 사회 속에서도 배타적으로 그들만의 정체성을 간직할 수 있는 힘이 되었다. 그렇다면 금당·맛질의 대표적인 성씨들의 언어 생활에 반영된 고유한 전통성은 무엇이며, 여러 성씨들과 차별화되는 것은 무엇인가?

유교문화의 정체성은 동성마을의 사상적 연구, 가족과 친족, 혼인, 각종 사회 생활, 의식주 및 의례 생활, 학문적 전통과 사상, 문학 활동, 언어 생활 등이 함께 이루어질 때 온전하게 드러나게 될 것이지만, 이 글에서는 금당·맛실의 언어 생활에 초점을 두고 그 정체성을 구명하고자 한다. 특히 동성마을 사람들의 고유한 정체성은 무엇보다 혈연공동체를 통해 사회적으로 획득된 '친족호칭어'와 '청자존대법'을 통해서 가장 잘 확인될 것이다.

친족호칭어와 청자존대법은 일상적인 언어 생활에서 가장 중요한 부분을 차지한다. 특정한 개인 간의 관계 내에서 특정적인 언어 행위의 일부분으로 친족호칭은 친족원 간의 직접적인 언어 작용으로 사회적 상호작용의 일부분을 이룬다. 따라서 친족호칭어는 화자와 청자의 개인적인 배경, 화자와 청자 간의 사회적 관계, 직접적인 언어적 상호작용이 이루어지는 사회문화적 맥락 및 상황적 맥락 등과 같은 사회언어학적 변수들로부터 끊임없는 영향을 받고 있으며, 그 결과 동일한 친족호칭어의 다양한 변이형이 존재하고 있다.

친족의 범위는 시대, 가문, 지역, 친족원 간 거주지의 원근 거리에 따라 차이를 보인다. 현행 민법 제777조에서는 친족의 범위를 8촌 이내의 모계·부계, 4촌 이내의 인척으로 규정하고 있으나, 이 글에서는 친족호칭어의 범위를 부계의 직계 존속 4대, 비속 2대, 방계는 6촌으로 한정하였고, 부계 남성·여성 화자와 부계 남성 화자의 배우자 즉 혼입婚入한 여성 화자의 호칭어를 대상으로 하였으며, 항렬과 연령이 일치하지 않는 경우에는 10촌 이상의 먼 친족도 연구의 대상으로 삼았다.

동성마을은 산업화·근대화라는 외적 요인과 공동체 의식의 변화라는 내적 요인에 의해 급격한 변화를 겪음으로써 해체·소멸의 위기를 맞고 있다. 이러한 시점에서 금당·맛질의 대표적인 성씨를 대상으로 유교 이념을 잘 반영할 것으로 보이는 친족호칭어와 청자존대법을 통해 배타적이고 보수적인 동성마을의 정체성을 확인하는 것은 무엇보다 중요한 일이다. 나아가 금당·맛질의 대표적인 성씨에서 사용하는 호칭어와 청자존대법의 실태를 분석함으로써 동성마을 사람들의 내적 언어 의식을 지배하는 의미 자질을 통해 동성마을 친족원의 언어 구조와 사회 구조를 이해할 수 있다.

따라서 동성마을의 유교적인 전통성을 잘 간직하고 있는 대표적인 성씨들의 친족호칭어의 내적 구조는 어떻게 이루어지며, 이러한 호칭어는 청자 존대법과 어떠한 상관성을 가지고 있는지, 나아가 안동문화권의 다른 동성마을과는 어떻게 차별화되고 있는지를 고찰해 보고자 한다.

2. 금당·맛질의 형성 시기 및 제보자

현재 용문면은 18개 리, 27개 분리로 나누어져 있다. 금당·맛질을 중심으로 대표적인 6개 성씨姓氏들의 동성마을 형성 시기는 아래와 같다.

〈표 1〉 금당·맛질의 대표적인 성씨와 형성 시기

姓氏	異名	금당실			큰맛질	작은맛질	죽림	구계
		상금곡		하금곡	대제	제곡		
대표성씨		함양박씨(80)	1리	예천권씨(38)	함양박씨(10)	안동권씨(38)	예천권씨(19)	원주변씨(24)
기타성씨		원주변씨(32) 안동권씨(20)	2리	경주이씨(13) 예천권씨(10)	안동김씨(6)	달성서씨(3) 예천권씨(3)	안동권씨(2) 의성김씨(2)	전주이씨(3) 평산신씨(3) 함양박씨(3)
동성마을형성	시기	16세기 중기 (함양박씨, 원주변씨)	15세기 전기 (예천권씨)		17세기 중기 (함양박씨)	16세기 중기 (안동권씨)	15세기 중기 (예천권씨)	15세기 후기 (원주변씨)
			16세기 전기 (경주이씨)					17세기 전기 (전주이씨)
	인물	박종린, 변응녕	권유손, 이절		박의화, 박세주	야옹 권의	권오상	변희리, 이인지

( )는 가구수. 『예천촌락사』(1992년) 참조

금당실은 '함양박씨, 원주변씨, 예천권씨'를 중심으로, 맛질은 '안동권씨, 함양박씨'를 중심으로 동성마을을 형성하였다. 금당실에 예천권씨가 동성마을을 형성하기 시작한 것은 15세기 전기였으며, 16세기 중기에는 함양박씨, 원주변씨를 중심으로 동성마을을 이루었다. 함양박씨의 일부는 17세기 중엽에 큰맛질로 이거하여 동성마을을 형성하기도 하였다.

동성마을의 대표적인 성씨는 다음과 같은 기준을 고려하여 선정하였다. 동성마을의 정체성을 확인할 수 있는 '불천위의 유무, 종손 종부의 유무, 종가의 유무, 제사·서원·사당의 유무, 주민들의 인지도' 등이 그것이다. 이를 바탕으로 하여 선정한 금당·맛질의 대상 성씨는 다음과 같다.

〈표 2〉 제보자

번호	성씨명	성명	나이	성별	종파	주소	종가 및 종손 거주지	사당	불천위 유무
1	안동권씨	권창용	59	남	안동권씨 복야공파 35대손	용문면 제곡리 377	○ 제곡	○	없음
2	예천권씨	권영기	65	남	예천권씨 초간공 13대손	용문면 죽림리 166	○ 죽림	○	초간 불천위
3	함양박씨	박경식	86	남	함양박씨 입향 14대손	용문면 상금곡리	○ 상금	○	남야 불천위
4	원주변씨	변병철	73	남	원주변씨 안열 20대손	용문면 상금곡리	○ 상주	없음	없음
5	전주이씨	이상두 (이희석)	64	남	전주이씨 회령군 19대손	용문면 구계리	○ 서울	○	회령군 불천위
6	평산신씨	신규현	64	남	평산신씨 신완의 6세손 (군수공파 18대)	용문면 구계리 110	○ 구계	없음	신완 불천위

3. 금당·맛질의 지명 유래

금당실金塘室은 십승지지十勝之地의 하나로 15세기 초에 감천문씨인 문헌文獻(1402)이 최초로 입향하였으며, 손자인 문숙손文叔孫의 사위인 함양박씨 박종린朴從鱗 (1596~1553), 원주변씨 변응녕邊應寧이 16세기 중엽에 정착하여 두 사람을 사위로 맞이하면서 동성마을을 형성하였다. '金塘'이 란 지명은 변응녕이 지형을 둘러보고 '연화부수형蓮花浮水形'이라 하여 생긴 것으로 보인다. '上金谷, 下金谷'은 1914년 행정구역 폐합에 따른 명 칭으로 현재의 행정동명이 되었다.

'맛질'의 지명에 대한 여러 가지 어원이 있으나, 자료들을 바탕으로 추정해 보면 다음과 같다. '맛질'은 큰맛질과 작은맛질로 나뉘는데, 17세기 중엽 함양박씨의 박의화朴宜華(1620~1669), 박세주朴世柱(1652~1727)가 큰맛질에서 동성마을을 형성하였으며, 작은맛질은 1510년 문경송씨가 마을을 개척하여 살다가 절손絶孫되고, 그의 외손인 권의權檥(1475~1558, 호는 野翁)가 1545년 안동부 서후면 도촌리에서 이곳에 정착하여 안동권씨의 동성마을을 이루었다. 14세기 중엽에 천씨와 여씨가 처음 개척하여 '맛질'로 불렀다고는 하지만 '맛질'이라는 한글 지명이 처음으로 확인되는 것은 정부인 장씨가 1670년에 쓴 동양 최초의 한글 음식자료집인 『음식디미방飮食知味方』이다. 일명 『규곤시의방閨壺是義方』이라고도 하는데 '맛질 방문'이라는 항목에서 '맛질'의 음식을 소개하고 있다. '맛질'은 장씨 부인의 외가인 작은맛질로 보이는데, '안동권씨'가 작은맛질에 정착하여 동성마을을 형성한 시기가 16세기 중엽이라는 점을 고려한다면 '맛질'은 16세기 중엽 이래 향명으로 내려오던 고유 지명이었음이 분명하다.

향명인 '맛질'과 현재의 행정지명인 '渚谷, 大渚'와는 어떤 관련성이 있는 것일까? 이에 대한 몇 가지 어원이 있다. 먼저 옛날에 '마(藷)'가 많이 생산되었기 때문에 '藷谷'이라 하였는데, 이를 관아에서 오기로 '渚谷'이라 하다가 1914년에 '大渚'라고 하였으며, '渚谷'은 현재 행정지명인 '渚谷里 (작은맛질), 大渚里(큰맛질)'로 정착되었다고 보는 견해이다.

'마가 많이 생산되었기 때문'이라는 유래를 바탕으로 볼 때, 향명인 '맛밀'은 '藷삼'으로 표기하시야 알 것을 잘못 표기하여 '渚谷'으로 표기했다 기보다는 고유어를 한자로 표기하던 한 방식으로 그 음의 유사성에 이끌린 훈음차 표기였을 가능성이 높다. '渚谷'이라는 지명이 공식적으로 사용되기 시작한 것은 『양양지襄陽誌』(1661)로, 여기에서 '小渚谷, 大渚谷'으로 나타난 이후 『군지』(1786, 1841, 1895, 1913)나 현재의 행정지명에서 모두 '渚谷'으로 나타난다. '藷'와 그 음의 유사성에 끌린 '渚谷'이 공식적으로 사용되었던 또 다른 근거로는 1834년 이래 120년 간 '함양박씨' 집안의 일상사를 기록한 『渚上日月』으로, '渚上' 역시 '渚谷'에 바탕을 둔 것이다.

현재 맛질이나 금당실 사람들은 모두 '渚谷, 大渚谷'을 '제곡, 대제곡'이라고 부르는 것에 대해 의문을 가질 수 있는데, 향명에서는 '제'와 '저'는 변이음이었을 가능성이 높다. 이에 대한 근거를 찾을 수 있는 자료는 『신증동국여지승람 新增東國輿地勝覽』(1530)이다. 이 자료에서 '맛질'은 '諸谷'으로 표기되고 있는 가장 이른 초기의 한자 표기이다. 이때 '諸'는 '藷'의 변이음으로 볼 수 있다. 『신증동국여지승람』에서 '諸谷'으로 표기되었던 것이 『양양지』 이래로 '渚谷'으로 표기되어 현재까지 행정지명은 '渚谷'으로 표기하고 있지만 '제곡'이라고 부르는 것은 바로 이에 연유한 것이다. '渚谷'을 '제곡'이라고 부르는 것은 '제'와 '저'가 변이음이기 때문이다.

그러므로 향명인 '맛질'의 한자표기법 '諸谷, 藷谷, 渚谷'은 '마가 많이 생산되어서 생긴 '藷谷'이었으나 그 음의 유사성에 이끌린 '渚谷'이란 표기가 가능했으며, '藷, 渚'와 '諸'가 변이음이었던 것이다. 그 중에서 '渚谷'이 현재의 행정지명으로 남게 되었지만 '제곡' 혹은 '맛질'로 불리기 때문에 그 지명 유래를 추정하는 것은 어렵다. '渚谷, 大渚'를 '제곡, 대제'라고 부르는 이유나, '渚上日月'을 '저상일월'이라 하지 않고 '제상일월'이라고 부르는 것은 모두 고유지명을 한자로 표기하는 과정에서 그 이유를 찾아야 한다는 사실을 확인할 수 있다. 두 번째로 '마를 캐러 가는 길'이란 유래에 기원한 맛질의 또 다른 한자 표기로 '미도味道'가 있다. '맛길'에서 '맛길'의 '길'이 구개음화하여 '맛질'이 되었다고 보는 견해이다. 이러한 해석을 바탕으로 안동권씨에서 나온 『미도문헌味道文獻』(1994)의 '味道' 역시 '맛질'을 한자로 표기한 것인데, '味'는 '마(薯)'를 표기하기 위한 '훈음차'로 보인다. '맛 미(味)'에서 원래의 의미인 '맛'의 의미는 버리고 그 음만을 빌려 표기한 훈음차 표기를 한 것이다. '道'의 훈인 '길'이 구개음화하여 '질'이 되었다고 하지만 이미 '맛질'을 개척한 시기가 16세기 중반이고 중반 이래 이미 '맛질'로 불렸을 가능성이 있다. 17세기 후반의 『음식디미방』에서도 구개음화현상이 나타나지 않았기 때문에 같은 책에서 '맛질'만 구개음화를 반영한 지명으로 보기는 어렵다.

'맛(味)' 역시 '맣(藷)'의 발음과 유사하기 때문에 '맛질'의 한자 표기로 가능하였다. '마(山藥, 薯蕷, 藷)'는 후기 중세국어에 '맣(薯)'으로 표기되며, 이때 성조가 거성이기 때문에 [맏]으로 발음되어 '맛(味)'의 발음과 같게 된다. 이러한 유형에 드는 다른 지역의 지명인 '味谷里, 美谷' 등도 훈음차 표기를 반영한 것으로 보인다. 이는 (ㄱ)의 '미곡리(味谷里) = 맛질'에서 확인할 수 있다. 또한 '味'와 '美'도 모두 훈음차 표기라고 할 수 있다.

ㄱ. 미곡-리(味谷里)【마을】경상북도-봉화군-법전면-어지리- → 맛질
ㄴ. 미곡-리(味谷里)[막기실, 미곡, 목계실, 목기실]【리】경상북도-영주군-풍기면
ㄷ. 미-곡(美谷)【골】경상북도-봉화군-소천면-분천리- → 바라맛골

전기 중세국어의 자료에서 '마(藷)'는 '亇支(薯蕷) 맣'(『鄕藥救急方』)으로 나타난다. 이때 종성 'ㅎ'을 표기하기 위해 '支'를 사용하였는데, '支'는 받침 'ㅎ'을 표기하기 위한 것이지만 후대의 사람들이 한자지명을 한글로 옮기는 과정에서 '支'를 글자로 읽은 지명들이 확인된다. 아래 유형들은

'맛골' 과 '맛질' 의 관련성을 추정할 수 있는 지명이다.

 ㄱ. 미짓-골【마을】경상북도-의성군-의성면-상리리- → 지곡
 ㄴ. 미찌-골 [美谷洞]【마을】경상북도-봉화군-춘양면-석현리

'미짓골, 미찌골'의 '미'는 '맛 미'의 훈음차일 수 있고, '맣'의 발음이 [맏]이었기 때문에 '맛'과 발음의 유사성에 이끌린 것으로 볼 수 있다. '미찌골, 미짓골'은 '맣골'이라고 추정하고 고대국어 방식으로 표기하면 '亇支谷'인데, 종성 'ㅎ'을 표기하는 '支'를 음으로 읽어서 생긴 지명이라는 것을 알 수 있다.

 ㄱ. 마질-곡(馬叱谷)【마을】경상북도-봉화군-법전면-어지리- → 맛질

그런데 '맛질'은 위와 같이 '마질곡(馬叱谷)'으로 표기되기도 하였다. 여기서 '馬'는 '맛'의 훈음차 표기이며 '叱'은 고대국어에서 종성 'ㅅ'을 표기한 것으로 볼 때, '맛실, 맛골'의 한자 표기임을 알 수 있다. 그렇지만 '-실, -골'이 '-질'로 나타난 것은 종성 'ㅅ' 표기의 '叱'을 한자의 음으로 읽었기 때문이다. 아래의 예를 통해 이러한 추정은 잘못 유추되기도 한다.

 ㄱ. 미질(美質)【마을】경상북도-안동군-풍산읍-매곡리- 막골
 ㄴ. 미질-리(美質里) [미지리, 미질촌]【리】경상북도-안동군-예안면

(ㄱ,ㄴ)의 '미질, 미지리' 역시 '맛골'의 한자음 표기로 추정될 수 있는 것처럼 보인다. (ㄱ)에서 '막골'의 '美'는 '味'와의 음의 유사성에서 '맛'을 반영하기 위한 것으로 보이는데, 여기서 '맛'의 표기는 동화현상이 표기

에 반영되어 '막골'로 나타난 것과 고대국어의 종성 'ㅅ'을 표기하기 위한 '叱'과 음이 유사한 '質'의 표기 때문이다.

그렇지만 이때 '米質'은 '맛실'과는 무관한 것으로 보인다. '米質'과 '매곡리'의 관계는, '水城郡本買忽郡'(『삼국사기』 권35)에서 '水=買'에 대응되기 때문에 '米'는 '물(水)'의 고대국어의 음을 반영하는 것으로 보아야 한다. 그러므로 미질(美質)은 '물실'을 반영하는 고대 한자음이라고 본다면 '-질'은 '-실'의 변이음일 가능성이 더 높다. 이와 같은 맥락에서 '맛질'의 '-질' 역시 '-실, -일'의 변이음으로 보고자 한다.

지금까지 용문면 '맛질'에 대한 지명 유래를 종합하면 다음과 같다.

ㄱ. 藷谷, 諸谷, 渚谷, 大渚
ㄴ. 味道
ㄷ. 맏일
ㄹ. 맏길〉맛질

(ㄱ)에서 향명인 '맛질'은 '마가 많이 생산되었기 때문'이라는 유래에 따라 '藷谷'로 표기되는데, 그 음의 유사성에 따른 '渚谷'은 훈음차 표기라고 할 수 있다. '渚谷'이란 표기는 『양양지』에서 큰맛질과 작은맛질이 '大渚谷, 小渚谷'으로 표기되기 시작한 이래로 『군지』에서는 모두 '渚谷'으로 나타난다. '함양박씨' 집안의 일상사를 기록한 '渚上日月'의 '渚上' 역시 '渚谷'에 바탕을 두었다. '渚谷, 大渚, 渚上日月'의 '渚'를 '세'로 읽는 것은 『신증동국여지승람』에 나타난 '諸谷'에 근거한 것으로 '藷, 渚'와 '諸'는 변이음일 가능성이 높다.

(ㄴ)의 '味道'는 '마를 캐러 가는 길'이란 유래에 근거한 것이다. '맛 미(味)'(『倭語類解』上 48)와 '맛 아롬과 모매 다홈과'(『釋譜詳節』 6:28)에서

'味'는 '맛, 맏'으로 표기되기도 하였지만 '많(藷)'을 표기하기 위해 '맛'이라는 훈의 의미를 버리고 그 음만을 빌린 훈음차 표기이다. 그렇기 때문에 (ㄱ)과 그 표기 방법의 차이에 따른 것이며, '味道'는 '맛길'이 구개음화에 의해 '맛질'이 되었다고 보기는 어렵다.

(ㄷ)은 '큰맛질'의 어원 유래와 관련하여 '높은 산이 사방으로 에워싼 가운데에 큰 들이 열렸으므로' '맏일'이라고 하였다 '맏일'의 '맏'은 '넓은 들(場)'〈맏 장(場)(『訓蒙字會』上7), 맏 당(場)(『石峰千字文』6)〉의 의미로 해석되며, '일'은 마을의 고유어인 '실'의 변이음으로 볼 수 있다.

(ㄹ) 역시 큰맛질에서 내려오는 어원으로, 처음 마을을 개척한 안동권씨 권의가 3형제 중 '맏이'라서 '맏길〉맛질'이 되었다고 보는 유래가 있다. (ㄴ, ㄷ)은 '많(藷)'과 '맛(味), 맏(場), 맏(長)'의 발음이 모두 [맏]이므로 그 음의 유사성에 이끌린 유래를 갖게 되었던 것이다.

그러므로 '맛질'은 '마가 많이 생산된 곳'에서 유래하였으며 '맏일' 등으로 추정되기도 하였던 점과 '맛실, 맛골'이란 지명과도 무관하지 않았던 점에서, '-질'은 '-실, -일'의 변이음으로 볼 수 있을 것이다.

4. 의미 자질을 통해 살펴보는 친족호칭어

현재 금당·맛질의 친족호칭어와 청자존대법을 지배하고 있는 내적인 개념 체계는 무엇일까? 친족호칭 체계의 내적인 형식을 파악하기 위해서 개별적인 친족용어의 의미를 결정하는 친족용어 체계의 의미 구조를 기술, 분석하는 것은 무엇보다 중요하다. 그러므로 이 연구에서는 친족호칭 체계의 내적 형식을 이루는 의미 자질인 연령, 직계와 방계, 세대, 성조형, 혈족과 인척, 결혼 유무, 성性, 항렬과 연령에 따라 친족호칭어가 각 성씨마다 어떻게 이루어지고 있는지 그 분화 양상을 고찰해 보기로 한다.

1. 세대에 따른 성씨별 호칭 분화

금당·맛질의 부계 남성·여성 화자, 혼입한 여성 화자의 성씨별 친족호칭어가 '나(G0)—부(G1)—조부(G2)—증조부(G3)—고조부(G4)'의 세대에 따라 분화되는 양상을 살펴보고자 한다.

세대별 친족 명칭은 호칭어와 지칭어가 다르다. 부계 남성·여성 화자의 호칭어는 각 세대에서 대부분이 일치를 하지만, 부계 남성 화자(G0)는 누님(姉)과 자형, 부계 여성 화자(G0)는 언니와 형부의 호칭어에 차이가 있다. 또한 부계 남성·여성 화자와 혼입한 여성 화자의 지칭어와 호칭어는 차이가 있다. 혼입한 여성 화자 즉 부계 남성 화자의 배우자의 지칭어는 '시媤-'가 접두하지만, 호칭어는 '시-'가 접두하지 않는다. 혼입한 여성 화자의 표준 호칭어는 존칭의 접미사 '-님'이 붙지만 대상 지역에서는 그 축약형인 '-ㅁ'이 친족호칭어 뒤에 붙는다. 예를 들면 시부모를 지칭하는 표현인 시아버지를 '시아뱀', 시어머니를 '시어맴'이라고 한다. 그렇지만 직접 부르는 호칭어는 '아뱀, 어맴'이라고 한다.

'나(G0)—부(G1)—조부(G2)—증조부(G3)—고조부(G4)'의 세대별 호칭은 부父를 중심으로 직계 의식에 따른 호칭어이다. 세대별 호칭어는 함양박씨와 안동권씨에서 큰 차이를 보인다. 함양박씨에서는 '아배(G1)—할배(G2)—증조할배(G3)—상할배(G4)'로 부른다. '할배'는 '아배'의 어기에 '한-'이 접두한 것이며 '증조부, 고조부'는 '할배'에 '증조, 상'이 접두한 것임을 알 수 있다. 할배, 증조할배, 상할배는 모두 '아배'를 중심으로 한 직계어형이다.

그런데 안동권씨에서는 '아배(G1)—큰아배(G2)—징조할배(G3)—고조할배(G4)' 로 부른다. 이 성씨에서는 '조부'를 '큰아배(1)' 로 부르는 것이 특징이다. 다른 성씨에서 '큰아배(2)' 는 '백부'의 호칭어이지만 안동권씨에서 '큰아배' 는 조부의 호칭어이다. 이와 같이 성씨에 따라 조부의 호칭어인 '큰아배' 는 세대의 차이가 있음에도 불구하고 동일한 호칭어를 사용하고 있다. 표준 호칭어에서 '백부'의 호칭어는 '큰아버지' 라는 점에서 조부를 '큰아배' 라고 부르는 안동권씨의 호칭은 한 세대를 낮춘 호칭어가 된다.

안동권씨에서는 조부를 '큰아배', 백부를 '맏아배' 라고 하며, 함양박씨에서는 조부를 '할배', 백부를 '큰아배' 라고 부른다는 점에서 차이가 있다. '조부' 의 호칭인 '할배' 는 중세국어의 '한아비' 에 해당된다. '한-' 은 '크다' 의 뜻을 더하는 접두사로 한 세대 위를 나타내는 것이며, 현대어 '할아버지, 할머니' 의 '할-' 은 바로 '한-' 에서 그 어원을 찾을 수 있다. 안동권씨에서는 '큰아배(1)' 가 조부의 호칭어이지만 함양박씨 등에서는 '큰아배' 가 '백부' 의 호칭어로 쓰인다는 점에서 '큰아배' 가 성씨에 따라 '조부' 의 호칭어로도 '백부' 의 호칭어로도 사용되고 있다는 것을 알 수 있다.

'한아배' (조부)의 '한-' 이 언제 '큰-' 으로 교체되었는지는 알 수 없으나, 표준어 '백부' 의 호칭어 '큰아버지' 와 동음 충돌을 피하기 위해 안동권씨에서는 백부를 '맏아배' 로 부르게 되었다. '맏아배' 의 '맏-' 은 중세국어에서 백부의 호칭어에 '맏-' 을 붙인 것에 기원을 둔다. 그렇지만 중세국어를 그대로 계승하였다기보다는 재편성되었던 것으로 보인다. 중세국어에서 '백부' 는 방계어형이므로 '맏아자비' 로 불렸으나, '적장자존속' 에 의해 '큰아버지' 로 바뀐 것이다. 조부—증조부—고조부의 호칭어는 부자를 중심으로 하는 직계 의식이 반영된 직계어형이었다. '아비(父)—한아비(祖父)—한한아비(曾祖父)' 등은 '아비' 를 기본형으로 한 직계어형이지만, 숙부, 백부는 방계어형인 '아즈비' 를 중심으로 '아수아즈비(숙부)—맏아즈비(백부)'로 나타난다.

현재 안동권씨에서 '백부'를 '맏아배'로 부르는 것은 중세국어의 방계어형이던 '맏아조비'가 직계어형으로 바뀌었으나 접두사 '맏-'은 그대로 사용하고 있는 것이다. 안동 지역의 성씨들은 '조부'를 '큰아배(1)'로 부르는 성씨가 많았으나 금당·맛질에서는 안동권씨에서만 나타나며, 대부분의 성씨는 조부를 '할배'로 부른다. 특히 원주변씨에서는 증조부(G2)와 조부(G1)를 구분하지 않고 모두 '할배'라고 부른다. 이것은 단순히 지역적인 차이로 보기보다는 가문의 고유한 친족호칭어를 보전하려는 의식 때문일 가능성이 많다.

특히 세대가 다름에도 불구하고 호칭어가 동일한 경우, 세대는 같지만 동일한 어형이 대상을 달리하는 경우로 나누어 살펴보면 다음과 같다.

대부분의 성씨에서 혼입한 여성은 시숙부(G1), 시숙(G0), 결혼한 시동생(G0)을 '아지뱀(1)'이라고 부른다. 이와 같이 세대가 분명 다름에도 동일한 호칭어를 사용하고 있는데, 시숙부는 시숙이나 결혼한 시동생보다는 한 세대가 높기 때문에 결국 시숙이나 결혼한 시동생은 한 세대를 높여 부른다고 할 수 있다. 그러므로 세대의 차이가 있다는 점을 고려하여 시숙부는 아지뱀(1), 시숙은 아지뱀(2), 기혼의 시동생은 아지뱀(3)으로 구분한다.

그런데 실제 이들이 같은 자리에 있다고 가정할 때, 변별 기능을 하는 것은 바로 '택호'이므로 '택호+호칭어'로 부르면 변별력을 갖게 된다. '택호'는 동일한 호칭어의 변별 기능을 갖고 있는데, '시숙부, 시숙, 결혼한 시동생'은 순서대로 '시숙모, 손위 동서, 손아래 동서의 출신 지역명'으로 한다. 세 사람이 동일한 자리에 있다고 가정했을 때 시숙모의 출신 지역명이 '무실'이라면 시숙부의 호칭어는 '무실아지뱀'이 되며, 시숙은 '내앞아지뱀', 기혼의 시동생은 '금당실아지뱀' 등으로 불러서 구별한다.

또한 혼입한 여성 화자가 고모부(G1)를 '새아지뱀(1)' 이라고 부르기도 하지만 시매부(G0)를 '새아지뱀(2)' 이라고도 하며, 부계 남성·여성 화자가 고모부(G1)를 '새아재(1)' 라고 부르기도 하지만 부계 여성 화자가 형부(G0)를 '새아재(2)' 라고도 부른다. 이들은 모두 화자에 따라 세대가 다른 상대임에도 불구하고 동일한 호칭어를 사용하지만, 각 성씨마다 호칭어에서 혼란을 겪지 않는다. 특히 한 세대를 높이는 호칭법은 사회적인 격리를 유지하기 위한 것으로 호칭법을 통해서 일정한 거리를 두었다.

이 밖에도 시동생이 형수(G0)를 '새아지매' 로, 처제가 형부(G0)를 '새아재' 로 부르는데, 형수, 형부가 G0임에도 불구하고 '새아지매, 새아재' 로 부름으로써 한 세대를 높인 G1의 호칭어가 된다. 부계 남성 화자의 형수에 대한 호칭어와 부계 여성 화자의 형부에 대한 호칭어는 한 세대를 올린 호칭어를 사용하여 형수는 한 세대 위인 숙모와 같은 호칭을 사용하였고, 형부는 숙부와 같은 호칭어에 인척 관계를 표시하는 '새-' 를 접두한다. 이것은 세대의 위계에 입각한 것이거나 촌수에 따른 호칭이 아니라 한 집안의 사회 기능 관계에 따른 호칭어일 가능성이 있다. 숙모와 형수 역시 세대는 다르지만 한 가정에서 할 수 있는 기능의 동일성에 의해 동일한 호칭어를 사용한 것이며, 형수는 어머니가 유고시 어머니를 대신할 수 있는 사람이기 때문이다.

다음은 1세대에서 대상이 다름에도 불구하고 동일한 호칭어를 사용하는 경우이다. 손아래 동서(G0)가 손위 동서에게 '형님(1)' 이라고도 하지만 혼입한 여성 화자인 올케가 손위 시누이(G0)를 '형님(2)' 이라고도 부른다.

〈표 3〉 세대에 따른 성씨별 친족호칭어의 분화 양상

	명칭	호칭 부계 남성 화자	명칭	호칭 혼입한 여성 화자	성씨명
G4	高祖父 /母	고조할배/고조할매	嫂高祖父 /母	고조할뱀/고조할맴	안동권씨, 예천권씨, 원주변씨, 평산신씨
		상할배/상할매		상할뱀/상할맴	함양박씨
G3	曾祖父 /母	징조할배/징조할매	嫂曾祖父 /母	징조할뱀/징조할맴	안동권씨
		(큰)할배/큰할매		큰할뱀/큰할맴	예천권씨, 평산신씨
		증조할배/증조할매		증조할뱀/증조할맴	함양박씨
		할배/할매		할뱀/할맴	원주변씨
G2	祖父/母	큰아배(1)/큰어매	嫂祖父 /嫂祖母	큰아뱀/큰어맴 할뱀/할맴	안동권씨
		할배/할매			예천권씨, 함양박씨, 원주변씨, 전주이씨, 평산신씨
		할부지/할매			전주이씨(50대)
G1	父/母	아배/어매	嫂父/母	아뱀/어맴	안동권씨, 예천김씨, 함양박씨(70대), 전주이씨
		아부지/어매			원주변씨, 전주이씨, 함양박씨(50~60대), 평산신씨
	姑母 /姑母夫	(큰/작은)고모/고모부님	嫂姑母 /夫	아지맴, 고모님 /새아지뱀(1)	원주변씨, 함양박씨, 평산신씨
		아지매/새아재(1)			안동권씨, 예천권씨, 함양박씨, 전주이씨
		고모아재/고모아지매			원주변씨
G0	兄/兄嫂	형님	嫂叔 /손위동서	아지뱀(2)/형님(1)	안동권씨, 예천권씨, 함양박씨, 원주변씨, 전주이씨
		새아지매			안동권씨, 예천권씨, 전주이씨, 원주변씨(결혼 초기)
		(큰/작은)아지매			함양박씨
		아지매			원주변씨(결혼 후기)
	弟/弟嫂	이름(미혼), 택호(기혼)	嫂同生 /손아래동서	*데림,아지뱀(3) /새디이, 동서, 동사 아디기	함양박씨, 원주변씨
		제수씨, 계수씨			전체 성씨
	姊/姊兄 /**兄夫	누님/새형(님)	손위시누이 /시매부	형님/새아지뱀(2)	안동권씨, 예천권씨, 전주이씨, 원주변씨
		자형/**새아재(2)			원주변씨/**원주변씨 제외한 성씨
	妹/妹夫	*이름,O실이/O서방	손아래 시누이 /시매부	*액씨, ○○+○서방띠이 /○○+○서방	안동권씨, 예천권씨, 전주이씨, 함양박씨, 원주변씨

(* : 미혼, ** : 부계 여성 화자, G : Generation 세대)

2. 연령에 따른 성씨별 분화 양상

친족 내에서 연령은 호칭의 분화에 중요한 의미 자질로 작용한다. 부계 남성·여성 화자인 경우에는 아버지 형제(G1)의 연령에 따른 호칭 분화 양상이 성씨별로 다양하게 나타나며, 혼입한 여성 화자인 경우에는 동서 간, 배우자의 남자 형제와 여자 형제 간(G0)의 호칭어에 연령이 관여한다.

금당·맛질의 대표적인 성씨를 대상으로 한 부계父系의 연령별 호칭의 분화 양상을 고찰하기 위해 '백부伯父(첫째큰아버지)—중부仲父(둘째큰아버지)—부父(아버지)—숙부叔父(작은아버지)'를 가상적으로 설정하여 조사하였다.

〈표 4〉 부계의 연령별 성씨에 따른 분화 양상

화자		부계 남성 화자				
순서	父系 名稱	가	나	다	라	
		伯父 (첫째큰아버지)	仲父1 (둘째큰아버지)	父 (아버지)	叔父1	
	성씨명				기혼 숙부,작은아버지	미혼 삼촌,아저씨
—		연상			연하	
1	안동권씨	맏아배	작은아배	아배	○째아배	이름+아재(HL)
2	예천권씨	큰아배	작은아배	아배	(○○)아재(HL)	아재(HL)
3	함양박씨	큰아배 큰아부지	작은아부지	아배	(○○)아재(LH)	아재(LH)
4	원주변씨	(첫째)큰아부지	둘째큰아부지	아부지	작은아부지	아재(LH) 삼촌
5	전주이씨	큰아배 큰아부지	작은아부지	아배 아부지	(○○)아재(LH)	아재(LH)
6	평산신씨	큰아배 큰아부지	작은아부지	아부지	아재임	삼촌

〈표 4〉는 아버지 형제의 연령별 순서에 따른 성씨별 분화 양상이다. 〈가〉는 백부伯父(첫째 큰아버지)의 성씨별 분화 양상을 나타낸다. 백부에 대한 호칭어는 성씨별로 '아배, 아부지'를 어기로 하여 '맏-'이 접두하느냐 '큰-'이

접두하느냐에 따라 분화되고 있다. 안동권씨에서만 백부를 '맏아배'로 부르고 나머지의 성씨에서는 '큰아배, 큰아부지'라고 부른다. '맏-'은 같은 항렬의 연령별 순서를 나타내는 데 사용되는 것으로 친족 관계를 나타내는 일부 명사 앞에 붙어 '맏이'의 뜻을 더하는 접두사인데, '맏-'을 접두하는 형식은 중세국어의 방식을 반영하고 있다. 중세국어에서 백부는 방계이므로 '아자비'를 어기로 한 '맏아자비'로 불렸으나, 적장자 잔류 의식에 의해 '장자'의 호칭어가 직계어형인 '아배'를 어기로 하는 어형으로 바뀌었다. 안동권씨의 친족호칭법은 금당·맛질뿐만 아니라 안동문화권에 속하는 풍산 가곡리(가일)나 봉화의 유곡(닭실)에서도 그대로 유지되고 있다. 이러한 사실은 단순히 지역 차이에 따른 방언 분화라기보다는 문중에서 그 전통성을 이어 가려는 의식이 호칭법에 그대로 반영된 것으로 보인다.

'큰-'이 접두하는 호칭어는 어기가 '아배'냐 '아부지'냐에 따라 분화되는데, 금당·맛질에서도 '아배'보다는 '아부지'의 호칭어가 많아지고 있는 추세이다. 백부의 호칭어에 '맏-, 큰-'을 접두하는 방식은 중세국어의 전통성을 반영한 것으로 볼 수 있으나 표준어에서는 '큰-'이 접두하였다. 50대 이하에서 '아배'보다는 '아부지'의 어기를 많이 사용하며, 순서를 나타내는 'O째'를 붙이는 방식은 표준어의 영향이라고 할 수 있다.

〈나〉는 중부仲父(둘째큰아버지)의 성씨별 분화 양상이다. 안동문화권 동성마을 친족호칭어의 가장 큰 특징은 중부를 '작은아배, 작은아부지'로 부르는 것이다. 금당·맛질의 안동권씨, 예천권씨, 함양박씨에서도 연령적 순서에 따라 중부의 호칭어로 '아배, 아부지'의 어기에 '작은'의 한정사가 붙는다. 친족 관계를 나타내는 명사 '아배, 아부지' 앞에 붙어 '맏이가 아님'의 뜻을 나타내는 '작은-'이 붙는 호칭어를 사용하는 것은 적장자 존속 제도에 따른 것으로 보인다. 즉 맏이를 제외하고는 모두 '작은'의 한정사를 사용하였다. 표준어에서 중부를 '둘째큰아버지'라고 부르는 것과도 비교

된다. 'OO'는 동일한 호칭어로 불릴 사람이 여러 명일 때 '변별적 기능'을 하는 택호이다. 같은 자리에 '작은아배'라고 불러야 할 사람이 여러 명일 때는 '택호'를 사용하여 '무실작은아배', '내앞작은아배' 등으로 불러서 변별력을 갖게 한다.

그러나 원주변씨에서는 표준어와 같이 '첫째큰아버지, 둘째큰아버지'로 부르는데, 연령적 순서에 따라 붙는 'O째' 역시 변별하는 한정사이다. 원주변씨에서 중부를 '둘째큰아버지'로 부르는 것은 표준어의 영향을 받은 것으로 보인다.

〈다〉는 부父의 성씨별 호칭 분화 양상으로 비교적 단순하다. '아배, 아부지'의 호칭 차이는 고어형을 사용하느냐 표준어에 대한 방언형이냐에 따른 것이다. '아버지'에 대한 고어형은 '아배'이고 표준어 '아버지'의 방언적인 표현은 '아부지'이다.

그런데 금당·맛질에서는 50~60대인 경우에 어릴 때는 '아배'라고 하였지만 최근에는 표준어의 영향으로 '아버지'의 방언형인 '아부지'로 부르는 경향이 많다.

〈표 5〉 숙부의 연령별 호칭 분화 양상

叔父의 성씨별 분화 양상 〈기혼〉		성씨명	叔父의 성씨별 분화 양상 〈미혼〉	성씨명
아재임		평산신씨	삼촌	평산신씨, 전주이씨
(OO)	아재(HL)	안동권씨, 예천권씨	아재(LH)	함양박씨, 원주변씨, 전주이씨
(OO)	아재(LH)	함양박씨, 전주이씨		
O째	아배	안동권씨	아재(HL)	예천권씨, 안동권씨
작은아부지, 작은아배		원주변씨, 예천권씨		

〈라〉는 숙부의 성씨별 호칭 분화 양상으로 〈표 5〉와 같다. 숙부의 호칭어

▲ 작은맛질 전경

는 크게 '아재'를 어기로 하는 경우와 '아배, 아부지'를 어기로 하는 경우, 성조(음의 높낮이)의 차이, 결혼 유무에 따라 세분화된다.

숙부의 호칭은 원주변씨, 안동권씨(기혼)를 제외하고 대부분의 성씨가 결혼 여부에 상관없이 '아재'로 불린다. 중세국어에서는 부父(아비)를 중심으로 연상이든 연하든 간에 방계 친족인 백부, 숙부의 호칭어는 방계의 어형인 '아자비'를 어기로 하였다.

그러나 안동권씨, 원주변씨에서는 숙부가 방계임에도 불구하고 기혼인 경우에는 '아배, 아부지'를 어기로 하는 식계어형의 호칭어를 사용하였으나 대부분의 성씨에서는 결혼 유무에 상관없이 '아재'로 부른다. 중세국어에서는 직계와 방계에 따라 호칭어가 분화되었으나 백부와 중부가 직계어형으로 바뀌었으며, 숙부인 경우에는 결혼 유무에 따라 호칭어가 분화되는 경향이 있다.

금당·맛질의 성씨에서 숙부는 안동권씨, 원주변씨를 제외하고는 결혼의 유무에 따라서도 분화되지 않는다. 안동 지역의 여러 성씨들에서 지배적이었던 '아재'(HL: 앞 음절이 높고 뒤 음절이 낮은 유형)는 안동권씨, 예천권씨에서만 나타나고, 함양박씨, 전주이씨, 평산신씨에서는 '아재'(LH: 앞 음절이 낮고 뒤 음절이 높은 유형)로 나타난다.

〈표 6〉은 혼입婚入한 여성 화자가 배우자의 남자·여자 형제를 호칭하는 경우와 부계 남성·여성 화자가 형제 자매를 호칭하는 경우, 화자를 중심으로 연령에 있어서 연상이냐 연하이냐에 따른 호칭의 분화 양상을 확인할 수 있다.

〈표 6〉 혼입한 여성 화자와 부계 남성 화자의 연령별 분화

화자 세대 연령	婚入한 여성 화자			화자 세대 연령	부계 남성 화자		
	명칭	연상	연하		명칭	연상	연하
G0	시숙	아지뱀(2)	—	G1	고모/부	아지매/새아재 고모님/고모부님(평산신씨)	—
	시동생		기혼: 아지뱀(3) / 아재(LH)(평산신씨) 미혼: 데림			—	아지매/O서방
	손위 시누이	형님	—	G0	姉/姊兄 *형부 형/兄嫂	누님/새형님, 자형(평산신씨) *새아재,*형부(평산신씨) 형님/(새)아지매	
					女弟/男弟		이름, Tek
	손아래 시누이	—	기혼: O서방띠이, 동사아디기 (동생댁: 평산신씨) 미혼: 액씨		妹夫/弟婦		O서방/계수씨
	동서	형님	동서, 새디아~		손위올케 손아래올케	(새)형님	새디이(새댁)

* : 부계 여성 화자, Teknonymy(從子名呼稱)

부계 남성 화자의 배우자 즉 혼입한 여성은 시동생을 부를 때 연상이면 대부분의 성씨들은 '아지뱀(2)'으로 부르지만 연하인 경우에는 결혼의 유

무에 따라 다시 분화된다. 기혼인 경우에 '아지뱀(3)' 이라 하며, 미혼인 경우에는 '아재' 라고 부른다. 평산신씨에서는 기혼의 숙부는 '아재' (LH)라고 부르고 미혼의 숙부는 '데림' 이라고 불러서 다른 성씨들과 차이를 보인다. 혼입한 여성이 손위 시누이를 부를 때 대부분의 성씨에서는 '형님(1)' 이라고 하며, 손아래 시누이가 기혼이면 'O서방띠이, 동사아디기' 라고 부르며 (예외로 평산신씨만 '동생댁' 이라 하고) 미혼인 경우에는 모두 '액씨' 라고 한다. 동서 간에는 손위 동서를 부를 때는 형님(2), 손아래 동서를 부를 때는 '동서, 새디이(새댁)' 라고 한다.

부계 남성·여성 화자는 고모를 부를 때 대부분의 성씨들이 '아지매' , 고모부는 '새아재' 로 부르지만, 평산신씨에서는 표준어와 같이 '고모, 고모부' 라고 부른다.

시동생이 형수를 부르는 호칭어는 대부분의 성씨가 '새아지매' 이지만, 함양박씨에서는 '아지매' 라고 부른다. 동성마을에서는 결혼으로 맺어진 사람 즉 '형수, 숙모, 자형, 형부' 등의 호칭어에는 '새-' 를 접두하여 혈족과 구분하지만, 어머니, 백모, 할머니 등에 대해서는 '새-' 를 접두하지 않는데, 이것은 이미 혈족으로 인정하려는 의식 때문이다.

17세기 이후 고유어는 한자어의 세력에 밀려나기 시작하였다. 친족호칭어는 다른 어떤 분야보다 한자어의 영향을 많이 받았다. 그럼에도 불구하고 금당·맛질의 친족호칭어는 현재까지 한자어보다는 고유어가 더 많다. 평산신씨는 한자어인 '자형, 형부' 로 부르기도 하지만, 대부분의 성씨에서는 자형, 형부를 '새형님, 새아재' 라고 부르는 것 등에서 알 수 있다.

3. 직계 의식과 방계 의식에 따른 분화 양상

〈표 7〉은 직계인 '부父' 를 중심으로 방계인 '백부, 중부, 숙부' 의 호칭어

를 제시한 것이다. 미혼의 숙부를 제외하고 모두 '아배, 아부지'를 어기로 하는 직계의 호칭임을 알 수 있다. 중세의 문헌 자료에서는 직계와 방계의 호칭어에도 그대로 반영되었으나, 현재의 호칭어에서는 친족 계보상으로 방계인 백부, 중부 등이 직계어형인 '아배, 아부지'를 어기로 하는 호칭어로 바뀌었음을 알 수 있다.

〈표 7〉 직계어형과 방계어형에 다른 분화 양상

	伯父	仲父	父	叔父	
				기혼	미혼
호칭	맏아배	작은아배 아부지	아배 아부지	O째아배 작은아부지	아재
	큰아배, 큰아부지	둘째큰아배			
구분	직계어형				방계어형

〈표 8〉의 '문헌 자료에 반영된 친족호칭어'와 비교를 해보면 그 근거를 찾을 수 있다. 12세기 초 송宋의 손목孫穆이 우리나라에 사신으로 와서 고려방언을 한자로 기록한 『계림유사鷄林類事』(1103~1104)에 기록된 백숙부, 백숙모는 '아자비, 아즈미'로, 중세국어의 자료에서는 '아자비, 아자미'로 나타나는데, 중세국어에서는 '몯-'을 접두하여 숙부/숙모를 구별하였다.

『계림유사』에서는 백부/백모와 숙부/숙모를 더 세분화하지 않았으나 모두 방계어형인 '아즈비'를 사용하였고, 중세국어에서는 '몯아자비(백부)－아비(父)－아ᅀᆞ아자비(叔父)'로 그 연령별 순서에 따라 세분화하였으며, 백부와 숙부는 방계어형인 '아자비'를 어기로 하고 있다.

그러나 14세기말 중국인의 외국어 교재로서 중국어음에 대한 당시 국어음을 유사한 한자어로 대체하여 편찬한 『조선관역어朝鮮館驛語』(1390)에는 '백부모'를 '揩阿必(큰아비)', '揩額密(큰어미)'로 기록하고 있다. 백부,

백모는 방계임에도 불구하고 그 어형은 '아비, 어미'를 어기로 한 직계어형에 '큰-'이 접두된 사실이 주목되며, 현재 표준어에서나 함양박씨에서는 『조선관역어』의 어형과 같이 직계어형인 '아비'의 어기에 '큰-'이 접두하였다.

그러나 금당·맛질의 안동권씨에서는 '백부'를 '맏아배'로 한다는 점에서 접두사 '맏-'은 중세국어의 어형을 반영한 것으로 보이며, 방계어형인 '아자비'를 어기로 하던 것은 직계어형인 '아배'로 바뀌었다. 이러한 현상은 적장자 잔류 의식에 의해 방계이던 백부는 '아배'를 어기로 하는 직계어형의 호칭어로 바뀌었으나, 숙부는 중세국어의 방계어형인 '아자비'가 방언형 '아재'로 유지되고 있다.

금당·맛질에서 예천권씨, 함양박씨, 전주이씨는 백부를 '큰아배(2)'라고 부르지만, 안동권씨에서는 '맏아배'로 부른다. 이는 안동권씨에서 조부를 '큰아배(1)'라고 호칭하기 때문에 동음 충돌을 피하기 위한 것이다.

〈표 8〉 문헌 자료에 반영된 친족호칭어의 분화 양상

	鷄林遺事(1103~1104)	語譯	朝鮮館驛語(14세기말)	語譯	中世國語(15~16세기)
1	祖曰漢丫秘	한아비			한아비
2	父曰丫秘	아비	父 阿必	아비	아비(어비, 아바님)
3	母曰丫祕(彌)	어미	母 額密	어미	어미(어싀, 어마님)
4	伯叔亦皆曰丫査(秘)	아즈비	伯父 捎阿必	큰아비	몯아자비
5	叔伯母亦皆曰丫子(彌)	아즈미	伯母 捎額密	큰어미	몯아자미

4. 혈족과 인척에 따른 성씨별 분화 양상

동성마을의 친족호칭어에는 타집단과 차별되는 강한 배타 의식이 반영되어 있다. 이러한 배타 의식은 호칭어에서도 그대로 드러난다. 〈표 9〉에서는 친족호칭어가 혈족과 인척에 따라 차이를 보이는데, 인척의 호칭어에는 '새-'가 붙는다는 것을 확인할 수 있다. 인척은 혼인에 의해 맺어진 사람이지만, 모든 인척 관계의 사람에게 '새-'가 붙는 것은 아니다.

〈표 9〉 혈족과 인척에 따른 성씨별 분화 양상

세대	명칭	혈족			명칭	인척	
		직계	방계			방계	
		부계 남성 화자	부계 남성 화자	성씨명		부계 남성 화자	성씨명
		호칭	호칭			호칭	
G3	증조부/모	징조할배/할매 큰할배/할매 증조할배/할매	작은집징조할배 작은집큰할배 작은집큰할배	안동권씨 예천권씨 함양박씨	증대고모/부	○○할매	새할배	전체성씨
G2	조부/모	큰아배/어매 할배/할매 할배/할매	작은할배/할매 작은집할배/할매 작은집할배/할매 맏할배/○○할배	안동권씨 예천권씨 함양박씨 기타	대고모/부	○○할매	새할배	전체성씨
G1	백부/모 중부/모		맏아배/어매 큰아배/어매	안동권씨 예천권씨	고모/부	○○아지매 (@새아지매)	새아재	나머지 성씨 (@함양박씨)
	중부/모		둘째아배/어매 작은아배/어매	안동권씨 예천권씨				
	부/모	아배/어매 아부지/어매		기타 함양박씨				
	숙부/모		(○○)아재/아지매	함양박씨 제외	숙부/모	(○○)아재	@새아지매	@함양박씨
G0	兄/*姉 남제/여제	형(님), *오라배 누님, *형(님) 이름/이름 이름/**○실이, 이름	형(님), *오라배/누님, *형(님) (이름)/**○실이, (이름)	모든성씨	형수/올케 자형/형부 제수 매부	새아지매 (@아지매) 새형님 제수씨 ○서방	새형님 (@형님) 새아재 아지매 ○서방	@함양박씨
G-1	조카/질녀	이름/(이름), **○실이	(이름),조카/(이름), ○실이	모든성씨	질부 질서	질부 ○서방	질부 ○서방	모든성씨

*: 부계 여성 화자, **: 기혼, @: 함양박씨

부계 남성·여성 화자는 증대고모부(G3), 증고모부(G2), 고모부(G1), 형부, 자형, 형수, 올케(G0), 백모, 숙모, 모, 조모 등과 모두 인척 관계에 있는 사람이다. 동성마을에서는 인척 관계에 있는 사람들의 호칭어에는 '새-'를 붙여서 혈족 관계의 사람들과 구별한다. '모, 조모, 백모'는 대부분의 성씨에서 공통적으로 인척에 해당함에도 불구하고 '새-'를 붙이지 않는데, 혈족으로 인정한다는 의미로 볼 수 있다.

금당·맛질에서는 성씨에 따라 '새-'가 붙는 호칭어에 차이를 보이는데, 함양박씨에서는 부계 남성 화자가 '형수'를 '아지매'라고 부르지만 '숙모'는 '새아지매'라 부른다. 즉 같은 인척임에도 불구하고 '새-'의 접두 유무에 따라 차이를 보인다. 함양박씨에서 '형수'는 어머니가 부재 시에 어머니의 역할을 대신할 수 있는 사람으로 인식하여, 숙모보다는 형수를 혈족으로 인식하려는 경향이 강하기 때문이다. 다시 말하면 숙모는 분가하여 살기 때문에 한집에서 사는 형수보다는 혈족으로 인식하려는 의식이 약하기 때문이다. 형수를 혈족으로 인식하면서도 형수(G0)에게 한 세대 올린 호칭어를 사용하는 것은 한 집안에서 형수와 시동생과의 사회적인 격리를 유지하기 위한 것이다. 금당·맛질의 다른 성씨와 안동 지역의 대부분의 성씨에서 형수를 '새아지매', 숙모를 '아지매'라고 부른다. 오히려 '형수'의 호칭어에 '새-'를 붙이고 '숙모'의 호칭어에 '새-'를 붙이지 않는 것은 함양박씨와 차이를 보인다.

또한 부계 여성 화자에 대한 호칭어로 함양박씨를 제외한 다른 성씨에서는 '올케'를 '새형님'이라고 부르지만, 함양박씨에서는 '형님'이라고 부른다. 함양박씨에서는 부계 남성 화자는 '형수'에 대해, 부계 여성 화자는 '올케'에 대해 인척 관계임에도 불구하고 '새-'를 접두하지 않는다. 다른 성씨와는 달리 인척 관계에 있는 '형수, 올케'를 혈족으로 인식하려는 의식이 반영되었다고 할 수 있다.

원주변씨에서는 '형수, 올케'에 대해 결혼 초기에는 '새-'를 접두하지만 후반기에는 '새-'를 붙이지 않는데, 이는 '형수나 올케'가 인척 관계라고 하더라도 점차 가족의 일원으로 인식하려는 의식이 반영된 것으로 여겨진다.

부계 여성·남성 화자는 증대고모부, 대고모부, 고모부와 자형(형부)에 대한 호칭어 역시 '새-'를 접두하여 혈족과 인척을 구분한다. (증)대고모부(G3, G2)는 '새할배', 고모부(G1)는 '새아재'로 부른다. '처남'은 '자형'을 '새형님(G1)' 이라고 부르지만 '처제'는 '형부'를 한 세대를 올린 '새아재' 라고 부른다.

5. 결혼의 유무에 따른 성씨별 분화 양상

결혼의 유무가 친족호칭어의 분화 자질이 되기도 한다. 일반적으로 동성마을의 부계 남성·여성 화자의 경우 숙부의 결혼 유무에 따라 친족호칭어가 성씨별로 분화되며, 혼입한 여성 화자는 시누이, 시동생의 결혼 유무에 따라 그 호칭어가 성씨별로 분화된다.

그러나 금당·맛질에서는 숙부의 결혼 유무에 상관없이 부계 남성·여성 화자는 '(○○)아재'로 부르는 경우가 대부분이며, 성씨에 따라 예천권씨, 안동권씨는 '아재'(HL), 함양박씨, 전주이씨는 '아재'(LH)로 성조(높낮이)에 따라 차이를 보인다. 혼입한 여성 화자는 성씨에 상관없이 손아래 시누이와 시동생에 대해 기혼이면 '○서방띠이, 아지뱀', 미혼이면 '액씨, 데림' 이라고 부른다.

〈표 10〉 결혼 유무에 따른 분화 양상

부계 남성 화자					혼입한 여성 화자			
叔父 기혼	성씨명	叔父 미혼	성씨명		손아래시누이 기혼	성씨명	시동생 기혼	성씨명
아재임	평산신씨	삼촌	평산신씨 전주이씨		○서방띠이	모든성씨	아지뱀	평산신씨 제외
(○○)아재(HL)	안동권씨,예천권씨		함양박씨	아재(HL)			아재(LH)	평산신씨
(○○)아재(LH)	함양박씨,전주이씨		원주변씨 전주이씨		미혼		미혼	
○째	안동권씨	아배	예천권씨	아재(HL)	액씨	모든성씨	데림	모든성씨
작은아부지	원주변씨		안동권씨					

6. 성性에 따른 성씨별 분화 양상

화자와 청자의 성性이 성씨별로 친족호칭어를 분화하는 요인이 된다. 성의 차이에 따른 호칭어의 분화는 본인의 세대에서는 화자와 청자의 성적 특성이 함께 관여한다.

남성 화자(M)와 부계 여성 화자(F)는 '형, 자형, 남동생, 매부, 제부' 등 청자가 남성인 경우에 동일한 대상자라고 하더라도 화자의 성에 따라 호칭이 달라진다. 예를 들면 부계 남성 화자는 남자 형제 중 연상인 대상에 대하여 '형'을 '형님'이라고 부르지만, 부계 여성 화자인 경우에는 '오빠'를 '오라배'라고 부른다.

또한 부계 남성·여성 화자에서는 청자가 여성인 '형수, 자姊, 제부弟嫂, 여제女弟'에 대한 호칭어 역시 달라진다. 예를 들면 청자의 성이 여성인 '형수'에 대해 부계 남성 화자인 경우에는 성씨에 따라 '아지매, 새아지매, 형수' 등으로 세분화되고, 부계 여성 화자인 경우 연상일 때는 '새형님'(함양박씨 제외), '형님'(함양박씨) 등과 같이 성씨에 따라 세분화된다. 이와 같이 동일한 대상자라고 하더라도 화자나 청자의 성性에 따라 호칭어가 분화된다.

성性의 자질이 관여한 친족호칭어 중에서 '형님'은 화자나 청자의 성의 차이에도 불구하고 동음이의어를 형성하지만, 그 의미 범주는 분명하게 차이가 있다. 예를 들면 남동생이 형을 부르는 호칭어 '형님(1)'은 남성 화자의 남성 청자에 대한 호칭이며, 시누이가 올케를 부르는 호칭 '형님(2)'과 올케가 손위 시누이를 부르는 호칭 '형님(3)', 여동생이 언니를 부르는 호칭 '형님(4)', 손아래 동서가 손위 동서를 부르는 호칭은 '형님(5)'은 모두 여성 화자의 여성 청자에 대한 호칭으로 사용된다.

7. 연령과 항렬에 따른 성씨별 분화 양상

동성마을은 부계 혈통의 친인척으로만 구성되었고, 대가족 제도 내의 가부장에게 의사 결정 권한이 집중되었으며, 가족 구성원 간에도 엄격한 서열 의식에 의해서 권한과 책임이 주어졌다. 또한, 장자우대 불균등 상속의 전통이 철저하게 지켜져 왔으며, 결혼은 부계 혈연 밖의 사람과 해야 하므로 촌내혼村內婚은 불가능했고, 양자는 부계 혈연 내에서만 가능했다. 이와 같이 동성마을의 혈연 중심의 집단 의식은 타집단과의 배타성을 유지해 왔다.

동성마을에서는 촌수가 아무리 멀어도 '아재, 아지매, 할배, 할매'가 통한다. 동항同行이면 이름을 부르고, 숙항叔行이면 아재, 아지매, 조항祖行이면 할배, 할매의 호칭이 통용되기 때문이다. 이러한 호칭은 항렬과 연령이 비례하는 경우이다. 예를 들면 항렬이 숙항인 종숙(아버지의 4촌)이나 재종숙(아버지의 6촌), 삼종숙(아버지의 8촌) 등은 10촌 이내의 사람으로 '아재'라고 부른다. 또한 10촌 이상이라고 하더라도 항렬이 숙항이면 '아재'라고 부른다. 대부분 항렬과 나이는 비례하여 항렬이 높으면 나이도 많다.

일반적으로 항렬과 나이가 비례하지만, 비례하지 않는 경우가 있다. 항렬은 숙항이지만 연령이 10살 아래인 경우와, 연령은 10살 이상 많지만 항렬이 낮은 경우도 있다. 숙부가 10살 정도 연령이 적은 '항고연하'라고 하더라도 항렬을 중시하여 호칭은 '아재'로 한다. 그렇지만 청자존대법에서 '항고연상'인 경우에 '아재'는 '하소체, 하이소체'를 사용하나, 항고연하인 경우에는 호칭은 '아재'지만 청자존대법은 '하게체'를 사용한다. 이는 항렬을 중시하면서도 '연령'을 고려했기 때문이다. 그리고 항렬은 낮지만 연령이 10살 이상 많을 때는 청자존대법을 '하소체' 정도로 높여 대우한다는 점에서 항렬을 우선으로 하면서도 '연령'을 고려하고 있다. 안동의 '의성김씨'에서는 항고연하인 경우에 항렬은 높지만 나이가 적어서 함부로 할 것을 고려하여 존칭의 접미사 '-님'의 축약형 '-ㅁ'을 접미한 '아잼'으로 부르기도 한다.

　금당·맛질에서도 나이 10살과 한 항렬을 맞바꾼다. 혹은 "나이는 천작天作이요, 항렬은 인작人作이다"라는 말에서도 나이를 전혀 무시할 수 없다는 것을 암시한다. 항고연상인 경우, 조카는 숙부를 '아재'로 부른다. 예천권씨에서는 숙부의 연령이 아주 많을 때는 존칭접미사를 붙인 '아재임'이라고 부른다는 점에서 연령이 고려되기도 한다.

　원주변씨에서는 항고연하의 상황이긴 하지만 2, 3살 정도 차이가 있을 때는 '아재요'라고 부르며 '하소체'를 사용하며, 항저연상인 상대편에게도 'OO씨'라고 부르고 '하소체'를 사용한다. 연령과 항렬이 비례하지 않는 경우에는 항렬을 우선으로 하면서도 연령을 고려하고 있다.

8. '아재'의 성조에 따른 성씨별 분화 양상

　방언 분화의 중요한 기제인 '성조聲調'는 '말의 높낮이'를 말한다. 금당·맛질에서는 '아재'의 성조에 따라 〈표 11〉과 같이 나누어진다.

〈표 11〉 '아재'의 성조에 따른 성씨별 분화 양상

높낮이 호칭	성조형			
	HL		LH	
결혼유무	기혼	미혼	기혼	미혼
숙부	(OO)아재(1)	아재(2)	(OO)아재(1)	아재(2)
성씨명	—	안동권씨	—	원주변씨
	예천권씨		함양박씨, 전주이씨	
종숙	(OO)아재		(OO)아재	
성씨명	안동권씨, 예천권씨		함양박씨, 전주이씨, 원주변씨, 평산신씨	

성조(높낮이) — H: High, L: Low

예천권씨, 안동권씨에서는 숙부나 종숙의 호칭어는 '아재'(HL)이고, 그 밖의 성씨에서는 '아재'(LH)로 나타난다. 이와 같이 금당·맛질에서 '아재'는 높낮이에 차이를 보이는데, '아재'(LH) 유형이 더 많이 나타난다.

'아재'는 분포의 차이뿐만 아니라 그 의미 범주의 차이를 보인다. 예천권씨, 함양박씨, 전주이씨에서는 높낮이의 차이는 있으나 결혼 유무에 관계없이 숙부, 종숙을 '아재'라고 부르지만, 예천권씨에서는 '아재'(HL), 함양박씨, 전주이씨에서는 '아재'(LH)로 성조의 차이를 보인다. 미혼의 숙부인 경우 안동권씨에서는 '아재'(HL), 원주변씨에서는 '아재'(LH)로 차이를 보인다.

그렇지만 금당·맛질의 '아재'형은 숙부와 종숙의 성조가 대개 일치한다. 기혼의 숙부나 종숙은 '아재' 앞에 'OO(택호)'를 붙이는데, 기혼의 숙부가 여러 명일 때 변별력을 갖기 위해 '택호+아재'라고 부른다. 이때 택호는 '숙모의 출신 지역명'으로 한다. 예를 들면 숙모의 출신 지역이 '내앞'이라면, '내앞 아재'라고 부른다.

호칭어는 성씨마다 차이를 보이는데 특히 말씨의 차이 중에서 두드러지는 것은 바로 성조(말의 높낮이)의 차이이다. 금당·맛질 내에서도 '아재'의 말씨 차이는 지역에 따른 차이보다는 성씨에 따른 차이를 보인다. 낙동강 상류인 안동에서는 '아재'(HL)가 지배적이며, 상주 지역(매현리)에서는 성조에 따라 의미까지도 달라지는데, '아재(HL)'는 '숙부'를, '아재'(LH)는 '종숙'을 부르는 호칭어로 분화되기도 한다.

5. 친족호칭어와 청자존대법의 상관성

친족호칭어는 세대, 항렬, 직계와 방계, 혈족과 인척, 성性, 연령 등에 따라 성씨별로 다양하게 분화된다는 사실을 확인하였다. 이러한 친족호칭어는 청자존대법과 호응 관계를 이룬다. 동성마을의 배타적인 의식 구조를 반영하는 언어적인 특징을 고찰하기 위해서는 호칭어와 상대방에 대한 대우의 정도를 드러내는 청자존대법을 함께 살펴보는 것이 중요하다.

청자존대법은 화자의 청자에 대한 대우 행위를 언어적으로 표현하는 문법 범주로, 종결어미와 선어말어미를 통해서 드러난다. 친족호칭어가 어휘적인 범주라면, 청자존대법은 문법적인 범주를 다루는 것이다. 친족호칭어가 세대, 연령, 성, 결혼 유무, 직계와 방계, 연령과 항렬, 혈족과 인척 등의 의미 자질에 의해 형성되듯이, 청자존대법 역시 이러한 의미 자질이 화행 조건과 밀접한 관련이 있다. 청자존대법은 세대와 연령, 항렬이 높으면 일반적으로 높임법을 사용한다.

친족 내에서 이루어지는 청자존대법은 명령법 어미에 따라 '하이소체, 하소체, 하게체, 해라체'로 분류되며, 친족 내에서는 '해요체'가 거의 사용되지 않는 것이 특징이다.

금당·맛질에서 친족호칭어는 성씨별로 다양하게 분화되고 있는 편이지만, 청자존대법은 성씨별로 차이가 적은 편이다.

(1) ㄱ. {할배(큰아배1), 아배(아부지), 맏아배(큰아배2)}요, 올 자아(市場) 가시니껴? 여 좀 (앉으시이소./*앉으소.)

ㄴ. {형님(1)(男兄), 형님(3)(손위 시누이), 형님(5)(손위 동서), (○○)아재}요, 어데 가시니껴? 여 좀 (앉으소./*앉으시이소.)

화자는 자신보다 '세대, 연령, 항렬' 등이 높은 청자에 대해 친족호칭어 뒤에 높임의 호격조사 '-요'를 수반하며, 높임의 청자존대법을 사용한다. (1)ㄱ의 '조부, 백부, 아버지'는 아주높임의 등급인 '하이소체'와 호응하지만, (1)ㄴ의 '형님, 숙부'는 '하소체'와 호응하여 친족 내에서는 연령이나 세대에 따라 '하이소체'와 '하소체'를 분명하게 구별하고 있다. '하이소체, 하소체'는 표준어의 '하십시오, 하소'에 해당하는 등급으로 전자는 후자에 비해 격식성이 강하므로 친밀감이 더 약하다.

그러나 (1)ㄴ의 '형님'이 연령이 아주 많은 경우에는 남동생은 '하이소체'를 사용하기도 하지만, 일반적으로 '조부나 아버지'와는 구별되는 높임법을 사용한다.

금당·맛질에서는 (1)과 같이 부계 남성·여성 화자는 부계 남성의 청자에게는 '하이소체, 하소체' 등급을 사용하지만, 부계 여성 친족원에 대해서는 (2)와 같이 호격조사 '-요'가 생략되므로 '∅'로 표시하였고, '하게체'의 등급과 호응하는 것이 특징이다.

(2) ㄱ. (어매, 할매, 아지매, 큰어매, 새아지매, 동서, 형님(姊), 액씨, 기혼의 누님) ∅, 어데 가는고?
  ㄱ′. (어매, 할매, 아지매, 큰어매, 새아지매, 형님, 누님) ∅, 어데 가노?

그렇지만 같은 상황임에도 불구하고 안동 지역 대부분의 동성마을에서는 (2)ㄱ′와 같이 부계 남성·여성 화자가 부계 여성 친족원인 '모母, 조모祖母, 백숙모伯叔母, 고모, 동서, 언니, 손아래 시누이, 누님(기혼)' 등에 대해 '해라체'와 호응하는 것이 금당·맛질과는 차이가 있다. (2)의 부계 여성 친족원에 대해서는 존칭의 호격조사 '-요'가 생략되고, '하게체, 해라체' 등급과 호응한다는 점에서 모계와 부계에 따른 차이, 여계와 남계에 따른 높임법의 차이를 확인할 수 있다. (1), (2)를 통해, 부계 친족에 대하여 세대가 높고 나이가 많은 경우에 존칭의 호격조사 '-요'와 함께 '하이소체, 하소체'를 사용한다는 점에서, 동성마을에서는 부계父系·부계夫系 중심, 남계 존중의 의식이 청자존대법에 반영된 것을 볼 수 있다. 그런데 한편으로 부계 여성 친족원에 비해 부계 남성 친족원에게 더욱 높임의 청자존대를 사용하는 것은, 남성보다는 여성에 대해 더 큰 '친밀감'을 표현하는 것으로 볼 수도 있다.

(3) ㄱ. {할뱀, 아뱀, 어맴, 아지뱀(1)(시숙)}요, 안으로 들어(가시이소./*가소.)
　　ㄴ. {아지뱀(2)(기혼의 시동생), 데림(미혼의 시동생)}요, 좀 앉았다 (가소./*가시이소.)

(4) ㄱ. 액씨 ∅, 왔는가? 들어오게. (올케→ 손아래 시누이)
　　ㄴ. 형님(2)요, 오싰니껴? (올케→ 손위 시누이)

(3)에서 부계 남성 화자의 배우자 즉 혼입한 여성 화자의 경우 '시아버지, 시어머니, 시숙'에 대한 호칭으로 (3)ㄱ과 같이 존칭의 호격조사 '-요'와 '하이소체'가 호응하며, (3)ㄴ은 '시동생'이 기혼인 경우에는 시숙과 같은 호칭어인 '아지뱀'으로 부르기는 하지만 청자존대법은 한 등급이 낮은 '하소체' 등급을 사용한다. 혼입한 여성 화자는 부계(父系·夫系), 결혼 유무에 의해 청자존대의 등급에 차이를 보인다.

(4)에서 혼입한 여성 화자는 시누이가 손위냐 손아래냐에 따라 호칭어와 청자존대법에 있어서 차이가 있다. 미혼의 시동생은 '하소체'를 사용하지만 미혼의 시누이에 대해서는 '하게체'를 사용한다는 섬에서 혼입한 여성 화자의 부계夫系, 남계男系 존중 의식을 확인할 수 있다.

(5) ㄱ. {새아재(兄夫), 새아지매(兄嫂)}요, 언제 오싰니껴? 좀 (앉으소./*앉으이소.)
(6) ㄱ. {새형님(姉兄)}요, 언제 오싰니껴? 좀 (앉으소./*앉으이소.)

(7) ㄱ. 처남∅, 왔는가?(자형→ 손위 처남)

　　ㄴ. 처남∅, 왔나?(자형→ 손아래 처남)

(8) ㄱ. (처제, 처형)요, 좀 앉았다 가소.

(5)~(8)에서는 화자와 청자의 성性, 인척과 혈족에 따른 청자존대의 등급 차이를 확인할 수 있다. (5)는 '처제→형부', '시동생→형수'의 대화에서 '하소체'의 청자존대법을 사용하고 있다.

(7)ㄱ에서 자형은 손위 처남에게 '하게체'를 사용하지만 (7)ㄴ과 같이 손아래 처남에 대해서는 '해라체'를 사용한다. 형부는 처형이나 처제에게는 (8)과 같이 '하소체'를 사용하여, 남성 화자와 여성 화자에 따라 청자존대법이 다름을 확인할 수 있다.

(9) ㄱ. (큰/작은)형님(1)요, 오싰니껴?, 좀 앉았다 가소. (남동생→ 형)(연령)

　　ㄴ. 형님(2)∅, 왔는가?(손아래 시누이→ 올케)(연령과 무관)

　　ㄷ. (○○)형님(3)요, 오싰니껴?, 좀 앉으이소. (올케→손위 시누이)

　　ㄹ. 형님(4)∅, 왔는가?(여동생→ 결혼한 언니)(연령)

　　ㅁ. (○○)형님(5)요, 오싰니껴? 좀 앉으소. (손아래 동서→ 손위 동서(여, 남))(연령과 무관)

(9)에서는 '형님'이란 호칭어가 다양한 관계 속에서 사용되며, 청자존대법이 일관성 있게 사용되지 않는 것을 확인할 수 있다. '형님'은 성性의 구별 없이 남성이나 여성의 호칭어로 사용된다. (9)ㄴ, (9)ㄹ은 '하게체'와 호응하지만 (9)ㄱ, (9)ㄷ, (9)ㅁ은 '하소체, 하이소체'와 호응을 한다. (9)ㅁ은 연령이나 성에 상관없이 사용되며, (9)ㄴ~(9)ㄹ은 여성 화자인 경우에만 가능하다. (9)ㄱ에서 만약 형님이 두 명이라면 '큰, 작은'의 한정사로 구별

하고, 더 많은 경우에는 'O째'를 사용한다. (9)ㄴ, (9)ㅁ은 '택호'에 의해 변별되는데, 택호는 '여성의 출신 지역명'으로 한다. 예를 들면 올케가 두 명일 때, 출신 지역이 '내앞, 외내'라면 '내앞 형님', '외내 형님' 등으로 구분한다.

(9)ㅁ은 여자 동서 간의 대화이다. 손아래 동서는 손위 동서에게 '하소체'를 사용하며, 손위 동서는 손아래 동서에게 '하게체'를 사용한다. 이와 같이 혼입한 여성은 남편과 동항인 시동생의 처(娣婦) 즉 손아래 동서에게 비록 화자보다 나이가 많다고 하더라도 남편의 동생이기 때문에 '하게체'를 사용한다.

'금당·맛질'에서는 하게체를 사용하는 범위가 표준어에 비해 상당히 넓은 분포를 보인다. (2)ㄱ과 같이 부계 여성 친족원뿐만 아니라 손위 동서가 손아래 동서에게, 올케가 시누이에게, 손아래 시누이가 올케에게 '하게체'를 사용한다.

또한 금당·맛질의 함양박씨, 예천권씨에서 장인→사위는 '해라체', 장모→사위는 '하게체'를 사용한다. 표준어에서 장인이 사위에게 '하게체'를 하는 점과는 차이를 보인다.

(10) ㄱ. 안서방 ∅, 왔나?(장인→사위)〈함양박씨, 예천권씨〉
ㄴ. 안서방 ∅, 왔는가?(장모→사위)〈함양박씨, 예천권씨〉

그러나 처백모는 작은집 사위에 대해서 (11)ㄴ과 같이 '하게체'를 사용하기도 하지만 (11)ㄱ과 같이 '하소체'를 사용하는 경우가 많다. (11)에서는 성씨에 따른 차이를 보여 주는데 (11)ㄴ에서는 '하게체'를 사용하였고 (11)ㄱ은 '합쇼체'를 사용하고 있다. '평산신씨'에서는 작은집사위라고 하더라도 (10)과 같이 '하게체'를 사용하였다는 점에서 [-격식] [+친밀감]을 보여 준다.

(11) ㄱ. 안서방요, 오셨니껴?(처백모→작은집 사위)〈함양박씨, 예천권씨〉
    ㄴ. 안서방, 왔는가?(처백모→작은집 사위)〈평산신씨〉

일반적으로 친족 내에서의 청자존대법은 나이보다는 항렬에 우선하며, 대부분 항렬과 나이가 비례하지만, 친족 내에서의 호칭어는 항상 항렬과 연령이 비례하는 것은 아니다.

(12) ㄱ. 아재요, 자아 가시니껴?(조카→숙부)(항고연상)
    ㄴ. 아재임요, 어디 가시니껴?(조카→나이가 아주 많은 숙항)(항고연상)
    〈예천권씨〉

(12)ㄱ, ㄴ은 '조카→숙부'의 대화로 나이와 항렬이 비례한 경우지만, (12)ㄴ은 숙부의 나이가 아주 많은 경우이다. 후자에 대해 존칭의 접미사 '-임'을 붙여서 청자에 대한 높임을 표현하는데, 이처럼 '나이'가 호칭어에 영향을 미치기도 한다.

(13) ㄱ. 아재 ∅, 왔는가?(조카→나이가 어린 숙항)(항고연하)〈예천권씨, 평산신씨〉
    ㄱ'. 아잼 ∅, 어데 가는고?(항고연하)〈안동 의성김씨, 금계, 천전〉

(13)ㄱ은 숙항이 10살 정도 아래인 경우로 항렬과 연령이 비례하지 않는다. 일반적으로 (12)와 같이 조카는 숙항에 대해 '하소체'를 사용하지만, '항고연하'인 경우에는 (13)ㄱ과 같이 '하게체'를 사용한다. 숙항이기 때문에 '아재'의 호칭어를 사용하긴 하지만, (12)ㄱ과는 달리 존칭의 호격조사가 생략되고, '하소체'의 등급에서 '하게체의 등급으로 하강하였다. 이것

은 항렬이 높지만 나이가 적기 때문이다.

안동 지역의 의성김씨에서는 (13)ㄱ´ 같이 청자존대의 등급이 '하게체'로 나타나는 것은 같지만 존칭의 접미사 '-님'의 축약형 '-ㅁ'을 접미한 '아잼'으로 호칭하는 것이 다르다.

(14) ㄱ. 아재요, 이거 쫌 (해주소./*해주이소.)(항고연하)〈원주변씨〉
    ㄴ. ○○씨, 이거 쫌 (해주소.)(항저연상)〈원주변씨〉

(13)ㄱ은 항렬은 높지만 나이가 10살 정도 적은 '항고연하'의 경우로 '하게체'를 사용한다. (14)ㄱ 원주변씨에서는 항고연하이긴 하지만 2, 3살 정도의 나이 차이를 보이는 경우에는 상호 '하소체'를 사용하며, (14)ㄴ은 항렬은 낮지만 나이가 많은 상대에게 '○○씨'라고 하고 '하소체'의 등급을 한다. 동성마을 사람들은 일반적으로 "항렬이 낮으면 '하게'나 '해라'를 사용하지만 '나이'가 많을 때는 서로 높여 줘야 한다"고 생각하는 점에서, '나이와 항렬'을 함께 고려하고 있음을 알 수 있다. (안귀남)

10장

금당·맛질의 반가와 건축

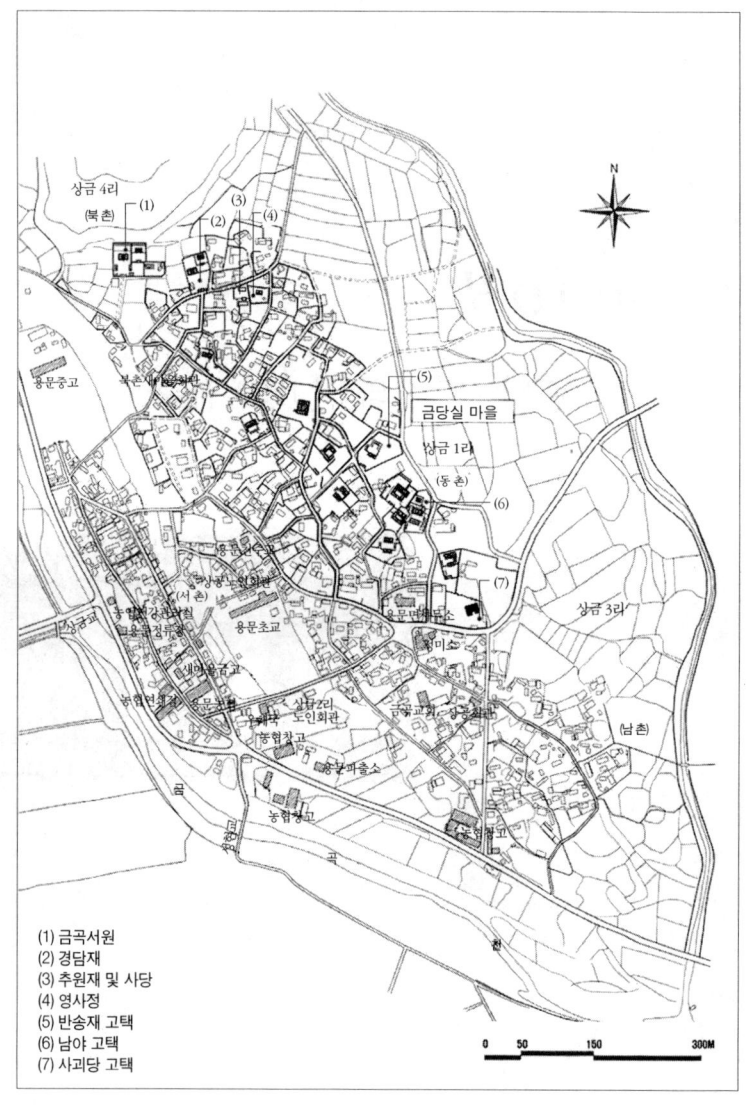

예천 금당실 마을

1. 금당실

1. 추원재 및 영사정

> 소재지: 경북 예천군 용문면 상금곡리(금당실) 342번지
> 소유자: 함양박씨 문중
> 문화재 종별: 경상북도 민속 자료 82호
> 건축 시기: 조선 후기

추원재追遠齋는 금당실의 주산인 오미봉 아래에 남향으로 자리 잡고 있다. 조선 중종 때 문신이자 함양박씨의 금당실 입향조인 박종린朴從鱗(1496~1553)을 추모하고 제사하기 위해 1656년(효종 7)에 증손인 박영朴瑛(1599~1659)이 창건하였다고 한다. 박종린은 참판 박눌朴訥의 다섯째 아들로 태어나 1516년(중종 11)에 진사, 1532년(중종 27)에 별시 문과에 급제하여 홍문관 교리와 이조정랑을 역임했다. 그는 중앙정치에 염증을 느껴 관직을 버리고 함창으로 낙향하였다가 전국 십승지지十勝之地의 하나인 금당실로 들어왔으며, 함양 박씨 정랑공파의 파조派祖로 마을의 기반을 조성하였다.

추원재는 금당실 북촌 마을의 핵심적 위치에 자리 잡고 있다. 전체 건물의 배치를 살펴보면 남북축선상에 외삼문, 강당, 내삼문, 사당을 일렬로 배치하고, 그 동편에 영사정永思亭을 건축했다. 영사정은 1940년에 추가로 지은 것으로, 전체 배치의 축軸에서 벗어나 있다.

소슬삼문형의 외삼문은 정면 3칸, 측면 1칸의 팔작집으로, 가운데에 대문을 내고 그 좌우에 온돌방을 배설하였다. 외삼문의 구조는 간략한 3량가의 민도리집이다. 외삼문 정면에 자리 잡은 강당인 추원재는 정면 4칸, 측면 2칸의 익공계 팔작집으로, 평면은 가운데에 대청을 두고 양쪽에 통칸 온돌방을 들인 중당협실형中堂夾室形이다. 강당 정면에는 '전교당典敎堂'과 '추

▲ 추원재의 사당(위)과 강당(아래)

원재追遠齋'라고 쓴 현판이 걸려 있다. 기단은 낮은 막돌기단이며, 기둥 위에는 운형雲形 무늬를 새긴 익공을 끼웠으며, 장혀와 창방 사이에는 소로로 수장했다. 대청은 마루방 형식으로, 정면에 네 짝의 궁판 단 세살문을 달아 폐쇄했으며, 배면에는 두 짝의 당판문을 달았다. 온돌방 정면에는 두 짝의 세살창이 달려 있다. 마루와 온돌방 앞에는 길게 쪽마루를 꾸몄으며, 온돌방 앞 쪽마루 밑에는 아궁이가 시설되어 있다. 천장은 마루에만 연등천장을 쓰고, 온돌방은 고미반자로 처리하였다.

강당 뒤쪽 높은 곳에 있는 사당은 평삼문을 통해 출입하며, 함양박씨의 금당실 입향조인 박종린 내외의 위패를 모시고 있다. 사당은 초익공 양식 맞배집으로, 정면 3칸, 측면 2칸의 규모이다. 내부 바닥에는 우물마루를 시설했으며, 구조는 낮은 막돌기단 위에 초석을 놓고 원주를 세워 1고

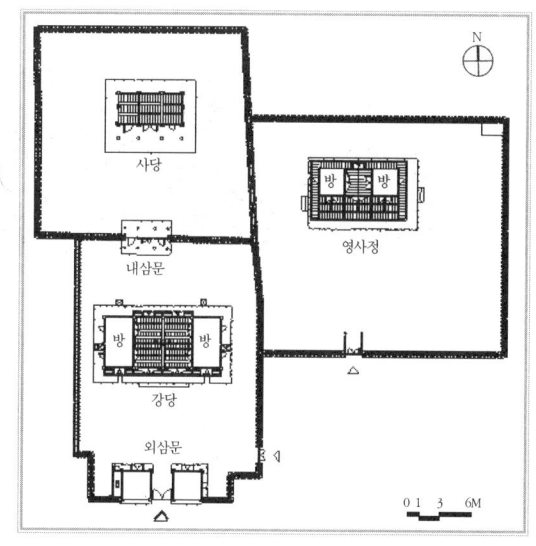

〈영사정 배치평면도〉

주 5량가의 지붕가구를 받게 했다. 기둥 상부의 익공쇠서에는 연꽃무늬를 조식彫飾했으며, 창방과 장혀 사이에는 화반을 끼워 넣었다. 정면 매 칸에는 교살과 궁판으로 조합된 창호를 달았으며, 매년 음력 3월과 10월 중정일 中丁日에 입향조인 박종린 내외의 사당제를 올리고 있다.

사당의 동편 아래에 자리 잡고 있는 영사정永思亭은 박종린의 유덕을 기리기 위해 1940년에 건축했다. 영사정은 겹처마 초익공 집으로, 정면 3칸, 측면 2칸의 규모이다. 평면은 가운데 1칸 폭의 좁은 우물마루를 두고, 그 좌우에 온돌방을 둔 형태이다. 마루와 온돌방 앞에는 1칸 폭의 넓은 툇마루를, 배면과 좌우 측면에는 좁은 쪽마루를 놓았다. 구조는 막돌기단 위에 기둥을 세우고 대들보와 종보를 차례로 올린 5량가이며, 정면성을 강조하기 위해 정면 툇간에는 모두 원주를 사용했다. 추원재와 사당 및 영사정은 구조나 의장이나 배치가 가장 보편적인 것이어서 별다른 특색을 찾기 어렵다.

▲ 반송재 고택 전경

2. 반송재 고택

> 소재지 : 경북 예천군 용문면 상금곡리 462-1번지
> 소유자 : 김철훈
> 문화재 종별: 경상북도 문화재 자료 제262호
> 건축시기: 창건 17세기 말, 이건 1899년

　반송재伴松齋 고택은 조선 숙종 때 도승지와 예조참판 등을 지낸 갈천葛川 김빈金賓이 관직에서 은퇴한 후 살던 집으로 금당실 동촌에 있다. 이 집은 김빈의 아우 김정이 1670~1690년경에 창건한 것을 구한말 법무대신을 지낸 이유인李裕寅이 매입하여 1899년(광무 3)에 현재의 위치로 이건했다. 현재의 반송재는 이건 후의 모습으로, 조선 후기 영남 북부 지방의 전형적인 반가班家 형식을 잘 보여 준다. 담장 안에는 안채와 사랑채, 대문채, 곳간채 등 4동의 건물이 남아 있으며, 근년에 보수하여 건물의 보존 상태가 양호한 편이다.
　이 집은 남향하는 'ㄷ자형' 안채와 '一자형' 사랑채가 안마당을 가운데 두고 '튼ㅁ자형'으로 배치되고, 안마당 서편에 고방채가 동향으로 건축되어 있다. 고방채와 사랑채 사이에는 토담을 쌓고 협문을 달아 안마당을 폐쇄했으며, 사랑마당에 면해 대문채가 자리한다.

안채는 'ㄷ자형'으로, 정면 5칸과 측면 1.5칸의 'ㅡ자형' 몸채 양끝에서 2칸 크기의 날개집을 앞으로 달아 낸 형태이다. 평면은 가운데에 마루를 두고, 왼편에 안방(2칸)과 정지, 오른편에 웃방, 마루방, 아랫방을 달아 낸 형태이다. 대청은 5칸으로 매우 넓으며, 대청 오른편에 1칸 규모의 온돌

▲ 반송재 고택 사랑채(위)와 초가 대문채(아래)

방이 돌출되어 있다. 대청과 온돌방 사이의 경계에는 사분합들문이 달려 있다. 정지는 1칸 반의 규모이고, 정지 상부에는 안방에서 사용하는 수장 공간인 다락을 시설했다. 우측 날개집은 웃방, 마루방, 아랫방으로 이루어져 있으며, 최근 아랫방 끝에다 보일러실을 증축했다. 안채는 홑처마 팔작집으로, 막돌기단 위에 초석을 놓고 네모기둥을 세워 5량가의 지붕가구를 받게 했다. 처마도리는 납도리로, 밑에 장혀를 끼워 수장했다. 대들보 위에 사다리꼴 판대공을 놓아 장혀와 종도리를 받았으며, 대청 천장은 연등천장이다.

사랑채는 건물 앞뒤에 반 칸 폭의 퇴칸을 둔 정면 5칸의 전후퇴집이다. 평

면은 왼편부터 큰사랑방 2칸, 사랑마루 2칸, 작은사랑방 1칸으로 구성되어 있으며, 큰사랑방 측면과 배면에는 물품을 수장할 수 있는 벽장을 길게 만들어 놓았다. 큰사랑방 안에는 네 짝 장지문을 달아 방의 전용성을 높였으며, 마루 앞 퇴칸에는 사분합들문을 달아 필요시 폐쇄할 수 있게 했다. 사랑채는 홑처마 팔작집이며, 구조는 막돌 세벌대 기단 위에 초석을 놓고 네모기둥을 세워 대들보와 종보를 받는 5량가로 되어 있다. 천장은 마루상부만 연등천장이며, 온돌방에는 우물반자를 사용하였다.

대문채는 정면 3칸과 측면 1칸의 초가로, 좌측부터 측간, 방, 대문, 방이 연접된 형태이다. 고방채는 정면 3칸, 측면 1.5칸의 초가로, 좌측부터 디딜방앗간 2칸, 고방 1칸으로 구성되어 있다. 고방채의 구조는 간략한 3량가이며, 고방 바닥에는 우물마루를 시설하여 지면의 습기를 차단하고 있다. 반송재 고택은 건물 배치법과 평면 구성 및 건축의 세부 구조와 수법에서 조선 후기 경북 북부 지방의 반가 형식을 잘 보여 주고 있다.

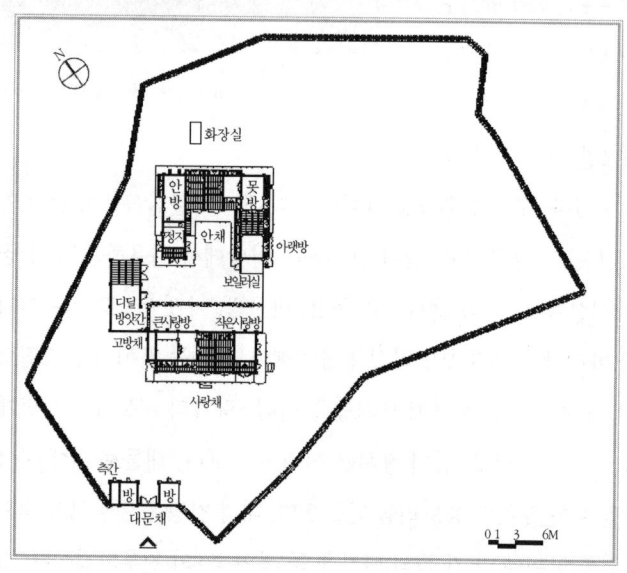

〈반송재 고택의 배치평면도〉

▲ 사괴당 고택 안채

3. 사괴당 고택

> 소재지 : 경북 예천군 용문면 상금곡리 430
> 소유자 : 변종우
> 문화재 종별: 경상북도 문화재 자료 337호
> 건축 시기 : 1900년경

금당실에는 원주변씨와 함양박씨가 함께 살고 있다. 사괴당四槐堂 고택은 이 마을에 처음으로 와서 자리를 잡은 사괴당 변응녕邊應寧(1518~1586)의 종택이다. 이런 연유로 그의 호를 따서 당호堂號를 사괴당이라 부르고 있다. 그는 감천문씨 문유형文柳馨의 사위로 처향인 금당실에 정착하였다.

이 집은 18세기 후반에서 19세기 초에 건축된 것으로 추정된다. 토담으로 구획된 대지의 북쪽에 'ㄷ자형'의 안채가 자리 잡고 그 남쪽에 'ㄴ자형' 사

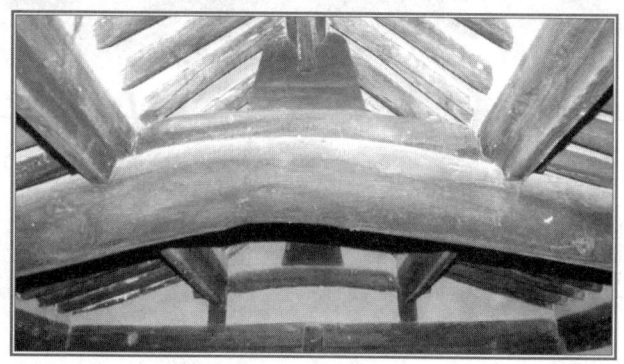

▲ 사괴당 고택 대문채(위)와 안채마루 상부구조(아래)

랑채가 배치되어 있었으나, 지금은 사랑채가 철거되고 없다. 오른쪽 날개집 동쪽 아래에는 중층의 초가 대문채가 있다.

안채는 정면 5칸, 측면 5칸의 'ㄷ자형'의 팔작집으로, 평면은 정면의 안마루를 중심으로 왼쪽으로 안방, 정지방, 정지가, 오른쪽으로 마리고방, 마루방, 상방, 방이 배설된 형태이다. 구조는 이호열, 송인만 초석 위에 각주를 세운 장여수장집으로, 지붕가구는 5량가이다. 마루 중앙에는 중앙부가 위로 휜 곡재曲材의 대들보를 사용하여 종보 없이 종도리를 지탱하고 있으며, 청방廳房간에는 곧은 대들보를 사용하여 동자주를 세우고 종보를 올렸다. 종보 위에는 사다리꼴 판대공을 놓아 종도리를 받게 하였다.

남측의 문간채는 정면 3칸과 측면 1칸의 슬레이트 팔작집으로, 벽체는 시멘트 몰탈로 마감되어 있다. 동편의 중층 대문채는 초가로, 정면 3칸과 측면 1칸의 규모이다. 평면은 1층에 마구간과 문간채방을 두고, 2층에 마루방을 배설했으며, 문간채 양 측면에 2층으로 올라가는 나무계단이 있다.

집 구성은 정침과 오른쪽 날개에 걸쳐 세대별 공간 구분이 명확하고, 수장 공간의 구성이 뛰어나다. 또한 목구조의 결구 기법과 창호 수법에서 세련된 법식을 지니고 있다. 건축 수법으로 보아 18세기 전·후반의 한옥으로 추정된다. 조선 후기의 주택 변천사를 잘 보여 주는 가치 있는 한옥이라 하겠다.

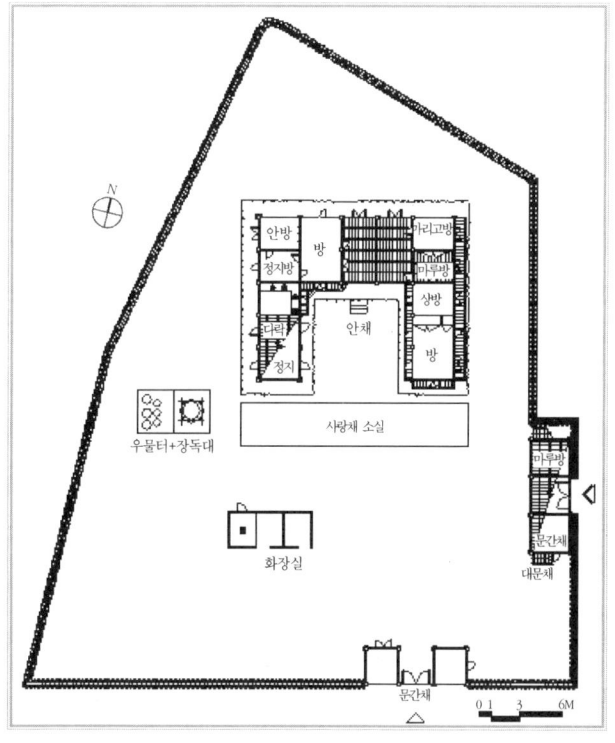

〈사괴당 고택의 배치평면도〉

10장 금당·맛질의 반가와 건축 257

4. 경담재

> 소재지: 경북 예천군 용문면 상금곡리 342
> 소유자: 함양박씨 문중
> 문화재 종별: 비지정
> 건축 시기: 중건 1923년, 강당 건축 1987년

경담재鏡潭齋는 유림儒林에서 병백당病栢堂 박운朴蕓을 제향하기 위한 건물이다. 박운은 금당실 입향조인 박종린의 셋째 아들로, 이황에게 글을 배워 학문과 문장이 뛰어났다. 유림에서 그의 학문을 높이 받들어 1800년대에 유계소儒契所를 세워 배향했으나 1894년 동학혁명 때 소실되었다. 지금의 경담재는 1923년에 유림과 후손들이 중건한 것이며, 강당은 1987년에 건축되었다.

경담재는 금당실내 북촌에 자리 잡고 있으며, 경내에는 외삼문, 고직사, 강당, 경담사가 '튼ㄷ자형'을 이루며 배치되어 있다. 외부 공간은 외삼문·강당·고직사로 이루어진 재사 영역과 내삼문과 경담사로 구성된 사당 영역으로 크게 구분된다. 외삼문은 정면 3칸, 측면 1칸의 홑처마 팔작집으로, 중앙 칸에 대문을 달고 양쪽 협칸에 온돌방을 들인 형태이다. 강당은 외삼문 정면에 남향으로 배치되어 있다. 강당은 정면 4칸, 측면 2칸의 겹처마 팔작집으로, 중앙 기둥 상부에 '경담재鏡潭齋'라 쓴 현판이 있다. 강당은 종도리 받는 장혀 밑에 '단기사삼이십년정묘오월이십일檀紀四三二十年丁卯五月二十日'이라 묵서명이 있어 1987년에 중건되었음을 알 수 있다.

강당인 경담재의 평면은 가운데 대청을 두고 양쪽에 온돌방을 들인 중당협실형中堂夾室形이다. 대청은 마루방 형식으로, 정면에 네 짝의 궁판을 끼운 세살문을 달아 폐쇄했다. 온돌방에는 벽장을 만들어 각종 기물을 보관할 수 있게 했다. 마루에 접한 좌측 온돌방과 우측 온돌방의 머리에는 각각 '옥

▲ 경담재 전경(위)과 박운의 위패를 모신 경담사(아래)

봉헌玉峯軒', '병백당病栢堂' 이라고 쓴 현판이 걸려 있다. 경담재의 상부 구조는 5량가로, 시멘트 몰탈로 마감한 기단 위에 원형 화강석 초석을 놓아 원주를 세운 다음 대들보와 종보를 차례로 받게 했다. 기둥 상부의 창방과 장혀 사이에는 소로를 끼워 수장했다.

경담재 배면 동측의 별곽에는 박운의 위패를 모신 사당인 경담사가 있다. 경담사는 평삼문을 통해 출입하는데, 정면 3칸과 측면 1.5칸 규모의 겹처마 맞배집이다. 경담사의 천장은 연등천장과 우물천장을 혼용했으며, 위패를

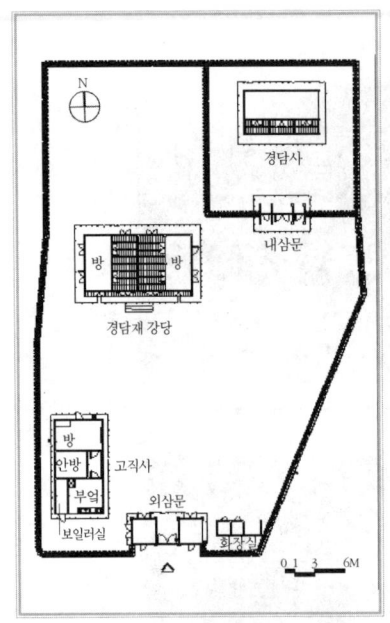

〈경담재의 배치평면도〉

모신 제상祭床 위에만 우물천장을 꾸몄다. 구조는 화강석 외벌대 기단 위에 다듬은 초석을 놓고 기둥을 세운 1고주 5량가로, 정면에만 원주를 사용하고 그 외는 모두 네모기둥을 사용했다. 건축 양식은 이익공으로, 기둥머리에 이익공 쇠서를 끼우고 그 위에 봉두鳳頭를 조식彫飾한 대들보를 올렸다. 그리고 창방 위에는 화려한 운형화반을 끼워 처마도리의 장혀를 받게 했으며, 경담사 정면에는 궁판 달린 두 짝 세살문을 달아 폐쇄했다.

5. 남야 고택

소 재 지 : 경북 예천군 용문면 상금곡리(금당실) 500
소 유 자 : 박노준
문화재 종별: 미지정
건축 시기 : 1943년

남야南野 고택은 금당실의 동촌 중앙에 자리 잡고 있다. 남북으로 긴 장방형의 대지에 사랑채, 안채, 사당 등 3동의 건물이 남북축선상에 배치되어 있다. 사당은 사괴당 인근에 있던 이유인李裕寅(1898 법부대신 역임, 양

▲ 남야 고택 사랑채(위)와 안채(아래)

주대감으로 불림)의 집에 있던 것을 약 40여 년 전에 이곳으로 옮겨온 것이라 한다.

사랑채는 정면 5칸과 측면 2칸의 겹집으로, 1943년에 건축되었다. 평면은 가운데 중문을 중심으로 좌측 앞줄에는 창고와 작은사랑방, 뒷줄에는 뒤주와 방이 앞뒤로 배치되어 있다. 중문 우측에는 큰사랑방 3칸과 마루방 1칸이 앞뒤로 배치되어 있다. 지붕가구는 20세기 중엽의 근대적 성격이 엿보이는 5량가이며, 홑처마에 시멘트 평기와를 올린 팔작지붕이다.

안채는 홑처마의 팔작집으로, 사랑채에 낸 중문을 통해 출입하며 1943년

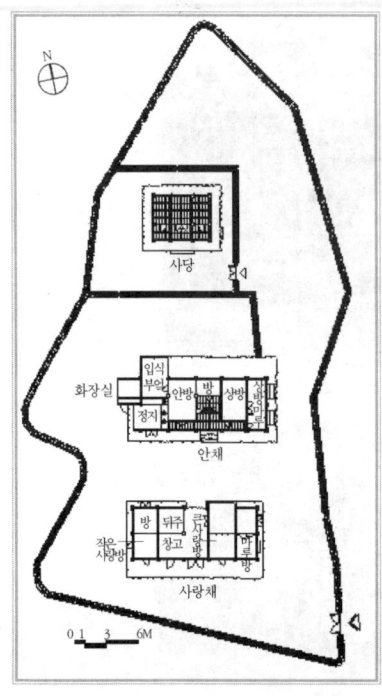

〈남야 고택의 배치평면도〉

에 사랑채와 같이 건축되었다. 안채는 정면 5칸의 겹집이다. 평면은 좌측 앞 줄부터 정지, 안방, 마루, 상방, 상방마루를 배설하고, 뒷줄에 화장실, 입식부엌, 방을 두었다. 구조는 시멘트 몰탈 기단에 방형 초석을 놓아 네모기둥을 세웠으며, 창방과 장혀 사이에는 소로를 끼워 수장했다.

사당은 홑처마 맞배집으로, 규모는 정면 3칸의 전퇴집이다. 사당 출입은 안채 우측을 돌아 낸 협문을 통해 이루어진다. 구조는 초익공 양식이며, 정면에만 팔각기둥을 사용했다. 바닥에는 우물마루를 깔았으며 정면의 퇴칸에도 마루를 시설했다. 지붕가구는 5량가로, 대들보 위에 동자주를 놓아 종보를 받게 하고 그 위에 사다리꼴 판대공을 놓아 종도리를 받게 했다. 기둥 상부는 초익공 양식이며, 창방과 장혀 사이에는 소로를 끼워 수장했다. 창호를 살펴보면 중앙 칸에는 궁판이 달린 세살문 쌍여닫이문, 협칸에는 외여닫이문을 달았다. 사당 내부는 통칸으로, 바닥에는 우물마루를 시설했다. 지붕 박공 부분의 풍판은 '一자형'이고 도리의 머리가 풍판을 뚫고 나와 있는 것은 이 지역의 건축 특성이 반영된 결과라 할 수 있다.

▲ 금곡서원 강당

6. 금곡서원

소재지: 경북 예천군 용문면 상금곡리 657-1
소유자: 함양박씨 금곡서원 위암공소
문화재 종별: 비지정
건축 시기: 1982년

금곡서원金谷書院은 1982년에 건축한 것으로, 금당실 북촌에 깊숙이 자리 잡고 있다. 숭덕사崇德祠에는 문재文齋 박충좌朴忠佐를 주벽으로 남야南野 박손경朴孫慶, 행정杏亭 박눌朴訥이 배향되어 있다. 서원은 크게 세 영역으로 구성되어 있다. 강당과 동서재, 전사청, 외삼문으로 이루어진 강당 영역과, 사당과 내삼문으로 이루어진 묘廟의 영역, 그리고 동편의 고직사 영역이 그것이다. 각각의 영역은 동서로 길게 배치된 병렬형으로, 영역

▲ 금곡서원 사당과 내삼문

　의 경계에는 토담을 쌓아 공간을 구분했다. 강당 영역은 강당과 외삼문을 남북축선상에 두고 마당 좌우에 동재인 독이재讀易齋, 서재인 격치재格致齋를 대칭으로 건축했다. 강당 정면에 소슬삼문인 진도문進道門이 있으며 그 서편에 화장실이 배치되어 있다. 고직사 영역에는 관리인이 거주하는 고직사와 창고가 있다.

　강당은 1982년 봄에 건축한 겹처마 팔작집으로, 정면 4칸, 측면 2칸의 규모이다. 평면은 4칸의 넓은 대청인 상교당尙敎堂을 가운데 두고, 그 좌우에 2칸통의 온돌방을 들인 형태이며, 정면에는 쪽마루를 꾸며 놓았다. 마루는 앞쪽에 사분합들문, 배면에 판문을 달아 폐쇄했다. 청방廳房 간에는 두 짝 세살문을 달았다. 강당은 장대석 네 벌대 기단 위에 초석을 놓아 원주를 지탱하게 했다. 건축 형식은 소로수장집이나 굴도리를 올렸다. 지붕가구는 5량가로, 기둥머리에 대들보와 종보를 올린 다음 그 위에 원형 판대공을 올려 종도리를 받게 했다. 강당 앞에 마주보며 건축된 동서재는 온돌방만으로 이루어진 정면 3칸 규모의 홑처마 맞배집이다. 동서재의 구조는 기단 위에 다듬은 초석을 놓아 네모기둥을 세우고 대들보를 받는 간략한 형식의 3량가이며, 천장은 고미반자로 되어 있다.

동재 남쪽에 위치하는 전사청은 정면 2칸, 측면 1칸 규모의 홑처마 맞배집으로, 제사에 필요한 기물 및 제수를 보관하는 데 쓰인다. 구조는 장혀수장의 간략한 3량가로 되어 있다. 진도문進道門이라 편액한 외삼문은 정면 3칸, 측면 1칸의 소슬삼문 형식으로 중앙에 두 짝 판문을 달고, 그 좌우에 온돌방을 배설했다.

사당은 전퇴를 둔 정면 3칸의 겹처마 맞배집으로, 내부 각 칸에 세 분의 영정을 모셨다. 건축 형식은 이익공 형식이며, 처마에는 굴도리를 사용했다. 지붕가구는 5량가로, 종보 위에 원형의 대공을 놓아 종도리를 지지하게 했다. 창방과 장혀 사이에는 화반을 끼워 장식했다. 금곡서원은 근년에 건축한 것으로 건축 양식과 배치, 구조 등에 큰 특징이 없다.

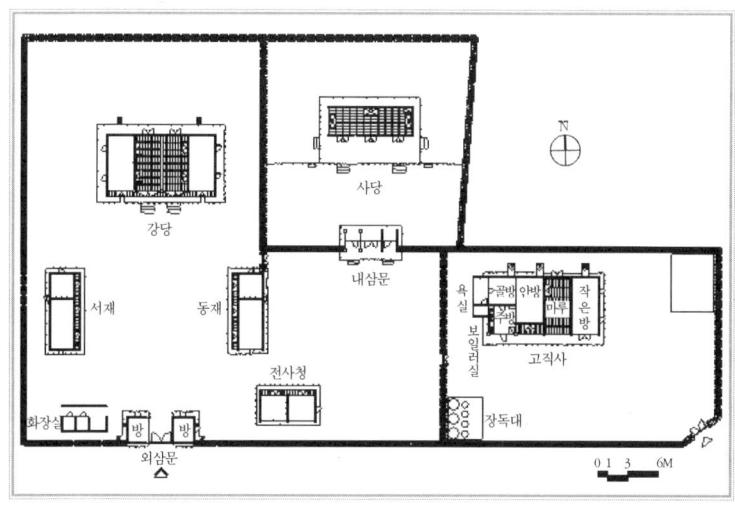

〈금곡서원의 배치평면도〉

2. 맛질

1. 야옹정

> 소재지: 경북 예천군 용문면 제곡리(맛질) 437
> 소유자: 권상준
> 문화재 종별: 경상북도 유형문화재 제230호
> 건축 시기: 1566년

　야옹정野翁亭은 안동권씨 제곡 입향조인 야옹野翁 권의權檥(1475~1558)가 벼슬을 그만두고 낙향하여 향약을 제정하고 사회 교화에 힘쓴 덕을 기리고자 1566년(명종 21)에 그의 아들 심언審言이 창건하였다. 대청의 중수기에 '가정병인창嘉靖丙寅創'이라 기록되어 있고, 지붕기와의 암막새와 내림새에도 같은 명문이 있어 1566년에 건축된 것임을 알 수 있다.
　경내에는 주 건물인 야옹정과 대문이 남아 있고, 주위에 한식 토담을 쌓아 일곽을 구성했다. 대문채는 정자의 좌측 전면前面에 위치한다. 야옹정의 평면은 'T자형'으로 정면 4칸, 측면 4칸의 규모이다. 평면의 대부분은 대청이 차지하며 대청은 정면 3칸, 측면 2칸으로 6칸 규모이다. 대청 앞에 누하주樓下柱를 세워 반 칸 폭의 마루를 돌출시키고 평난간을 돌려 누마루처럼 꾸몄으며, 뒤쪽에는 툇마루를 두었다. 대청 우측에는 2칸 온돌방이 있고, 온돌방 앞뒤에 각각 1칸 크기의 누마루와 온돌방을 돌출시켜 'T자형' 평면을 이루었다. 야옹정은 거칠게 다듬은 방형 돌을 6단으로 쌓은 높은 기단 위에 건물을 지었으며, 초석은 자연석을 사용하였고, 그 위에 원주를 세웠다.
　마루의 전면 매 칸에는 두 짝 세살문을 달았다. 마루의 배면과 좌측면에는 가운데설주를 둔 두 짝 판문을 달았으며, 가운데설주와 문틀 상하에 원산遠山(홈대에 박아 창호가 안으로 밀리지 않고 고정되도록 하는 철물)이

▲ 야옹정 전경(위)과 마루상부의 지붕가구(아래)

남아 있는 것으로 보아 당초 울거미(창문 가 둘레에 댄 뼈대) 판문이 달렸던 것으로 보인다. 누마루는 온돌방 열의 앞면에 위치하며, 삼면에 창호를 달아 폐쇄했다. 대청과 온돌방 사이의 청방廳房 간에는 두 짝 열어들개 문을 달았다.

건축 양식은 주심포계로, 대청 정면은 헛첨차 위에 1출목 행공첨차를 둔 수법이나 우측 온돌방의 구조는 초익공 양식이다. 누각처럼 돌출한 대청의 앞과 좌측 벽에도 가운데설주가 있는 널문이 있다. 기둥은 모두 원주이나

10장 금당·맛질의 반가와 건축 267

우측면의 온돌방 쪽 바깥기둥은 네모기둥을 사용하였다. 대청 부분은 겹처마의 팔작집이나 온돌방 부분은 맞배지붕으로 되어 있다. 전체적으로 고식古式의 공포 구성이나 견실한 가구 수법, 고졸한 파련대공波蓮臺工, 창문의 가운데설주 등의 고졸한 기법이 이 건물의 특징이다.

지붕가구는 대들보 위에 종보를 올린 5량가이다. 삼분변작의 기법으로 종보의 위치를 설정했으며, 종보 위에 화려하게 조각한 파련대공을 놓아 종도리를 받도록 했다. 처마도리 받침장혀를 받는 화반은 고식古式으로, 연꽃을 새긴 화반 위에 세 개의 소로를 놓아 상부의 장혀를 받도록 했다. 마루의 천장은 서까래가 노출된 연등천장이나 온돌방의 천장은 고미반자로 처리되어 있다. 네모서리의 귀서까래에는 고급한 선자연의 수법이 사용되었다. 건물 뒷면이 일부 개조改造되었으나 대체로 조선 중기 이전의 건축 양식을 잘 간직하고 있다는 점에서 가치 있는 정자 건축이다.

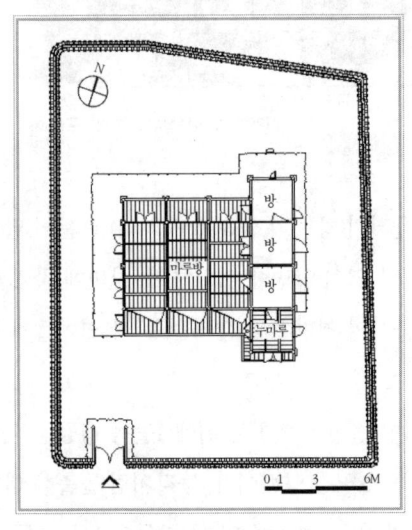

〈아옹정의 배치평면도〉

2. 춘우재 고택

> 소재지 : 경북 예천군 용문면 제곡리(작은맛질) 197
> 소유자 : 권창룡
> 문화재 종별 : 경상북도 민속 자료 제102호
> 건축 시기 : 창건 17세기, 19세기 초

춘우재伴松齋 고택은 작은맛질의 진산鎭山인 작약산을 배경으로 동남향으로 배치되어 있다. 안동권씨 복야공파 시조 권수홍의 10대손이며 권의의 손자인 참봉 권진權晉(1568~1620)이 창건했으며, 집의 당호堂號는 권진의 호에서 따온 것이라 한다. 조선 후기 경북 북부 지방의 전형적인 'ㅁ자형' 중상류 주택이다.

대지의 중앙에 'ㅁ자형' 몸채를 건축하고 그 서북쪽에 사당을 배치한 형식이다. 몸채의 전체 규모는 정면 5칸, 측면 7칸으로, 뜰 안쪽에 정면 5칸, 측면 2칸의 안채를 두고 그 앞으로 4칸의 날개집을 달아 내고, 남쪽에 문간채를 건축하여 'ㅁ자형'으로 폐쇄했다.

'ㄷ자형' 안채는 앞에 반 칸 크기의 툇마루를 둔 겹집형으로, 안대청을 중심으로 좌측에는 2칸 크기의 안방과 정지(현 입식부엌)가 배설되어 있다. 안방은 대청 쪽으로 돌출되었으며, 돌출한 안방 뒤에는 반 칸 폭의 골방이 있다. 안대청 우측에는 상방과 고방을 두고, 그 앞쪽으로 마루방, 작은부엌 및 사랑방이 일렬로 연접되어 있다. 작은부엌에는 쪽문이 있어 사랑마당으로 나갈 수 있으며, 사랑방 상부에 꾸민 다락은 안마당 쪽에서 오르내릴 수 있게 개방되어 있다. 조선 시대에는 대개 남녀의 생활 공간을 구분하는 내외법에 따라 남성이 거처하는 사랑채를 안방에서 가장 멀리 떨어진 곳에 두었다. 이 집도 이러한 내외법에 따라 남녀 공간을 배치했다.

안대청 좌측의 날개집에는 안방 아래로 정지, 아랫방, 고방이 연접되어

▲ 춘우재 안뜰(위)과 몸채(아래)

있다. 고방에 잇대어 광을 만들었으며, 광 위에는 마루를 깔아 서고로 이용하고 있다. 광의 동편의 중문간채에는 광과 마굿간, 중간간, 문간방이 배치되어 있고, 그 우측으로 사랑방에 연접된 사랑마루방이 있다. 중문간을 들어오면 건물로 폐쇄된 안뜰이 나오고, 안뜰에 면해 안채가 건축되어 있다.

안채는 홑처마 팔작집으로, 상부 구조는 1고주 5량가로 막돌초석 위에 네모기둥을 세운 대들보를 받게 했다. 대들보 위에 동자주 대공을 세워 종보를 받고, 그 위에 사다리꼴 판대공을 놓아 종도리를 받게 한 형식이다. 천장은 마루만 연등천장으로 처리하고, 온돌방에는 고미반자로 마감하였다. 주두의 모서리를 강하게 접어 둔중한 맛을 줄이는 수법과 특히 기둥의 모를 죽인 고급의 기법 및 다채로운 평면 구성이 이 집의 특징이다.

사당은 정면 3칸, 측면 2칸의 민도리계 홑처마 맞배집이다. 사당은 신문神門 없이 토담 사이의 공간으로 출입한다. 내부 통칸에는 우물마루를 시설하고, 4대조까지의 위패를 모셨다. 사당의 지붕가구는 간결한 3량가로, 덤벙주초 방식으로 원주를 세워 대들보를 받게 하고, 그 위에 사다리꼴 판대공을 세워 종도리를 받게 했다. 창호는 가운데 칸에 쌍여닫이문을, 좌우 퇴칸에는 외여닫이문을 달았으며, 창호의 형식은 하부에 궁판을 짜 넣은 정자살문이다.

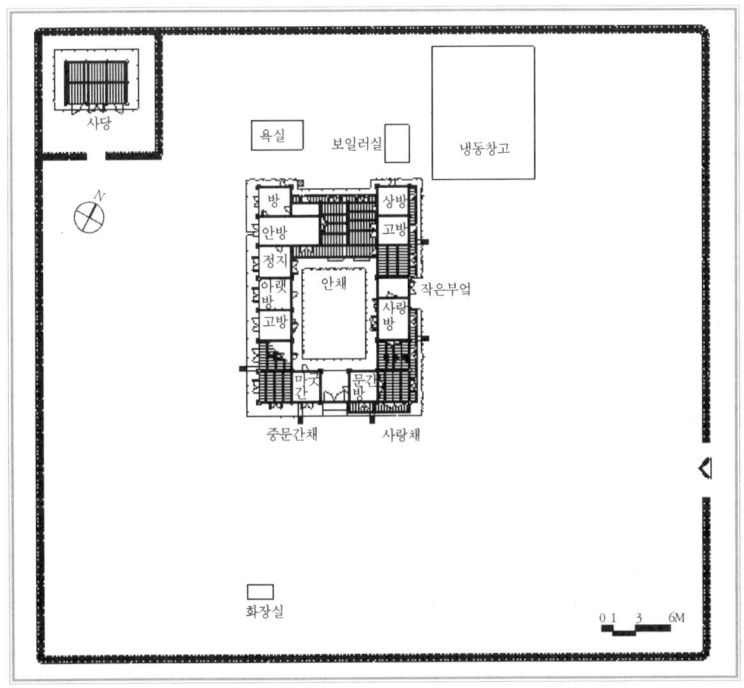

〈춘우재의 배치평면도〉

3. 연곡 고택

> 소재지: 경북 예천군 용문면 제곡리(작은맛질) 449
> 소유자: 권환
> 문화재 종별: 경상북도 민속 자료 제103호
> 건축 시기: 1795년

연곡延谷 고택은 안동권씨 씨족마을인 작은맛질의 작약산을 배경으로 건축된 조선 후기의 영남북 지방의 반가班家이다. 이 집은 연곡延谷 권성익 權聖翊이 1795년(정조 19)에 창건했다. 그는 안동 사람으로 시조 권행權幸의 29세손이며 제곡 마을의 입향조인 야옹野翁 권의權檥의 8대손이다. 약관若冠에 군대부군大夫가 되었으며 후에 사복시정司僕寺正에 증직贈職되었다. 건물의 구성은 정침, 사당, 대문채의 3동이 일곽을 이루어 동남향으로 배치되어 있으며, 대문채를 들어서면 앞에 주거 공간인 정침이 전개되고, 우측에 제향 공간인 사당이 있다. 창건 시기는 『연곡유집』 1권에 있는 상량문에 따르면 이 마을 입향조인 권의의 8세손인 성익이 그의 회갑년인 1769년 창건한 것이라 한다. 연곡은 남야南野 박손경朴孫慶의 문인이다.

정침은 정면 7칸, 측면 6칸의 'ㅁ자형'으로 정면 양끝이 좌우로 한 칸씩 돌출되어 있다. 안뜰을 중심으로 안채와 날개집, 중문간채, 사랑채가 연결되어 한 몸을 이루는 'ㅁ자형'의 주택은 예천, 안동을 중심으로 한 경북 북부 지방의 반가班家의 특징이라 하겠다. 정침 정면 중앙의 중문간을 통해 안뜰과 안채로 출입하며, 여성들의 생활 공간인 안채는 안뜰에 면해 자리 잡고 있다. 안채 평면은 정면 중앙에 3칸 폭의 안대청을 중심으로 그 좌측에 안방과 정지, 안대청을 두고, 우측에 마리고방과 마루방, 상방, 상방부엌, 책방을 둔 형태이다. 안채는 지붕이 높은 홑처마 맞배집으로, 지붕가구는 덤벙주초 위에 각주를 세워 대들보를 받는 3량가이다. 대들보 위에 사다리

▲ 연곡고택 전경(위)과 연곡고택 안뜰(아래)

꼴 판대공을 놓아 종도리를 받게 했다. 천장은 마루만 연등천장이며, 온돌방에는 종이반자로 마감하였다.

중문간 우측은 남성들의 생활 공간인 사랑채로, 사랑방을 비롯하여 사랑웃방·사랑마루방이 자리 잡고 있다. 사랑웃방 뒤로 우측 날개집이 연접되고, 거기에 서책을 보관하던 1칸 책방冊房과 상방부엌과 상빙이 놓여 있다. 사랑마루방은 평상시 손님 접대의 공간이나 상례喪禮시는 빈소殯所로 사용된다. 사랑채 앞에는 폭이 좁은 쪽마루를 돌출시켜 꾸미고 평난간을 돌렸다. 중문간 좌측에는 창고와 2칸의 못방이 배설되어 있으며, 못방 뒤 좌측 날개집에 정지와 안방이 놓여 안채와 연결된다.

사당은 초익공 양식의 겹처마 맞배집으로, 규모는 정면 3칸, 측면 1.5칸이다. 사당 출입은 내신문을 통해 이루어지며, 외곽에 토담을 쌓아 별도의 영역을 형성했다. 구조는 두벌대 기단 위에 막돌초석을 놓고 맨 앞줄만 둥근 기둥을 쓰고, 나머지는 각주를 사용했다. 기둥 상부는 초익공에는 연꽃을 새겼으며, 창방과 장혀 사이에는 소로를 끼워 수장했다. 지붕가구는 1고주 5량가로, 종보 위에 사다리꼴 판대공을 세워 종도리를 받게 했다. 창호는 정면 중앙칸에만 쌍여닫이문을 달고, 좌우 퇴칸에는 외여닫이문을 달았다. 문의 형태는 모두 궁판 달린 정자井字 살문이다. 전반적으로 조선 후기의 경북 북부 지방 보편적인 반가 형식에 따라 건축되었다.

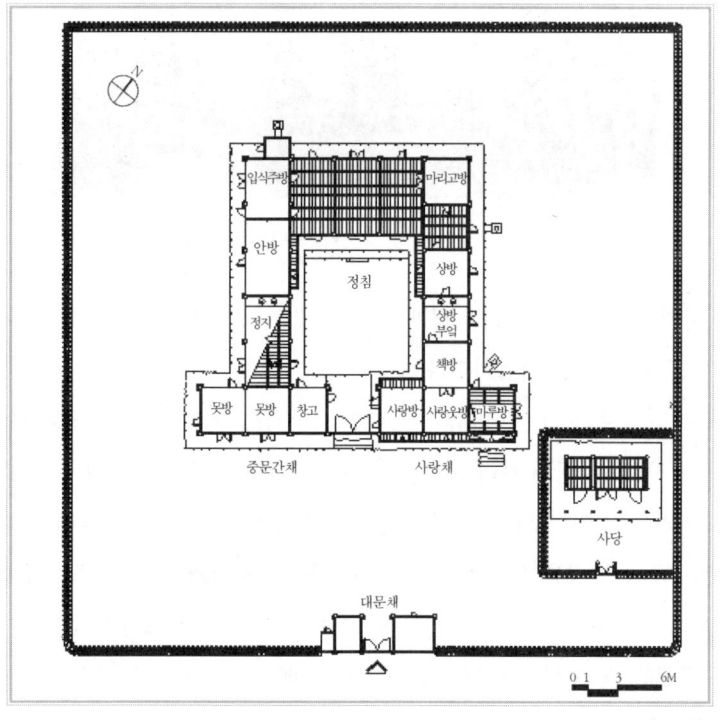

〈연곡 고택의 배치평면도〉

4. 미산 고택

> 소재지: 경북 예천군 용문면 대제리(큰맛질) 259
> 소유자: 박정노
> 문화재 종별: 경상북도 문화재 자료 제137호
> 건축 시기: 조선후기(1825년)

미산味山 고택은 큰맛질 새날골 입구에 서남향으로 자리 잡고 있는 19세기의 반가班家이다. 이 집은 소유자의 10대조인 독처재獨處齋 박세주가 1650년(효종 원년) 세거지를 금당실에서 큰맛질로 옮기면서 건축했다고 한다. 현 건물은 그의 5세손 미산味山 박득녕(1808~1886)이 1825년(순조 25)에 원형대로 옮겨 세운 것이라 한다. 사랑채 마루 위에 걸린 '미산재'라는 당호는 홍선대원군이 써 준 것으로 전해 오며, 현재 현판은 떼어서 다른 곳에 보관하고 있다.

미산 고택은 '튼ㅁ자형'으로, 장방형의 대지에 'ㄴ자형' 중문간채와 사랑채가 있고 맞은편에 'ㄷ자형' 안채가 배치되어 있다. 두 건물의 남쪽에 곡간을 배치하여, 전체적으로는 '튼ㅁ자' 형태를 이루고 있다. 'ㄷ자형'의 안채는 안뜰에 면해 대청을 두고 좌우에 각각 안방과 정지, 못방, 상방, 상방부엌으로 구성되어 있다. 기둥은 모두 네모기둥을 세웠으며, 지붕가구는 5량가이다.

정지와 안방 사이는 정지를 입식으로 개조하면서 문을 달았고, 정지 서측에는 블록으로 보일러실을 시설했다. 안방과 마루의 경계에는 외여단이문을 달았고, 마루 배면에는 쌍여닫이 판문을 시설했다. 기단은 흘림기단으로, 자연석을 3단 쌓았으며, 자연석 초석 위에 네모기둥을 세웠다. 건축 양식은 납도리의 장혀수장집이다. 상부가구는 5량가로 대들보 위에 판대공을 놓아 종보를 받고, 그 위에 다시 판대공을 올려 종도리를 지탱하게 했다. 마

▲ 미산 고택 전경(위)과 안채 마루상부의 지붕가구(아래)

루 위의 천장은 연등천장이며, 지붕은 홑처마 팔작지붕이다.

'ㄴ자형'의 중문간채와 사랑채는 중문간을 경계로 중문간채와 사랑채가 결합한 형태이다. 중문간채는 정면 3칸, 측면 2칸의 'ㄴ자형'이며, 사랑채와는 중문간 우측에서 토담으로 연결되었다. 사랑채는 '一자형'의 후퇴집으로, 좌측 앞줄부터 사랑방 2칸, 마루 1칸으로 이루어져 있고 뒷줄에는 골방 2칸과 책방 1칸이 있다. 사랑채의 앞과 우측에는 쪽마루를 놓았으며, 사랑방의 앞에는 쌍여닫이 세살창이 시설되어 있다. 사랑방과 사랑마루의 경계에는 세짝의 분합문을, 마루 우측에는 쌍여닫이 판문을 달았다. 사랑마루와 책방 사이에는 외여닫이문을 달아 출입할 수 있게 했다. 책방과 골방 뒤에는 안채와 통하는 문이 달려 있다.

자연석 두벌대 기단 위에 자연석 초석을 놓고, 네모기둥을 세워 5량가의 지붕가구를 지탱하게 했다. 즉 대들보 위에 동자주를 세워 종보를 받고, 그 위에 판대공을 올려 종도리를 받게 한 구조 형식이다. 마루 상부는 연등천장으로 하였고, 지붕은 홑처마 팔작지붕이다. 그리고 두지는 수확한 알곡식을 보관하는 정면 2칸, 측면 1칸 규모의 간략한 건물로 사랑채 뒤쪽에 자리잡고 있다.

(이호열)

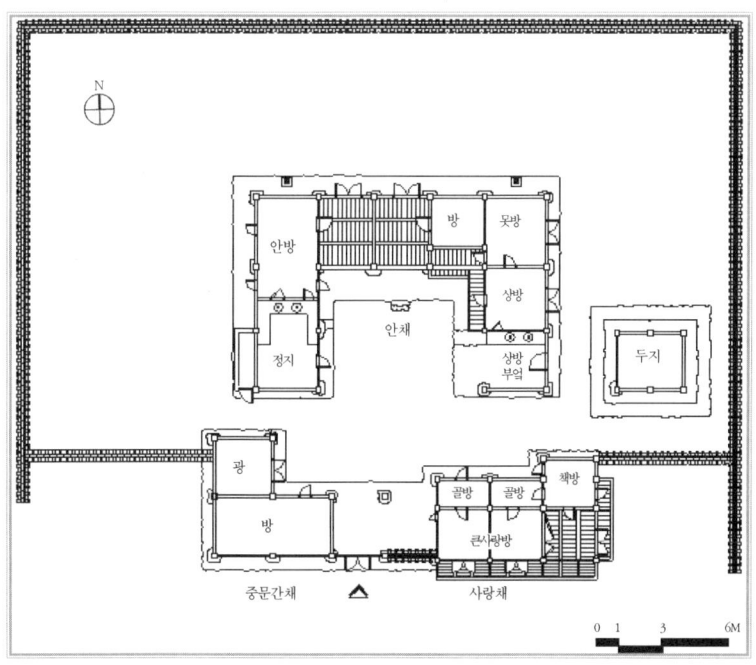

〈미산 고택의 배치평면도〉

◀ 지은이 소개(게재순) ▶

■ 주승택朱昇澤

1944년생. 서울대학교 국어국문학과를 졸업하고 같은 학교 대학원에서 문학박사 학위를 받았다. 2002~2003년 안동대학교 안동문화연구소 소장을 역임하였으며 현재 안동대학교 국학부 한문학전공 교수이다. 저서로는 『안동의 선비문화』(공저), 『서원, 한국사상의 숨결을 찾아서』(공저), 『안동금계마을—천년불패의 땅』(공저), 『선비정신과 안동문학』, 『새로운 우리학문, 국학』(공저) 등이 있으며, 논문으로는 「안동문화권 유교문화의 현황과 진로모색」, 「강위와 황준헌의 비교 연구」, 「퇴계 이황의 인간 존중적 사고」, 「청량산의 문학적 위상」 등이 있다.

■ 김미영金美榮

1962년생. 안동대학교 민속학과를 졸업하고 인하대학교 대학원에서 문학석사 학위를, 일본 東洋大學에서 사회학박사 학위를 받았다. 일본 琉球大學 외국인객원연구원을 거쳐 현재 안동대학교 안동문화연구소 연구원, 안동대학교 국학부 강사이다. 저서로는 『일본의 집과 마을의 민속학』, 『안동양반의 생활문화』(공저), 『반속과 민속이 함께 가는 헌리 마을』(공저) 외 다수가 있다.

■ 배영동裵永東

1961년생. 안동대학교 민속학과를 졸업하고 영남대학교 대학원 문화인류학과에서 문학박사 학위를 받았다. 현재 안동대학교 국학부 민속학전공 부교수로 있으면서, 안동대 부설 민속학연구소장·경상북도 문화재전문위원·문화재청 문화재전문위원을 맡고 있다. 저서로는 『농경생활의 문화읽기』, 『한국민속학 새로 읽기』(공저) 등이 있으며, 논문으로는 「전통적 기제사를 통해 본 조상관」, 「마을사회의 의식주생활 조사의 관점」, 「안동포 생산과 소비의 전통과 현대적 의미」, 「조선후기 호미씻이 형성의 농업사적 배경」 등이 있다.

■ 이해영李海英

1952년생. 성균관대학교 대학원에서 한국철학을 전공하였다. 2001~2003년 안동대학교 퇴계학연구소장을 역임하였으며 현재 안동대학교 동양철학전공 주임교수이다. 저서로는 『새로운 우리학문, 국학』, 『인간다운 삶을 위한 국학』, 『안동금계마을』 등 다수가 있다.

■ 안병걸安秉杰

1954년생. 성균관대학교 대학원에서 한국철학을 전공하였다. 2000~2003년 (재단) 한국국학진흥원 연구부장을 역임하였고, 2003년~현재까지 안동대학교 퇴계학연구소 소장을 맡고 있다. 저서로는 『군자리 그 문화사적 성격』, 『안동역사문화기행』, 『영양주실마을』, 『밀암 이재 연구』 등이 있다.

■ 권진호權鎭浩

1962년생. 안동대학교 한문학과를 졸업하고 성균관대학교 대학원에서 문학박사 학위를 받았다. 현재 안동대학교 국학부 강사이다. 역저로는 『이향견문론』(공역), 『조희룡전집(6권)』(공역), 『이옥전집(3권)』(공역) 등이 있으며, 논문으로는 「미수 허목의 고문론」, 「계촌 이도현의 독서론과 고문론」, 「여헌 장현광의 문론 연구」 등이 있다.

■ 김희곤金喜坤

1954년생. 경북대학교 사학과와 대학원을 졸업하고, 「상해지역 한국독립운동단체연구」로 문학박사 학위를 받았다. 현재 안동대학교 사학과 교수로 재직하고 있다. 역저로는 『중국관내 한국독립운동단체연구』, 『대한민국임시정부의 좌우합작운동』(공저), 『백범김구전집』(공저), 『안동의 독립운동사』, 『박상진 자료집』, 『새로 쓰는 이육사 평전』, 『신돌석, 백년만의 귀향』, 『안동의 독립운동가 700인』 등이 있다.

■ 한양명韓陽明

1961년생. 안동대학교 민속학과를 졸업하고, 중앙대학교 대학원에서 문학박사 학위를 받았다. 현재 안동대학교 민속학과 부교수로 재직하고 있다. 저서로는 『한국민속사입문』(편저), 『한국민속의 이해─놀이와 문화』(공저), 『한국축제의 이론과 현장』(공저), 『한국민속의 세계 5』(공저), 『1등 축제 안동국제탈춤페스티벌 1997~2001』(공저), 『민속과 반속이 함께 가는 현리 마을』(공저), 『영산 쇠머리대기』(공저) 외 다수가 있다. 논문으로는 「한국 대동놀이의 연구─편싸움을 중심으로」, 「민속예술을 통해 본 신명풀이의 존재양상과 성격」, 「축제 민속지 작성을 위한 구상」, 「초남 이계수의 차전가를 통해 본 19세기의 안동차전」 외 다수가 있다.

■ 안귀남安貴男

1964년생. 안동대학교 국어국문학과를 졸업하고 경북대학교 대학원에서 문학박사 학위를 받았다. 현재 안동대학교 어문계열 국어국문학과 강사이다. 저서로는 『말·삶·글』(공저)이 있고, 논문으로는 「언간의 경어법 연구」, 「고성이씨 이응태묘 출토 편지」, 「안동방언 '아재'의 문화양상과 의미범주」, 「안동방언 친족호칭어와 청자존대법의 상관성」 등이 있다.

■ 이호열李鎬洌

1957년생. 영남대학교 건축공학과를 졸업하고 같은 학교 대학원에서 공학박사 학위를 받았다. 현재 밀양대학교 건축학부 교수로 있으면서 경남 문화재전문위원과 문화재청 문화재 전문위원을 맡고 있다. 저서로는 『한국건축사연구』(공저), 『경상도 700년사』(공저), 『경상감영 400년사』(공저), 『경북의 건축』 등이 있으며, 논문으로는 「조선전기 주택사 연구」, 「경북지방 근대 한옥의 유형과 성격」, 「밀양 영남루 연혁 및 건축형식 변천에 관한 연구」 등이 있다.

예문서원의 책들

원전총서

왕필의 노자(老子王弼注) 王弼 지음, 임채우 옮김, 336쪽, 13,000원
박세당의 노자(新註道德經) 박세당 지음, 김학목 옮김, 312쪽, 13,000원
율곡 이이의 노자(醇言) 이이 지음, 김학목 옮김, 152쪽, 8,000원
홍석주의 노자(訂老) 홍석주 지음, 김학목 옮김, 320쪽, 14,000원
북계자의(北溪字義) 陳淳 지음, 김충열 감수, 김영민 옮김, 295쪽, 12,000원
주자가례(朱子家禮) 朱熹 지음, 임민혁 옮김, 496쪽, 20,000원
신서(新序) 劉向 지음, 임동석 옮김, 728쪽, 28,000원
한시외전(韓詩外傳) 韓嬰 지음, 임동석 역주, 868쪽, 33,000원
서경잡기(西京雜記) 劉歆 지음, 葛洪 엮음, 김장환 옮김, 416쪽, 18,000원
고사전(高士傳) 皇甫謐 지음, 김장환 옮김, 368쪽, 16,000원
열선전(列仙傳) 劉向 지음, 김장환 옮김, 392쪽, 15,000원
열녀전(列女傳) 劉向 지음, 이숙인 옮김, 447쪽, 16,000원
선가귀감(禪家龜鑑) 청허휴정 지음, 박재양·배규범 옮김, 584쪽, 23,000원
공자성적도(孔子聖蹟圖) 김기주·황지원·이기훈 역주, 254쪽, 10,000원
공자세가·중니제자열전(孔子世家·仲尼弟子列傳) 司馬遷 지음, 김기주·황지원·이기훈 역주, 224쪽, 12,000원

성리총서

양명학 — 왕양명에서 웅십력까지(王學通論) 楊國榮 지음, 정인재 감수, 김형찬·박경환·김영민 옮김, 414쪽, 9,000원
동아시아의 양명학 최재목 지음, 240쪽, 6,800원
범주로 보는 주자학(朱子の哲學) 오하마 아키라 지음, 이형성 옮김, 546쪽, 17,000원
송명성리학(宋明理學) 陳來 지음, 안재호 옮김, 590쪽, 17,000원
주희의 철학(朱熹哲學研究) 陳來 지음, 이종란 외 옮김, 544쪽, 22,000원
양명 철학(有無之境—王陽明哲學的精神) 陳來 지음, 전병욱 옮김, 752쪽, 30,000원
주자와 기 그리고 몸(朱子と氣と身體) 미우라 구니오 지음, 이승연 옮김, 416쪽, 20,000원

카르마총서

불교와 인도 사상 V. P. Varma 지음, 김형준 옮김, 361쪽, 10,000원
파란눈 스님의 한국 선 수행기 Robert E. Buswell·Jr. 지음, 김종명 옮김, 376쪽, 10,000원
학파로 보는 인도 사상 S. C. Chatterjee·D. M. Datta 지음, 김형준 옮김, 424쪽, 13,000원
불교와 유교 — 성리학, 유교의 옷을 입은 불교 아라키 겐고 지음, 심경호 옮김, 526쪽, 18,000원
유식무경, 유식 불교에서의 인식과 존재 한자경 지음, 208쪽, 7,000원
박성배 교수의 불교철학강의: 깨침과 깨달음 박성배 지음, 윤원철 옮김, 313쪽, 9,800원
불교 철학의 전개, 인도에서 한국까지 한자경 지음, 252쪽, 9,000원

노장총서

도가를 찾아가는 과학자들 — 현대신도가의 사상과 세계(當代新道家) 董光璧 지음, 이석명 옮김, 184쪽, 4,500원
유학자들이 보는 노장 철학 조민환 지음, 407쪽, 12,000원
노자에서 데리다까지 — 도가 철학과 서양 철학의 만남 한국도가철학회 엮음, 440쪽, 15,000원
위진 현학 정세근 엮음, 278쪽, 10,000원

역학총서

주역철학사(周易研究史) 廖名春·康學偉·梁韋弦 지음, 심경호 옮김, 944쪽, 30,000원
주역, 유가의 사상인가 도가의 사상인가(易傳與道家思想) 陳鼓應 지음, 최진석·김갑수·이석명 옮김, 366쪽, 10,000원
송재국 교수의 주역 풀이 송재국 지음, 380쪽, 10,000원

한국철학총서

한국철학사상사(朝鮮哲學思想史) 朱紅星・李洪淳・朱七星 지음, 김문용・이홍용 옮김, 548쪽, 10,000원
기호학파의 철학사상 충남대학교 유학연구소 편저, 665쪽, 18,000원
실학파의 철학사상 朱七星 지음, 288쪽, 8,000원
조선 유학의 학파들 한국사상사연구회 편저, 688쪽, 24,000원
실학의 철학 한국사상사연구회 편저, 576쪽, 17,000원
윤사순 교수의 한국유학사상론 윤사순 지음, 528쪽, 15,000원
실학사상과 근대성 계명대학교 철학연구소 홍원식 외 지음, 216쪽, 7,500원
조선 유학의 자연철학 한국사상사연구회 편저, 420쪽, 15,000원
한국유학사 1 김충열 지음, 372쪽, 15,000원
퇴계의 생애와 학문 이상은 지음, 248쪽, 7,800원
율곡학의 선구와 후예 황의동 지음, 480쪽, 16,000원
한국유학과 리기철학 송영배・금장태 외 지음, 304쪽, 10,000원
圖說로 보는 한국 유학 한국사상사연구회 지음, 400쪽, 14,000원
다카하시 도루의 조선유학사 — 일제 황국사관의 빛과 그림자 다카하시 도루 지음, 이형성 편역, 416쪽, 15,000원
퇴계 이황, 예 잇고 뒤를 열어 고금을 꿰뚫으셨소 — 어느 서양철학자의 퇴계연구 30년 신귀현 지음, 328쪽, 12,000원
조선유학의 개념들 한국사상사연구회 지음, 648쪽, 26,000원
유교개혁사상과 이병헌 금장태 지음, 336쪽, 17,000원

연구총서

논쟁으로 보는 중국철학 중국철학연구회 지음, 352쪽, 8,000원
김충열 교수의 중국철학사 I — 중국철학의 원류 김충열 지음, 360쪽, 9,000원
논쟁으로 보는 한국철학 한국철학사상연구회 지음, 326쪽, 10,000원
반논어(論語新探) 趙紀彬 지음, 조남호・신정근 옮김, 768쪽, 25,000원
논쟁으로 보는 불교철학 이효걸・김형준 외 지음, 320쪽, 10,000원
중국철학과 인식의 문제(中國古代哲學問題發展史) 方立天 지음, 이기훈 옮김, 208쪽, 6,000원
문제로 보는 중국철학 — 우주, 본체의 문제(中國古代哲學問題發展史) 方立天 지음, 이기훈・황지원 옮김, 232쪽, 6,800원
중국철학과 인성의 문제(中國古代哲學問題發展史) 方立天 지음, 박경환 옮김, 191쪽, 6,800원
중국철학과 지행의 문제(中國古代哲學問題發展史) 方立天 지음, 김학재 옮김, 208쪽, 7,200원
중국철학과 이상적 삶의 문제(中國古代哲學問題發展史) 方立天 지음, 이홍용 옮김, 212쪽, 7,500원
현대의 위기 동양 철학의 모색 중국철학회 지음, 340쪽, 10,000원
동아시아의 전통철학 주칠성 외 지음, 394쪽, 13,000원
역사 속의 중국철학 중국철학회 지음, 448쪽, 15,000원
일곱 주제로 만나는 동서비교철학(中西哲學比較面面觀) 陳衛平 편저, 고재욱・김철운・유성선 옮김, 320쪽, 11,000원
중국철학의 이해 김득만・장윤수 지음, 318쪽, 10,000원
중국철학의 이단자들 중국철학회 지음, 240쪽, 8,200원
유교의 사상과 의례 금장태 지음, 296쪽, 10,000원
공자의 철학(孔孟荀哲學) 蔡仁厚 지음, 천병돈 옮김, 240쪽, 8,500원
맹자의 철학(孔孟荀哲學) 蔡仁厚 지음, 천병돈 옮김, 224쪽, 8,000원
순자의 철학(孔孟荀哲學) 蔡仁厚 지음, 천병돈 옮김, 272쪽, 10,000원
서양문학에 비친 동양의 사상 한림대학교 인문학연구소 엮음, 360쪽, 12,000원
유학은 어떻게 현실과 만났는가 — 선진 유학과 한대 경학 박원재 지음, 218쪽, 7,500원
유교와 현대의 대화 황의동 지음, 236쪽, 7,500원
동아시아의 사상 오이환 지음, 200쪽, 7,000원
역사 속에 살아있는 중국 사상(中國歷史に生きる思想) 시게자와 도시로 지음, 이혜경 옮김, 272쪽, 10,000원
덕치, 인치, 법치 — 노자, 공자, 한비자의 정치 사상 신동준 지음, 488쪽, 20,000원
육경과 공자 인학 남상호 지음, 312쪽, 15,000원

강좌총서

강좌 중국철학(中國槪論哲學) 周桂鈿 지음, 문재곤 외 옮김, 420쪽, 7,500원
강좌 한국철학 — 사상, 역사, 논쟁의 세계로 초대 한국철학사상연구회 지음, 472쪽, 12,000원

일본사상총서

일본 신도사(神道史) 무라오카 츠네츠구 지음, 박규태 옮김, 312쪽, 10,000원
도쿠가와 시대의 철학사상(德川思想小史) 미나모토 료엔 지음, 박규태·이용수 옮김, 260쪽, 8,500원
일본인은 왜 종교가 없다고 말하는가(日本人はなぜ無宗教のか) 아마 도시마로 지음, 정형 옮김, 208쪽, 6,500원
일본사상이야기 40(日本がわかる思想入門) 나가오 다케시 지음, 박규태 옮김, 312쪽, 9,500원
사상으로 보는 일본문화사(日本文化の歷史) 비토 마사히데 지음, 엄석인 옮김, 252쪽, 10,000원

예술철학총서

중국철학과 예술정신 조민환 지음, 464쪽, 17,000원
풍류정신으로 보는 중국문학사 최병규 지음, 400쪽, 15,000원

동양문화산책

공자와 노자, 그들은 물에서 무엇을 보았는가 사라 알란 지음, 오만종 옮김, 248쪽, 8,000원
주역산책(易學漫步) 朱伯崑 외 지음, 김학권 옮김, 260쪽, 7,800원
죽음 앞에서 곡한 공자와 노래한 장자(死亡心態) 何顯明 지음, 현채련·리길산 옮김, 290쪽, 9,000원
공자의 이름으로 죽은 여인들 田汝康 지음, 이재정 옮김, 248쪽, 7,500원
동양을 위하여, 동양을 넘어서 홍원식 외 지음, 264쪽, 8,000원
서원, 한국사상의 숨결을 찾아서 안동대학교 안동문화연구소 지음, 344쪽, 10,000원
안동 금계마을 — 천년불패의 땅 안동대학교 안동문화연구소 지음, 272쪽, 8,500원
녹차문화 홍차문화 츠노야마 사가에 지음, 서은미 옮김, 232쪽, 7,000원
안동 풍수 기행, 와혈의 땅과 인물 이완규 지음, 256쪽, 7,500원
안동 풍수 기행, 돌혈의 땅과 인물 이완규 지음, 328쪽, 9,500원
영양 주실마을 안동대학교 안동문화연구소 지음, 332쪽, 9,800원
거북의 비밀, 중국인의 우주와 신화 사라 알란 지음, 오만종 옮김, 296쪽, 9,000원
문학과 철학으로 떠나는 중국 문화 기행 양회석 지음, 256쪽, 8,000원

동양사회사상총서

주역사회학 김재범 지음, 296쪽, 10,000원
유교사회학 이영찬 지음, 488쪽, 17,000원
깨달음의 사회학 홍승표 지음, 240쪽, 8,500원

예문동양사상연구원총서

한국의 사상가 10人 — 원효 예문동양사상연구원/고영섭 편저, 572쪽, 23,000원
한국의 사상가 10人 — 의천 예문동양사상연구원/이병욱 편저, 464쪽, 20,000원
한국의 사상가 10人 — 지눌 예문동양사상연구원/이덕진 편저, 644쪽, 26,000원
한국의 사상가 10人 — 퇴계 이황 예문동양사상연구원/윤사순 편저, 464쪽, 20,000원
한국의 사상가 10人 — 남명 조식 예문동양사상연구원/오이환 편저, 576쪽, 23,000원
한국의 사상가 10人 — 율곡 이이 예문동양사상연구원/황의동 편저, 600쪽, 25,000원

민연총서 — 한국사상

자료와 해설, 한국의 철학사상 고려대 민족문화연구원 한국사상연구소 편, 880쪽, 34,000원